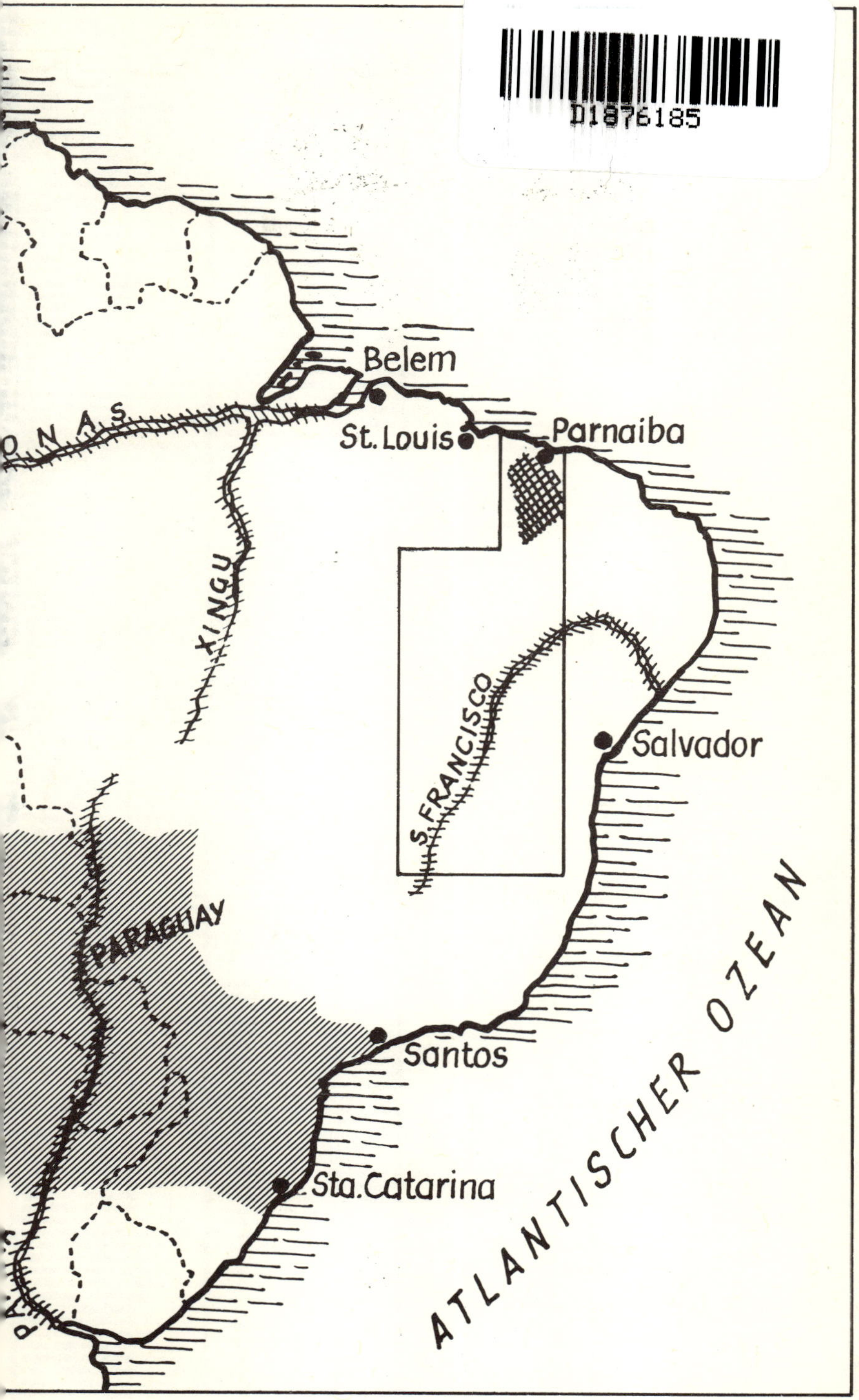
ONAS
Belem
St. Louis
Parnaiba
XINGU
S. FRANCISCO
Salvador
PARAGUAY
Santos
Sta. Catarina
ATLANTISCHER OZEAN

Das Wikingerreich von Tiahuanacu

Weitere Werke von Prof. Dr. Jacques de Mahieu,
die seit 1972 im Grabert-Verlag, Tübingen erschienen

DES SONNENGOTTES GROSSE REISE
Die Wikinger in Mexiko und Peru

DES SONNENGOTTES TODESKAMPF
Die Wikinger in Paraguay

DES SONNENGOTTES HEILIGE STEINE
Die Wikinger in Brasilien

WER ENTDECKTE AMERIKA?
Geheimgeographie vor Kolumbus

DER WEISSE KÖNIG IPIR
Die Wikinger in Amambay

DIE TEMPLER IN AMERIKA oder
DAS SILBER DER KATHEDRALEN

JACQUES DE MAHIEU

Das Wikingerreich von Tiahuanacu

Geschichte eines nordischen Imperiums in Südamerika

Aus dem Französischen von
Wilfred von Oven

1981

GRABERT-VERLAG
TÜBINGEN–BUENOS AIRES–MONTEVIDEO

Titel des Original-Manuskriptes: Histoire de l'Empire Viking de Tiahuanacu

Satz und Druck: Gulde-Druck GmbH, Tübingen
Buchbindearbeiten: Großbuchbinderei Lachenmaier, Reutlingen
Filme: Graphische Kunstanstalt Künstle, Tübingen
Karte: Hans Russ, Tübingen
Lektorat: Dr. Robert Brenner

CIP-Kurztitelaufnahme der Deutschen Bibliothek
Mahieu, Jacques de:
Das Wikingerreich von Tiahuanacu: Geschichte e.
nord. Imperiums in Südamerika/Jacques de Mahieu.
Aus d. Franz. von Wilfred von Oven. –
Tübingen; Buenos Aires; Montevideo: Grabert, 1981.
Einheitssacht.: Histoire de l'Empire Viking de Tiahuanacu ⟨dt.⟩
ISBN 3-87847-054-1

INHALTSVERZEICHNIS

VORBEMERKUNG

Im Verlauf von mehr als dreißigjährigen (und noch längst nicht abgeschlossenen) Forschungen haben wir mit greifbaren Beweisen, die noch niemand widerlegen konnte, die Anwesenheit von Wikingern aus Schleswig in Mittel- und Südamerika lange vor Kolumbus gründlich nachgewiesen. In meinen vorhergehenden sechs Büchern wurden die Tatsachen in der Reihenfolge ihrer Entdeckung dargelegt. Jetzt ist der Augenblick gekommen, sie zu einer Gesamtschau zusammenzufügen und – wie wir Franzosen sagen – *faire le point*.

Alte und neue Leser werden auf den folgenden Seiten nicht nur eine Zusammenfassung früher erreichter Ergebnisse finden, sondern eine systematische Darstellung der Schlußfolgerungen, zu denen wir gelangt sind. Heute ist es uns nämlich möglich, eine Geschichte des Wikinger-Reiches von Tiahuanacu vorzulegen, die nicht anders erarbeitet wurde als diejenige irgendeines anderen zivilisierten Landes des Mittelalters. Bibliographische Bezugnahmen auf Quellen, die sich in meinen vorhergehenden Arbeiten befinden, wurden hier (von wenigen Ausnahmen abgesehen) fortgelassen, um den Fluß der Darstellung nicht zu hemmen.

Jede Forschung setzt das Anstellen gewisser Überlegungen voraus, die sich später als korrigierbar erweisen können. Ich scheue mich hier vor keiner Berichtigung, wenn ich irgendeinen Irrtum in meinen vorhergehenden Darlegungen festgestellt habe. So wird für den Namen Viracocha, wie die Peruaner ihren zum Gott gemachten Helden nennen, eine Erklärung gegeben, die etymologisch befriedigender ist als diejenige in »Des Sonnengottes große Reise«; die Zahl der Weißen im Tiahuanacu-Reich, die in »Des Sonnengottes heilige Steine« aufgrund eines einfachen (obwohl unverzeihlichen) Rechenfehlers falsch geschätzt wurde, mußte berichtigt werden; eingehendere Untersuchungen ergaben Veränderungen bei den Datumsangaben über das Eintreffen der Wikinger in Peru, ihre erste Fahrt zurück nach Europa, die Vernichtung des alten Imperiums und die Gründung des neuen. Das sind jedoch nur Umstände geringerer Bedeutung, die in keiner Weise unsere zuvor getroffenen Schlußfolgerungen beeinträchtigen, sondern diese im Gegenteil noch bestärken.
Bei der Wiedergabe von Begriffen amerikanischer Sprachen wurden für Náhuatl (Mexiko), Aymara (Bolivien) und – mit zwei Ausnahmen – Guaraní (Paraguay) die heute gültigen Regeln beachtet; für Quichua jedoch sind in Peru, wo es Amtssprache ist, die Regeln so unbeständig, und die Länder, in denen heute noch Quichua gesprochen wird (Peru, Ekuador, Bolivien und Argentinien), haben sich in dieser Beziehung sowenig einigen können, daß es vorzuziehen war, die Art der Wiedergabe zu wählen, wie sie bei den zeitgenössischen Chronisten der spanischen Konquista

üblich war. Sofern diese von der heute offiziell gebrauchten Ortsbenennung abweicht, haben wir uns an diese letztere gehalten, insbesondere auch in bezug auf die Setzung der prosodischen Akzente der spanischen Sprache. Was die Namen amerikanischer Rassen, Völker oder Stämme betrifft, wurde die spanische Sprachregel des End-s für die Pluralform nur in historischem Zusammenhang und in Fällen beachtet, in denen die Namen in so europäisierter Form überliefert sind, daß die Wiederherstellung der korrekten Schreibweise unmöglich erschien.

Die philologischen Untersuchungen verdanke ich dem Leiter der Germanistischen Abteilung meines Instituts für Menschheits-Wissenschaften in Buenos Aires, Hermann Munk, und die wenigen, aber äußerst wichtigen Übersetzungen aus dem alten Guaraní dem Direktor des Paraguayischen Instituts für Menschheits-Wissenschaften, Prof. Vicente Pistilli.

J. de M.

I.

DIE GROSSE FAHRT

Man schreibt das Jahr 967 neuer Zeitrechnung. An einem Sommertag nähern sich sieben Schiffe verfeinerter Form, an deren Bordwänden blanke Schilde in der Tropensonne funkeln, Panutlán, einem kleinen Fischerhafen an der Küste des Golfes von Mexiko im heutigen Staat Veracruz (der Ort heißt seit der spanischen Konquista Pánuco). Einige der Schiffe, die mit eingerollten Segeln durch Ruder fortbewegt werden, setzen ihren Steven auf den Sand des Strandes. Männer von hohem Wuchs und weißer Haut, blond und bärtig, springen an Land, Schwerter oder Streitäxte in der Hand. Für die Wikinger des Jarls Ullman ist dies das Ende einer Reise ohnegleichen. Es ist zugleich der Beginn eines Epos, das sich während der nächsten rund 500 Jahre abspielen wird.

Es darf uns nicht überraschen, in der zweiten Hälfte des 10. Jahrhunderts der Flotte eines Königs der See an den Küsten eines Erdteils zu begegnen, den wir unter Inkaufnahme eines Anachronismus nicht anders als Amerika nennen können. In Skandinavien war die Zeit der großen Abenteuer noch nicht vorüber. Und doch war es nicht mehr so, daß zur Sommerszeit, wenn die Schweden über Dnjepr und Wolga tief in Rußland eindrangen, die Norweger, Dänen und Friesen die britischen Inseln überfielen, auf der Elbe bis Hamburg, auf dem Rhein bis Köln und

Bonn, auf der Loire bis Orleans, auf der Garonne bis Toulouse, auf dem Tajo bis Lissabon, auf dem Guadalquivir bis Sevilla und auf der Seine (mit 700 Schiffen und 40000 Mann) bis Paris gelangten. Die Wikinger hatten noch nicht der Gewalt entsagt, aber doch schon westliche Lebensformen angenommen. Schottland, Irland, Northumberland, Ost-Angeln und die Normandie gehörten ihnen, wo sich die Seeräuber von gestern in Feudalherren verwandelt hatten, die, wenn auch nicht gerade den Frieden, so doch Ordnung und Gerechtigkeit erstrebten. Diese Kolonisation war gleichzeitig Auswirkung und Ursache einer (übrigens höchst relativen) monarchischen Zentralisierung. Sie erzwang im Mutterland wie in den eroberten Gebieten eine pyramidenförmige Rangordnung, die für die Jarls schwer zu ertragen war, weil sie in ihren Odalen ebenso wie auf ihren Schiffen bis dahin absolute Selbständigkeit genossen. So kam es, daß die Rebellen, also diejenigen, die sich nicht an die neue Ordnung gewöhnen konnten, und die von der feudalen Erbfolge ausgeschlossenen zweiten Söhne großer Familien verzweifelt nach neuen Gebieten Ausschau hielten, wo sie sich niederlassen könnten. Sie waren nur im Westen zu finden. So erlebt man, daß sich der Norweger Ingolf um das Jahr 860 in Island häuslich einrichtet, einer wohlbekannten Insel, die seit Jahrhunderten von irischen Anachoreten aufgesucht wurde, um verschiedene Klöster zu gründen, und daß sich Eirik der Rote 986 mit zahlreichen Familien in Grönland ansiedelt. Man erlebt, daß wenig nach der ersten Jahrtausendwende Leif Eriksson und seine Brüder in Vinland, dem heutigen Neuengland, landen und dort Siedlungen gründen, die – was auch immer darüber behauptet wird – 400 Jahre bestehen bleiben.

Im 10. Jahrhundert ist in Westeuropa das Vorhandensein Amerikas vollkommen bekannt. Die Schriften des Altertums, in denen es dank Aristoteles, Strabon, Seneca, Macrobius, Plutarch, Diodoros von Sizilien und anderen erwähnt wird, las man, zumindest soweit sie in lateinischer Sprache abgefaßt waren, auch noch in den gebildeten Kreisen des Hochmittelalters. Im 7. Jahrhundert hatte sich Isidor von Sevilla ausdrücklich darauf bezogen. Seit dem 9. Jahrhundert wurde in den Klöstern und Schlössern die *Navigatio Sancti Brandani* von Hand zu Hand gegeben, die von der anscheinend wirklichen, aber vielleicht auch nur imaginären Reise des Abtes von Clainfert durch Mittelamerika im Jahre 536 berichtete. Vielleicht war den damals noch heidnischen Wikingern all dies unbekannt. Aber sie wußten, und ihre Sagen berichteten, daß Ari Marsson im Jahr 963 von einem Sturm nach Huitramannaland, dem »Land der weißen Männer«, oder Groß-Irland verschlagen wurde, das Kelten, die dort geblieben waren, besiedelt und getauft hatten, und daß Norweger, die später auch nach Amerika gingen, es gesehen hatten. Ähnliche Episoden müssen sich schon vorher wie auch später abgespielt haben. 986 wird Bjarni Herjulfsson auf einer Fahrt von Island nach Grönland von einem Sturm an eine Küste geführt, die man später Vinland nennt, wie er Eirik dem Roten berichtet. 1004 werden Thorir und seine Männer nach ihrem Schiffbruch von Leif Eriksson gerettet, der sich gerade zur

Rückkehr von seiner neuen Kolonie anschickt. 1029 stößt der nach Westen verschlagene Gudleif Gudlangsson in Amerika an Land und trifft dort zu seiner größten Überraschung Björn Asbrandsson, den Helden von Breidavik, der 999 die Heimat verlassen hat und den er nun aus den Händen von Iren befreit, die ihm übel mitzuspielen versuchten. Seit zwischen Norwegen und Island ein regelmäßiger Schiffsverkehr bestand – und das war 967 schon 100 Jahre her –, war es unvermeidlich, daß Drakkare, sehr seetüchtige Schiffe, denen es jedoch wegen ihres kurzen Kiels und ihrer quadratischen Segel nicht möglich war, gegen den Wind zu segeln, an die Küsten des »neuen« Kontinents verschlagen wurden. Ja, wahrscheinlich war das schon viel früher der Fall, da die Skandinavier schon seit 3000 und mehr Jahren den Atlantik mit Schiffen durchkreuzten, die nach dem Fries des ägyptischen Tempels von Medinet-Habu aus dem Jahr 1200 v. d. Zw. von denen des 10. Jahrhunderts nach der Zeitwende nicht sehr verschieden waren.

Erst in jüngster Zeit warf die Wissenschaft durch die außerordentlichen Arbeiten Jürgen Spanuths ein gewisses Licht auf die Vorfahren der Wikinger. Gewiß wurde schon im Altertum von den Hyperboreern berichtet, die Ägypten und Mykenä mit Bernstein belieferten und die Pytheas von Marsala im Jahr 330 v. d. Zw. besucht hatte. Es war auch nicht unbekannt, daß Achäer und Dorier in die Länder des Großen Nordens gelangt waren, mit denen die Erstgenannten nicht nur kommerzielle Beziehungen unterhalten hatten. Aber wir wissen heute, daß sich gegen Ende der

Jungsteinzeit und im Bronzezeitalter ein riesiges Reich, dessen Hauptstadt Basileia (auch Abalus genannt) war, auf einer großen Insel befand, die – im letzten Viertel des 13. Jahrhunderts v. d. Zw. versunken – in der Nordsee lag und von der heute nur noch die Felsen von Helgoland erhalten sind. Es war ein Reich, dessen vereinte Nationen nicht nur das Gebiet des nordischen Kulturkreises umfaßten – den Süden Schwedens und Norwegens, Dänemark, Friesland und Nordsachsen –, sondern auch den Süden Spaniens (Gadiros oder Tartessos), Nordafrika und Europa bis zum Tyrrhenischen Meer. Es war ein Reich, dessen verschiedene Völker von einer Aristokratie nordischer Rasse regiert wurden, deren Ursprung auf die Cromagnon-Menschen zurückgeht. Es war indoeuropäische Kultur, da ihr die prärunische Schrift zu verdanken ist, die Mutter aller Alphabete Europas, des Vorderen Orients und Nordafrikas, deren erste Spuren im Magdalénien der älteren Steinzeit auftauchen.

Es waren dies die Schöpfer der Megalithe, jener Steinmale, die sich an den Küsten des Atlantiks und des Mittelmeeres und sogar noch viel weiter weg, in Insulinde, Korea und Polynesien befinden. Zu Beginn des Bronzezeitalters verschmolzen sie sich mit den Axt-Menschen, die noch kriegerischer als sie waren. Es war ein Volk von Seefahrern, wie allein schon der Überfall beweist, den sie, aus ihren Heimatländern an den Gestaden der Nordsee durch Überschwemmungen vertrieben, gegen Ende des 13. Jahrhunderts v. d. Zw. mit einer mächtigen Flotte auf Athen und Ägypten machten. Sie waren also Krieger, aber zugleich

Ackerbauer und Kaufleute, die auf tadellos geführten Straßen ihren Bernstein bis ans Mittelmeer schafften und dort für Gold verkauften. Was wir von ihrer Geschichte wissen, stammt nur aus ägyptischer Quelle. Es sind der von Platon (mit einem durch falsche Übersetzung bedingten schweren Datumfehler) übermittelte Bericht, den die Priester von Sais dem Solon erstatteten, einige Papyrusrollen und die Inschriften von Medinet Habu. Es sind also die von den Siegern aufgezeichneten Aussagen hyperboreischer und libyscher Kriegsgefangener. Die Kulturhöhe, die Macht und der Wohlstand des Imperiums werden jedoch in Skandinavien durch greifbare Elemente bezeugt. Es sind dies einmal die Schätze, die man in ihren Hügelgräbern fand, Möbel, Waffen, Statuen, Trompeten und Schmuck, zum andern die Felsskulpturen, die nicht bloß das aus der Megalithzeit bekannte Bild der *Magna Mater* zeigen, sondern die Götter der Fruchtbarkeit und des Krieges mit erigiertem Penis und die Streitaxt in der Faust, umgeben von Sonnensymbolen in Form einer Scheibe oder eines Rades, die manchmal einzeln, manchmal auf einem Schiff oder Wagen dargestellt werden.

Die Katastrophen vom Ende des 13. Jahrhunderts stellten den Anfang einer langen Zeit des Niederganges dar. Sie war zum großen Teil auf die Vereisung des Gebietes zurückzuführen, aber auch in den letzten Jahrhunderten vor der Zeitwende auf die anarchische Ausbreitung der Kelten in Westeuropa, die die Bernsteinstraßen unterbrach. Zunächst die Zimbern und Teutonen, dann auch die Langobarden, Burgunder und Goten brachen gen Süden

auf, wo sie mit den Römern zusammenstießen. Dank diesen letzteren belebte sich jedoch der Handel bald wieder, so daß der Wohlstand, von einer Klimabesserung begünstigt, nach Skandinavien zurückkehrte. Das Auseinanderfallen des Imperiums beendete erneut den Bernsteinexport. Innere Konflikte zwischen einzelnen Stämmen oder ihren Führern und überhandnehmendes Räuberunwesen verschärften die Krise. Die Angeln, Jüten und Sachsen fielen über die britischen Inseln her, während andere Stämme in aufeinanderfolgenden Wellen sich den Kontinent-Germanen auf ihrem Marsch nach Süden anschlossen. Paradoxerweise begünstigte die im Westen herrschende Anarchie die skandinavischen Völker, die keinerlei Bedrohung ausgesetzt waren. Sie erlebten seit dem 5. Jahrhundert ein 300 Jahre anhaltendes goldenes Zeitalter. Handel und Seeräuberei ließen einen guten Teil der Reichtümer Europas sich in den Häfen der beiden nordischen Halbinseln anhäufen. Städte von gewisser Bedeutung entstanden an den Küsten der Ostsee. Unter dem Druck der ehrgeizigsten und mit dem meisten Sinn für Politik begabten Jarle begannen die Odale sich zusammenzuschließen. Die vom wiedergewonnenen Wohlstand bewirkte Bevölkerungszunahme und die Unzufriedenheit, die die neue Gesellschaftsordnung bei vielen Feudalherren hervorgerufen hatte, schufen eine Spannung, deren Auswirkungen wir bereits kennen: die Zeit der Wikinger hob an.
Die Geschichte wird im allgemeinen von den Siegern geschrieben. Diejenige der skandinavischen Seeräuber, unter denen Westeuropa im 9. und 10. Jahrhundert zu

leiden hatte, wurde von den Opfern aufgezeichnet, was sie nicht objektiver machte. Die Kunst des Schreibens war damals fast nur in den Klöstern bekannt. Nun waren es aber gerade Klöster und Kirchen, die die Wikinger bevorzugt plünderten. Sie taten es nicht aus religiösem Haß. Die Heiden zeigten sich im Gegenteil sehr tolerant, und als das Christentum in Skandinavien einzudringen begann, wurden seine Anhänger in keiner Weise belästigt. Man befreite sie sogar von der Pflicht, den für alle anderen obligatorischen Feierlichkeiten beizuwohnen, die ihren neuen Glauben hätten verletzen können. Es waren ganz einfach die angehäuften Schätze, die sie anzogen. Und die geistlichen Gebäude, die sie bargen, waren für sie nicht heiliger als die Schlösser und Burgen. Es ist daher nicht verwunderlich, daß sie bei den kirchlichen Geschichtsschreibern sehr schlechte Erinnerungen hinterließen und daß diese sie als Handlanger des Teufels darstellten. Erst in jüngster Zeit hat man begonnen, das Für und Wider abzuwägen.

Die Wikinger waren weder Engel noch Teufel, sondern Menschen ihrer Zeit, einer gewalttätigen und Empfindsamkeit wenig zugeneigten Zeit. Was wir ihre Seeräuberei nennen, war für sie eine ebenso ehrenhafte Betätigung wie das, was englische und französische Korsaren bis ins 17. Jahrhundert hinein betrieben. Im Herbst und Frühling wurden die Äcker bestellt, im Sommer ging man auf Fahrt, und im Winter gab man sich häuslichen Festen und Vergnügungen hin. Das war die Regel, der Ablauf ihrer Jahreszeiten. Diese rauhen Krieger, deren ganze Moral aus Heldenmut, Treue und Kameradschaft bestand, achteten unverteidigte Siedlungen, traten aber jedem, der Widerstand leistete, so entgegen, wie sie das bei ihren eigenen Konflikten gewohnt waren, die sich sporadisch zwischen verschiedenen Gruppen und Odalen ergaben. Sie gingen mit den Franken auch nicht sanfter um als Karl der Große mit den Sachsen, die er mit wahrlich schlagenden Argumenten zum Christentum bekehrte. Und wenn sie es für richtig hielten, sich des Goldes und der Frauen der Besiegten zu bemächtigen, wird das vielleicht verständlicher, wenn wir uns daran erinnern, daß das den regulären Armeen zugestandene Plünderungsrecht vor noch gar nicht so langer Zeit durch internationale Übereinkünfte abgeschafft wurde, ohne daß diese freilich immer eingehalten wurden.

Die Wikinger waren also keine Wilden. Ihre Mythologie hatte viel Ähnlichkeit mit derjenigen der Griechen, was nur natürlich ist, da diese von jener abgeleitet wurde. Die Gesänge ihrer Skalden standen hinter den Romanzen der französischen Troubadoure nicht zurück. Ihre Geschichtsbücher, die bis zum vergangenen Jahrhundert in Westeuropa unbekannten Sagas, sind wertvoller und besser geschrieben als die von den Mönchen jener Zeit in lateinischer Sprache hinterlassenen. Ihre Waffen und Goldschmiedearbeiten bezeugen eine verfeinerte und durchaus eigenständige Kunst. Ihre Schiffsbaukunst brachte die bestentworfenen Schiffe aller Zeiten hervor. Und wenn sie zumindest in Skandinavien keine monumentalen Gebäude errichteten, die die Zeiten bis heute hätten überdauern können, weil sie Steine als Baumaterial nicht verwendeten,

so zeigen doch ihre erhaltenen Holzskulpturen eine Schöpferkraft, die die Ausführenden mindestens an die Seite der großen bildenden Künstler des Westens stellt.
Ullman, den wir bei seiner Landung in Mexiko erlebten, war einer von vielen anderen Jarlen des 10. Jahrhunderts, deren Autorität sich Kapitäne, Seefahrer und deren Freunde freiwillig unterstellt hatten, um eine Flotte von Drachen-Schiffen (Drakkar) und kleineren Einheiten (Knörrir) zu einem gemeinsamen Abenteuer zu bemannen. Er stammte aus Schleswig, jenem heute von einer nicht ganz starren deutsch-dänischen Grenze durchzogenen Gebiet, in dem damals Dänen und Sachsen ohne irgendwelche Probleme zusammenlebten. Es gab dort sogar Friesen, weil das fragliche Gebiet damals weit über die Grenzen hinausging, die ihm auf unseren heutigen Landkarten zugewiesen sind. Die Nachkommen der Expeditionsteilnehmer sprachen nämlich in Amerika einen aus dem Nordischen (dem alten Dänisch-Norwegisch) und dem alten Plattdeutsch gemischten Dialekt, ohne daß mit Gewißheit behauptet werden könnte, daß die ursprüngliche Gruppe ihn schon beim Aufbruch aus Europa benutzte oder daß das Zusammenleben in der »neuen Welt« von Dänen und Sachsen der Grund für seine Bildung gewesen wäre. Unsere Wikinger kamen jedoch nicht direkt vom europäischen Kontinent. Sie waren – oder doch zumindest einige von ihnen – in England angeworben worden, und zwar im Danelaw, den König Alfred der Große 886 den Dänen überlassen hatte und wo es noch so viel steinerne und sprachliche Zeugen des skandinavischen Bevölkerungsan-

teils gibt. Das beweist uns auch das Futhark, das die Einwanderer für ihre Inschriften in Südamerika benutzten; es enthält einige aus dem angelsächsischen »futhorc« entlehnte Buchstaben, d.h. aus jenem Runenalphabet, das sich auf den britischen Inseln in Angleichung an die dort gebrauchte Sprache herausgebildet hatte.

Ullman wußte, wohin er fuhr. Hatte er sich bei der Vorbereitung seiner Expedition auf irgendeine später verlorengegangene Überlieferung der Hyperboreer oder auf irische Berichte gestützt, die genauer waren als diejenigen, die uns erhalten geblieben sind? Oder hatte er – wie Leif Eiriksson von Bjarni – Informationen vom Kapitän eines Schiffes erhalten, das vom Sturm in die Irre geleitet worden war? Sei dem wie auch immer, wir müssen die Annahme einer unfreiwilligen Ankunft in Amerika verwerfen: vom Unwetter auf hoher See überrascht, wären die Schiffe auseinandergerissen worden und hätten keine Möglichkeit gehabt, ihren Verband neu zu ordnen. Es handelte sich auch nicht einfach um eine Forschungsreise: zu solchen Zwecken fanden sich nie mehrere Schiffe zusammen, weil das nur das Risiko unnötig vergrößert hätte. Und auch die Absicht der Kolonisation muß ausgeschlossen werden, weil die Schiffe kein Rindvieh mitführten, wie das später (1007) bei denjenigen des Thorfinn Karlsefni der Fall war, der sich mit seinen Leuten dauerhaft in Vinland niederlassen wollte. Dagegen hatte Ullman Pferde an Bord, wie das bei jedem Eroberungszug üblich war. Er wußte also, daß er einem bewohnten Land entgegenfuhr, wo man vielleicht würde kämpfen müssen.

Tatsächlich war das riesige Länderdreieck, das wir heute Mittelamerika nennen, im 10. Jahrhundert von zahlreichen Stämmen mongoloider Herkunft dicht besiedelt, die der Rasse nach untereinander verwandt, aber kulturell sehr verschieden waren. Im Süden bildeten die Maya einen geschlossenen und einheitlichen Block, dessen Sprache ihn von seinen Nachbarn absonderte. Dort hatten – wie weiter nördlich an der Pazifikküste – asiatische Einflüsse eine Zivilisation von beachtlichem Niveau entstehen lassen, wie ihre hinterlassenen Baudenkmäler, die unter den Trümmern gefundenen Keramikscherben und die Aufzeichnungen beweisen, dank deren wir den Glauben und die Gebräuche dieser heute degenerierten Völker kennen. Auf dem Hochland, das – aufgrund eines alten Auslegungsfehlers – den Namen Anahuac (»nahe dem Meer«) trägt, hatte ein kürzlich zugewanderter Stamm im Süden des Texcoco-Sees, an dessen Ufer sich heute die Stadt Mexiko befindet, ein Königreich errichtet. Er gehörte sprachlich zur gleichen Náhuatl-Gruppe wie die Chichimeca (einschließlich der Azteken), jenes nomadisierende Jägervolk, das damals noch nicht aus dem Norden bis hierher vorgedrungen war. Von den Angehörigen dieses Stammes, die wir unter dem Namen Tolteken (»die Leute aus Tula oder Tollán«) kennen, sollte man bald viel zu hören bekommen. An den tropischen Küsten des Atlantiks, im Süden des heutigen Veracruz, war ein Volk ansässig, dessen recht fortgeschrittene, aber etwas mysteriöse Neolithkultur aus den Anfängen unserer Zeit stammt. Wir wissen nicht allzu viel darüber, denn zur Zeit der Konquista hatten die Azteken

es schon soweit aufgesaugt, daß es seine eigene Sprache verloren hatte. Im Norden dieser Olmeca, die durch die Ausgrabungen von La Venta und Tres Zapotes berühmt wurden, spielten die Huaxteca, die die Umgebung von Panutlán (Pánuco) bewohnten und deren Kultur sich erst mit Beginn des 11. Jahrhunderts entwickeln sollte, und die Totonaca praktisch keine andere Rolle als die von Vasallen ihrer Nachbarn.
Der Name, unter dem die spanischen Chronisten die Olmeca erwähnen, ist der, den ihnen die Nahua vom Hochland gegeben hatten. Man suchte daher die Wurzeln des Wortes *olmeca* in *ca* (»Leute«) und *ulli* oder *olli* (*u* und *o* gehen in den amerikanischen Sprachen ineinander über), was in der Náhuatl-Sprache »Kautschuk« bedeutet. Diese Ableitung ist unannehmbar. Denn einmal befindet sich das Gebiet der Kautschukpflanze Hevea viel weiter südlich, mitten im Land der Maya, und zum andern hat das Wort *olmeca,* um den Sinn von »Leute des Kautschuks« zu ergeben, eine Silbe zu viel. Schließlich wissen wir auch, daß die Maya als Herkunftsland der Tolteken ein gewisses »Land des Olman« annahmen und daß später die hohen Beamten von Mayapán, ihrer zweiten Hauptstadt, die »Sprache des Olman« benutzen mußten. Die Silbe *me* in *olmeca* ist daher nichts anderes als die etwas entstellte Zusammenziehung von *man,* was in keiner Sprache Mexikos irgendeinen Sinn ergibt. Nun: die Wikinger landeten in Pánuco, und die ersten Indianer, mit denen sie zusammentrafen, waren die von den Olmeca unterworfenen Huaxteca. Der sehr bekannte skandinavische Familienname

Ullman bezieht sich auf Ull, den Gott der Jäger in der germanischen Mythologie. *Olmeca* bedeutet also »Ullmans Leute«, während die Maya mit dem »Land des Olman« das Herkunftsland nicht der Tolteken, sondern der Schleswiger Wikinger bezeichnen wollten, die sich – wie wir noch sehen werden – mit jenen vermengt hatten. So kennen wir also den Namen des Jarls, der im Jahr 967 in Panutlán an Land ging.
Die Bezeichnung »Ullmans Leute« für die Bewohner der Küste führt zu der Überlegung, daß die Männer aus dem Norden und die Eingeborenen sehr schnell zu einer Übereinkunft gelangten und daß diese sich weitgehend der Autorität der Neuankömmlinge unterordneten. Es war noch nicht so lange her, daß in dieser Gegend »culdees«, schottische und irische Mönche, die aus Huitramannaland gekommen waren, das Evangelium gepredigt und sich dabei friedfertig verhalten hatten. Die Indianer hatten also keinen Grund, die Weißen als Feinde zu betrachten. Andernfalls wäre es den Wikingern wahrscheinlich kaum gelungen, sich in Mexiko niederzulassen. Ihre Zahl ging nämlich nicht über etwa 700 Männer und Frauen hinaus. Das ist nur eine annähernde, aber gut begründete Schätzung. Wir wissen, daß ein »drakkar« oder ein »knörr« jener Zeit bis zu 150 Personen einschließlich der Besatzung befördern konnte. Diese Zahl konnte jedoch auf einer Fahrt über den Ozean nicht erreicht werden. Die *Eiriks Saga Rauda* gibt uns dazu einen genauen Hinweis. Als Thorfinn Karlsefni in den ersten Jahren des 9. Jahrhunderts aufbrach, um Vinland zu kolonisieren, verfügte er über drei Schiffe mit

insgesamt 60 Mann Besatzung (von denen einige, dem Brauch entsprechend, ihre Frauen bei sich hatten) und 100 Siedlern beiderlei Geschlechts. Aber er mußte außerdem »Zuchtvieh« mitführen, nämlich Kühe und – wie es im Expeditionsbericht ausdrücklich heißt – mindestens einen Stier, die natürlich beträchtlichen Raum in Anspruch nahmen, da es sich ja beim »drakkar«-Typ um Schiffe ohne Verdeck und beim »knörr« mit einem solchen nur über Bug und Heck und in jedem Fall um Schiffe mit nur geringem Tiefgang handelte. Im präkolumbianischen Mexiko finden wir keine Spuren von Rindvieh. Ullman hatte also auf seinen Schiffen nur Kriegspferde, die an diese Art Transport gewöhnt waren, und Hunde, die keinen besonderen Platz einnahmen. Wir dürfen daher annehmen, daß sich im Durchschnitt etwa 100 Personen an Bord jedes Schiffes befanden. Wie hoch man also auch die Kampfkraft der mitreisenden Frauen und die Waffenüberlegenheit der gesamten Truppe einschätzen mag, sie wäre doch in dieser geringen Zahl nie imstande gewesen, sich gegen eine kriegerische Bevölkerung durchzusetzen, wie sie in der Gegend von Panutlán ansässig war.

Auch wenn die erste Begegnung zwischen Wikingern und Indianern zu einigen Scharmützeln geführt haben sollte, was unwahrscheinlich ist, wurden zwischen ihnen schnell ausgezeichnete Beziehungen hergestellt. Dafür gibt es einige gute anthropologische und archäologische Beweise. Zur Zeit der spanischen Konquista stellten nämlich die Nachkommen der Olmeca zwei recht verschiedene Menschentypen dar. Der eine war von niedrigem Wuchs, korpulent und mit flacher Nase, der andere größer, mit spitzer Nase und feinen Lippen, die manchmal von einem kleinen Bart geziert waren. Diesen letzteren sehen wir auf zwei Abbildern dargestellt, die am Abhang der östlichen Sierra Madre und in der Nähe von Alvarado an der Mündung des Flusses Papaloapán, im Süden des Cerro de las Mesas, gefunden wurden. Ein anderes Abbild in Tres Zapotes zeigt uns an der Seite einer Indianerin von klassischem Typ einen bärtigen Hellebardenträger von hohem Wuchs und ausgesprochen europäischen Gesichtszügen. Es ist daher kein Zufall und nicht bloß wegen ihres Hasses auf die Azteken, daß die Huaxteca und die Totonaca (die Olmeca sind als Volk bereits untergegangen) 550 Jahre später die Spanier mit Sympathie begrüßen und ihnen helfen, das zentrale Hochland zu erobern. Sie brauchten nur dem Beispiel ihrer Vorfahren zu folgen, die sich über ihre Kollaboration mit den Weißen nicht beklagen konnten, besonders nicht die Erstgenannten, deren kultureller Einfluß sich damals auszuweiten begann, wenn wir uns an die geschichtlichen Daten halten. Sie mußten sich freilich bald davon überzeugen, daß die Konquistadoren bedauerlicherweise nicht die Sonnengötter waren, als die Ullmans Leute in ihren Überlieferungen fortlebten. Aber diese Einsicht kam zu spät.

Wenn sich die Indianer der Küste nicht sofort oder doch sehr schnell in sichere Verbündete der Schleswiger verwandelt hätten, wäre es diesen nicht möglich gewesen, ihre Schiffe mit einer bestenfalls reduzierten Bewachung zurückzulassen und sich sogar in das Innere dicht bevölkerter Gebiete vorzuwagen. Sie überlegten sich ihren Entschluß dazu sehr genau. Ihre Gründe, daß sie ihn faßten, sind leicht verständlich. Sie hatten die britischen Inseln nicht verlassen, um in einem für Nordländer unerträglichen tropischen Klima zu vegetieren. In Panutlán hörten sie von dem zentralen Hochland, das von schneebedeckten Bergen umgeben war und in dem sich blühende Städte befanden. Das genügte, um sie das Abenteuer wagen zu lassen.

Auf der Straße, die später auch Hernán Cortés benutzen sollte, stieg Ullman mit dem Gros seiner Truppen und von eingeborenen Hilfskräften begleitet in die Berge. Kein Bericht über diese Expedition ist uns überliefert. Wir müssen immerhin annehmen, daß sie nicht ohne Gefechte mit diesen oder jenen unabhängigen Stämmen vor sich ging, die ihre Zeit damit verbrachten, sich untereinander zu bekämpfen, und die die Huaxteca und Olmeca, ihre östlichen Nachbarn, als Feinde betrachteten. Wir wissen auch nicht, wie die erste Berührung mit den Tolteken zustande kam, die, gegen Ende des 9. Jahrhunderts eingetroffen, noch Wilde waren und zwischen den Ruinen lebten, die die degenerierten Nachkommen der Erbauer von Teotihuacán hinterlassen hatten. Das ist nur natürlich. Die Geschichte eines Volkes beginnt an dem Tag, da ein besonderes Ereignis die Monotonie eines Daseins unterbricht, das sich bisher über Generationen hinweg ohne besondere Veränderung abgespielt hat. Ein Führer wird in seinem Schoß geboren, der es zu irgendeinem Abenteuer führt; ein Eroberer erscheint, der sein Leben und seine Gewohnheiten verändert; es ergeben sich Tatsachen, die sich dem Bewußtsein einprägen und von denen man erzählen kann. Aber die so entstehende Geschichte wird von Männern geschaffen, die die Veränderung – zum Guten oder Bösen – herbeigeführt haben. Sie wird erlitten, bewältigt und schließlich zum Bestandteil des Bewußtseins eines Volkes. So begann die Geschichte Galliens mit Caesar. So begann die Geschichte Mexikos mit der Ankunft Ullmans. Oder vielmehr mit seinem Aufbruch aus Europa. Denn die Tolteken werden schon bald darauf sagen und (auf ihre Weise) schreiben, daß ihre Vorfahren und sogar diejenigen aller wichtigsten Völker Mexikos aus Tlapallán gekommen seien, dem »Land des Meeres im Osten«, das im Norden, auf der anderen Seite des Ozeans, lag. Seine Hauptstadt hieß Tula (man findet auch die Formen von Tollán, Tullán und Tulla), eine Ortsbezeichnung, die von *Tonalli* (Sonne), endverkürzt im Sinn der Náhuatl-Sprache, und *lan* (Erde, Land) abgeleitet wird. So ergibt sich die Bedeutung »Land der Sonne«, die fast genau derjenigen von Thule entspricht, der griechischen Form des nordischen Wortes *Soley* (Sonneninsel). Der Buchstabe Theta des griechischen Alphabets entspricht häufig dem *s* germanischer Sprachen. Es ist dies ein Name, der »von der Sonne kommt«, sagt Isidor von Sevilla zu Beginn des 8. Jahrhunderts, »weil sie zur Zeit der Sommersonnenwende unbeweglich ist«, womit er meint, daß sie nicht untergeht. Dieser Name wurde seit dem ältesten Altertum in Südeuropa Island und ganz allgemein den skandinavischen Ländern beigelegt. Gäbe es nicht noch viele Beweise mehr,

sollte dies allein schon genügen, um Ullman und seine Gefährten zu identifizieren.
Die Tolteken fühlen sich also mit den Wikingern so weitgehend eins, daß sie deren Herkunft auch für sich in Anspruch nehmen. Das ist ein verständliches Phänomen, da sie selbst erst seit vier Generationen im Anáhuac leben und, da geschichtslos, nicht wissen, woher sie kommen. Unterwirft Ullman sie mit Hilfe seiner Verbündeten, wie das später Cortés mit den Azteken tut? Oder bitten ihn diese Wilden, die eine ungewöhnliche Assimilierungsfähigkeit zeigen, ihre Führung zu übernehmen, wie das zur gleichen Zeit in Europa die Russen mit Rurik tun? Nichts erlaubt uns, zwischen einer dieser beiden Hypothesen zu wählen. Denn – wir wiederholen – die Geschichte der Tolteken beginnt an dem Tag, da Ullman so oder so ihr fünfter König wird.
Auf den ersten Blick scheinen die Überlieferungen der Eingeborenen und die Bilddokumente zu seiner Person wirr und sogar widersprüchlich. Gewiß wird er immer als großer, bärtiger Mann der weißen Rasse dargestellt. Aber die Übereinstimmung hört bei dieser seiner physischen Erscheinung auf. Schon bei seiner Bekleidung beginnen die Unstimmigkeiten der Aufzeichnungen und Abbildungen. Nach den einen war er in ein langes, weißes Gewand und einen mit roten Kreuzen übersäten Umhang gekleidet, trug an den Füßen Sandalen, auf dem Haupt eine Art Mitra und in der Hand einen Hirten- oder Bischofsstab, wenn nicht sogar einen mit einem Malta-Kreuz verzierten runden Schild. Andere zeigen ihn mit einem Wams aus schwarzem

Tuch mit rundem Halsausschnitt und weiten, kurzen Ärmeln bekleidet, auf dem Kopf einen goldenen Helm mit Ohrenklappen, der manchmal mit Schlangen verziert ist. Die Unterschiede in bezug auf seine psychosozialen Eigenschaften sind nicht geringer. Er hat weder Frau noch Kinder und widmet sich im Gebirge asketischen Übungen. Er ist ein Reformator, der den Menschen eine neue Auffassung vom Leben und daher auch von der Moral bringt und der den blutigen Kult des Heidentums durch die Religion der Bußfertigkeit zu ersetzen versucht, die sich auf Begriffe wie Sünde, Gewissen, Verzeihung und Erlösung gründet. Andererseits wird er uns als furchterregender Krieger geschildert, der in der Wahl seiner Mittel wenig Bedenken hat, als Eroberer und Staatschef.

Wir haben eine Erklärung für diese Zwiespältigkeit. Ullman war nämlich, wie bereits erwähnt, nicht der erste Europäer, der im 10. Jahrhundert in Mexiko eine Rolle gespielt hatte. Vor ihm waren die »culdee«-Mönche aus Huitramannaland als Missionare nach dort gegangen. Diese Söhne eines Seefahrervolkes hatten der Versuchung nicht widerstehen können, die Länder im Süden ihrer amerikanischen Niederlassungen zu erforschen und zu bekehren. Die Azteken bewahrten noch im 16. Jahrhundert die Erinnerung an sie (und von ihnen erbten sie die Tolteken), so daß sich ihre Priester, um von den Spaniern anerkannt zu werden, den Namen *papa* (Vater) beilegten, den gleichen, den die frommen Iren trugen. Im Lauf der Zeit hatten sich die Überlieferungen in bezug auf den Oberen der *papas* – einen, seiner Gewandung nach zu urteilen, Abt im Bischofsrang – und auf den Führer der Wikinger miteinander vermengt. Zumindest im Anáhuac, also im Land der Maya, wußte man noch 500 Jahre später sehr wohl zwischen der »Großen Ankunft« (derjenigen der Mönche und ihres Oberen Itzamná) und der »Letzten Ankunft« (derjenigen Ullmans und seiner Männer) zu unterscheiden. Auf dem Hochland hatten sich die beiden Persönlichkeiten, der Abt und der König, zu einer einzigen verbunden, die später unter dem Namen Quetzalcóatl vergöttlicht wurde, ob der Fürst aus Schleswig nun diesen Namen wirklich getragen hat oder nicht. Ein Name, der – gestehen wir es – für einen christlichen Priester, einen König oder Gott reichlich merkwürdig ist. Der Quetzal ist ein mexikanischer Vogel von herrlich grünem Gefieder. *Cóatl* bedeutet »Schlange«. Quetzalcóatl bedeutet also »Vogel-Schlange« oder weniger wörtlich »gefiederte Schlange«. War dies der Name einer schon vor der Ankunft der *papas* bekannten Göttergestalt? Oder war es der, den die Tolteken dem Abt der »culdees« gaben? Das ist nicht ausgeschlossen, obwohl kein Hinweis eine solche Annahme erlaubt. Wahrscheinlicher ist, daß Ullman vor oder nach seinem Aufbruch ins Landesinnere einen Beinamen erhielt, der später für alle vor ihm aufgetauchten Europäer ebenso gebraucht wurde wie für die Nachkommen der Wikinger, die im Anáhuac blieben, und später für den weißen Gott, der in der mexikanischen Mythologie sie alle verkörperte. Stellen wir uns doch einmal den Eindruck vor, den auf die Eingeborenen ein skandinavisches Schiff mit seinem fein geschwungenen und vom Kopf eines Fabeltiers gezierten Bug, seinen von funkelnden Schilden strahlenden Bordwänden und seinem großen quadratischen Segel, das sich wie Flügel bewegte, machen mußte. Nicht ohne Grund nannten die Wikinger selbst ihre Schiffe »drakkar« (Drachen) und die kleineren »snekkar« (Schlangen). Wir messen dem Umstand wenig Bedeutung bei, ob Ullman schon während seiner Regierungszeit oder erst viel später Quetzalcóatl genannt wurde. Die Untersuchung der in unserem Besitz befindlichen historischen Dokumente erlaubt uns nämlich, seine Gestalt ganz klar von derjenigen des Abtes, seines Vorgängers, zu unterscheiden und sogar von der des Gottes, der natürlich mehr an den Asketen als an den Krieger erinnert.

Als Ullman die Macht übernimmt, sind die Tolteken nichts weiter als ein noch 70 Jahre zuvor nomadisierender Stamm, der sich gerade eben auf einem schlecht abgegrenzten Gebiet niedergelassen hat, Jäger, die über die Neolithkultur kaum hinausgekommen sind und in Horden auf den Ruinen einer Vergangenheit leben, die sie nicht kennen. Die erste Aufgabe des neuen Königs – die Spanier benutzen diesen tatsächlich sehr anspruchsvollen Titel in ihren Berichten zur Kennzeichnung der Rolle eines Mannes, der anfänglich nicht mehr als seine Vorgänger, nämlich ein gewöhnlicher Kazike gewesen war – besteht darin, eine Hauptstadt zu errichten, die seinen Absichten würdig ist. Er wählt dafür einen etwa 150 km von der heutigen (und damals noch nicht existierenden) Stadt Mexiko entfernten Ort, wahrscheinlich ein mehr oder weniger bewohnbares großes Dorf, und beginnt mit dem Bau der unerläßlichen

Gebäude: Gotteshaus, Palast und Häuser für seine Leute sowie die indianischen Würdenträger. Arbeitskräfte fehlen nicht. Selbst Handwerker stehen zur Verfügung, da die einheimische Bevölkerung noch nicht alle Kunstfertigkeiten vergessen haben kann, die ihr von den Eroberern aus dem Norden beigebracht worden waren. Unter den Wikingern selbst gibt es wie auf jedem Segelschiff Zimmerleute und Schmiede. Die großen Staatsmänner sind auch immer Städtebauer. Ullman ist keine Ausnahme. Er entwirft oder begutachtet die Pläne zur Errichtung der Stadt, die sich an die örtlichen Überlieferungen halten. Die Tolteken sind intelligent und geschickt. Schnell wächst ein Gebäudekomplex heran. Man muß ihm einen Namen geben. Der König entscheidet sich für Tula, weil seine Heimat so heißt, wie alle Chroniken übereinstimmend berichten.
Eine Hauptstadt hat nur einen Sinn, wenn sie die Zentrale eines Staates ist, d.h. wenn das sie umgebende Gebiet als Gemeinwesen gehörig organisiert ist. Ullman entschließt sich, den Tolteken eine Gesellschaftsordnung zu geben, die den Wikingern nicht nur gestattet, ihre Autorität auszuüben, sondern auch ihre Macht zu vergrößern. Wir kennen die Grundzüge dieser Ordnung, da die Azteken sie übernehmen und die spanischen Chronisten sie beobachten und beschreiben werden. Sie sind höchst überrascht, hier ein Spiegelbild des mittelalterlichen Europa vorzufinden, aus dem sie kommen. Aber diese Ähnlichkeit ist nur logisch. Die Schleswiger kommen aus England, einem von den Wikingern eroberten, unterworfenen und regierten Land. Gewiß bestehen zwischen Dänen und Angelsachsen, Men-

schen der gleichen Rasse und gleichen Kultur, weniger Unterschiede als zwischen Europäern und Indianern. In Mexiko bietet die Lösung des Problems daher größere Schwierigkeiten, aber grundsätzlich sind die Gegebenheiten die gleichen. Es besteht darin, zwischen Regierenden und Regierten das Verhältnis einer festen Rangordnung herzustellen, das sich auf einen Austausch von Dienstleistungen gründet. Es ist das Prinzip des Feudalsystems: eine militärische und politische Aristokratie beschützt und führt eine untergeordnete Bevölkerung, die das Instrument für ihre Macht und ihren Wohlstand darstellt. Aber auf den britischen Inseln waren die Sozialstrukturen bereits vorhanden, die Wikinger mußten die örtliche Aristokratie nur ersetzen oder beherrschen. In Mexiko verfügen Ullman und seine Leute nur über Primitive, deren Kader allzu direkt aus einem eben erst aufgegebenen Nomadentum hervorgegangen sind, um ohne gründliche Umerziehung verwendet werden zu können. Das gilt für den politischen Bereich. Kulturell gesehen ist der Unterschied nicht geringer: die Angelsachsen besaßen eine intellektuelle und vor allem handwerkliche Elite; die Tolteken sind nichts anderes als Jäger und gerade eben imstande, ihre Waffen herzustellen. Sogar die Landwirtschaft ist ihnen unbekannt, während die britischen Bauern diese seit Jahrtausenden betrieben. Und ohne Landwirtschaft gibt es keine Dörfer, nur unbeständige Ansammlungen von Hütten, die so einfach zu errichten wie zu verlassen sind.

Wenn daher im Anáhuac die gleiche Ordnung eingeführt werden soll, wie sie im Danelaw herrscht – und es gibt keine andere Lösung –, dann erfordert ihre Schaffung einen völlig verschiedenen Vorgang. Es handelt sich nicht darum, den bereits organisierten örtlichen Gemeinschaften eine pyramidenförmige Rangordnung überzuordnen, und schon gar nicht darum, die vorher bestehende zu ersetzen, sondern es müssen die unerläßlichen Grundstrukturen von oben geschaffen werden. Das ist viel schwieriger, vor allem wenn – wie das hier der Fall ist – die Rasse eine natürliche Schranke zwischen Regierenden und Regierten aufrichtet. Weder die Kodizes noch die Chroniken beschreiben den von Ullman zur Erreichung seines Vorhabens eingeschlagenen Weg. Aber er läßt sich rekonstruieren, da wir seinen Ausgangspunkt und sein Ziel kennen. Mit seinen überlegen bewaffneten Wikingern, mit den eingeborenen Hilfstruppen der Huaxteca und Olmeca, die bereits eingeteilt und ausgebildet wurden, und mit den Tolteken-Kriegern, denen er die ihnen fehlenden Strukturen gegeben hat, setzt er die Grenzen des Königreiches fest, sichert sie gründlich und befriedet das Land, was ihm nur möglich ist, indem er seine Autorität gegenüber den rivalisierenden Horden durchsetzt, die sich bisher in sporadischen Konflikten gegenseitig bekämpften, und indem er die landfremden Enklaven als Agitationszentren beseitigt. Ein moderner Staatschef würde zu diesem Zweck ein Heer oder eine Gendarmerie unter zentraler Befehlsgewalt schaffen, deren Einheiten zum Eingreifen je nach den Erfordernissen in jeden Landesteil schnell entsandt werden könnten. Im 10. Jahrhundert widersetzten sich einer solchen Auffassung von der Aufrechterhaltung der Ordnung der Zeitgeist und vor allem die Verbindungs-Schwierigkeiten, die in Mexiko natürlich noch viel ernsthafter als in Europa waren. Ullman teilt daher das Land in Bezirke verschiedener Größe ein, deren Abgrenzung sich nach den verschiedenen Erfordernissen geopolitischer, demographischer und wirtschaftlicher Art richtet. An die Spitze jedes Bezirks stellt er einen seiner Wikinger mit absoluten politischen und militärischen Vollmachten, der nur allein ihm untersteht. So verwandelt sich der Bezirk in eine Art Lehen. Der Unterschied zu Europa besteht darin, daß der Feudalherr – vielleicht nur nicht in bezug auf einige Punkte von besonderer strategischer Bedeutung – der einzige seiner Rasse inmitten einer eingeborenen Bevölkerung ist, von der ihn alles trennt. Im besten Fall begleiten ihn seine Frau und seine inzwischen geborenen Kinder. Als Junggeselle kann er sich nicht, wie das in England üblich war, mit der Tochter irgendeines örtlichen Führers verheiraten, was hier streng verboten ist. Auf jeden Fall ist es ihm unmöglich, sich einer Gemeinschaft einzugliedern, die er führt, wenn er sie nicht überhaupt erst geschaffen hat. Das Feudalsystem beseitigt nicht etwa im Lauf der Zeit die sich ihm entgegenstellenden Hindernisse, sondern es verstärkt sie. Es erstrebt keine »Europäisierung« der Eingeborenen. Ganz im Gegenteil achtet es ihren Glauben, ihre Sitten, ja sogar ihre vorhandene Rangordnung, sofern diese die Autorität des Feudalherren nicht beeinträchtigt. Ullman ist daher wirklich derjenige, der den Tolteken ihre Gesetze gibt, wie das die Überlieferung berichtet. Aber diese Gesetze bilden einen zweifachen juridischen Apparat.

Einerseits befestigen sie eine politische Ordnung, die aus der Unterwerfung eines Volkes durch eine ausländische Minorität entstanden ist und sich auf ein Verhältnis der Abhängigkeit gründet, das um so fester ist, als es aus einer strikten militärischen Disziplin hervorgegangen ist und sich auf die Solidarität der Rasse stützt. Auf der anderen Seite organisieren und bestärken sie dadurch eine eingeborene Sozialordnung, die auf – der Lebensart der Wikinger völlig fremden – Erfordernissen rassischer und historischer Art beruht. Insgesamt ergibt sich also ein mehr koloniales aristokratisches System. Im Gegensatz zu dem, was sich in Europa (selbst nach einer Eroberung) ergibt, stellt sich der Herr über die Gemeinschaft, die er führt und beschützt. Er ist mit ihr durch einen funktionellen Austausch von Dienstleistungen verbunden, aber er gehört nicht zu ihr. Als die Schleswiger abziehen, werden die Dörfer der Tolteken die erhaltenen Strukturen bewahren, weil sie ihrer Natur entsprechen. Aber die politische Ordnung des Gesamtgebietes wird langsam verfallen, die örtlichen Kämpfe werden wiederaufflammen, und zunächst die Chichimeca und nach ihnen die Azteken werden eine (übrigens nie voll akzeptierte) Autorität aufpflanzen, die die Grundsätze des Feudalismus und daher auch die örtlichen Freiheiten respektiert. All dies führt zu der Überlegung, daß die Wikinger den Irrtum (wenn auch zu spät) einsahen, den sie dadurch begingen, daß sie ein europäisches Regierungssystem ganz einfach verpflanzten, das Erfolg und Bestand nur beim Vorhandensein einer rassischen Einheit haben konnte, die es in Amerika nicht gibt. Wir werden später sehen, daß sie

die Lektion ihres mexikanischen Abenteuers zu beherzigen wußten.
Inzwischen müssen wir uns, obwohl das nicht unser Thema ist, mit dem Einfluß beschäftigen, den die Wikinger auf die von ihnen unterworfenen Indianer hatten. Die Überlieferungen der Eingeborenen stellen fest, daß es Quetzalcóatl war, dem die Tolteken ihren religiösen Glauben, ihren Kalender, die Schrift und die Kunst des Ackerbaus und der Metallbearbeitung verdanken. Tatsächlich wurde in einer meiner vorhergehenden Arbeiten eine Mythologie zusammengestellt, die den damals noch heidnischen Skandinaviern und den Völkern des Anáhuac gemein war, abgesehen natürlich von den christlichen Hinzufügungen, die die Letztgenannten vom asketischen Quetzalcóatl erhielten, d. h. von dem später mit Ullman verwechselten »culdee«-Abt. Wir wissen andererseits, daß die Tolteken zwei Kalender benützten, einen Mond- und einen Sonnen-Kalender, welch letzterer zur Zeit der spanischen Konquista außer Gebrauch gekommen war, nachdem er eingeführt, aber nie völlig akzeptiert worden war. Von der Schrift wissen wir nichts, denn es kann sich offensichtlich nicht um die Begriffszeichen handeln, die die Azteken verwendeten. Diese bemühten sich, die Spuren ihrer Vorgänger auszulöschen, und die spanischen Mönche widmeten sich der Aufgabe, die »Symbole der Götzenanbetung« zu vernichten, insbesondere Inschriften, die sie nicht verstanden. Die Lehre der Landwirtschaft verstand sich von selbst, denn nur so war es möglich, Nomaden seßhaft zu machen. Was die Metallbearbeitung betrifft, haben archäo-

logische Ausgrabungen bestätigt, daß die Bearbeitung von Kupfer, Gold und Silber im Anáhuac erst im 10. Jahrhundert entstand.
Es vergehen 20 Jahre. Das Königreich Tula ist jetzt fest gegründet, und die noch vorhandenen Keime der Zersetzung haben keine Zeit gehabt, sich zu entwickeln. Sein Gebiet ist wahrscheinlich erweitert worden. Sein Einfluß ist über seine Grenzen hinaus spürbar. Sogar die Maya, deren Zivilisation derjenigen der Völker des Anáhuac weit überlegen ist oder doch wenigstens war, wie die erhaltenen Ruinen ihrer prachtvoll erbauten Städte beweisen, empfinden Furcht und Neid. Im Jahr 986 rüstet Ullman eine Expedition aus, um die tropischen Gebiete im Süden zu erobern. Wurde er von den Itzá, also Maya, gerufen, oder waren es die seinem Befehl unterstehenden Tolteken? Die Gelehrten sind sich darüber nicht einig. Sei dem wie auch immer, er fällt mit bedeutenden Eingeborenen-Kräften, die von seinen eigenen Leuten geführt werden, über See in Yucatán ein. Er kann auf keinen nennenswerten Widerstand gestoßen sein, denn er gründet sofort (987) auf den Trümmern einer früheren bescheidenen Siedlung die Stadt Chichénitza, die seine Hauptstadt wird.
Die Geschichte wiederholt sich, aber in beschleunigtem Rhythmus. Ullman nämlich, den die Überlieferungen der Maya in Yucatán als Kukulkán (eine einfache Übersetzung von Quetzalcóatl) und in Chiapas als Votan erwähnen, trifft auf eine weniger kriegerische und vor allem zivilisiertere Bevölkerung als im Anáhuac. Sie ist auch besser organisiert. Ihre Behörden sind beständiger; ihre Dörfer

sind örtlich auf der festen Grundlage von Stämmen und Dialekten zusammengeschlossen. Wenn die Wikinger nicht gerufen worden sein sollten, gewöhnt man sich doch schnell an sie. Im Maya-Land ist ihr kultureller Einfluß von zwei Jahren fast ebenso deutlich spürbar wie der von 20 Jahren auf dem Hochland, obwohl nicht genug Zeit bleibt, den Indianern die Technik und die Kunst der Metallbearbeitung beizubringen. Bald jedoch rührt sich und wächst die Rebellion. In Chichén-Itzá erheben sich die Eingeborenen. Ein heftiger Kampf tobt um die Stadt, die die Wikinger und ihre Tolteken-Hilfstruppen räumen müssen. Auch um die Schiffe, die die Invasoren an einem bestimmten Punkt der Küste zurückgelassen haben, wird gekämpft. Die Einschiffung gelingt schließlich, obwohl einige Weiße dem Feind in die Hand fallen und den fremden Göttern geopfert werden. Die Fresken am Krieger-Tempel von Chichén-Itzá zeigen noch heute Szenen der beiden Schlachten und der folgenden blutigen Zeremonien mit einem Überfluß an kennzeichnenden Einzelheiten: weißhäutige und blonde Männer mit langen Ohren wie ihre Besieger, Drachen-Schiffe usw. Sie scheinen sogar den Grund der Revolte anzudeuten, da alle Gefangenen mit erigiertem Penis dargestellt sind. Einige Schleswiger und Tolteken, die sich nicht rechtzeitig genug haben zurückziehen können, bleiben im Innern des Landes. Wir begegnen ihren Nachkommen weiter südlich, im Chiapas, in Guatemala, in El Salvador und in Nicaragua, wo man sie unter dem Namen *pipiles* (»Fürsten«), also Regierende, kennt und wo sie noch heute Náhuatl sprechen. Den verbliebenen Wei-

ßen, die sich seit Jahrhunderten mit der eingeborenen Bevölkerung vermischt haben, sind die Dutzende von dänischen und deutschen Wörtern zu verdanken, die Brasseur de Bourbourg im vergangenen Jahrhundert im Quiché, einem Maya-Dialekt Guatemalas, entdeckte.
Ullman und die Überlebenden von Chichén-Itzá kehren in den Anáhuac zurück. Dort erwartet sie eine böse Überraschung, deren Schilderung uns Moctezuma selbst gegeben hat, Abkömmling mütterlicherseits des letzten Tolteken-Königs. Sie ist in seiner Begrüßungsansprache für Hernán Cortés enthalten, so wie sie ihm sein Vater erzählte, »der sie wiederum von seinem Vater« hörte, und die später in den aufeinanderfolgenden Königsfamilien von Geschlecht zu Geschlecht überliefert wurde. Einige der auf dem Hochland zurückgebliebenen Wikinger, offenbar Junggesellen, hatten sich Indianerfrauen genommen und von ihnen schon Kinder bekommen, was ihnen »viel Gewalt im Land« verschafft hatte. Die Schleswiger hatten in bezug auf Frauen die Moral ihrer Rasse und ihrer Zeit, und die jungen Eingeborenenfrauen waren alles andere als abstoßend. Es müssen also während der ersten 20 Jahre weißer Anwesenheit in Mexiko zahlreiche kleine Mestizen geboren worden sein. Dadurch hatte sich zunächst die rassische Zusammensetzung der aristokratischen Minderheit nicht verändert. Als Ullman jedoch aus Yucatán zurückkehrte, stand er vor einer völlig anderen Situation. Die Kinder aus den Mischehen vermengen ihr Blut mit dem der Wikinger. Die Ungleichheit zwischen Regierenden und Untertanen schwächt sich mit der Zeit ab und wird in ein paar Genera-

tionen ganz verschwinden. Das kann der Jarl nicht zulassen. Aber es ist ihm unmöglich, seine Autorität gegenüber den Männern durchzusetzen, die ihre Rasse verraten haben. Die Eingeborenen stehen auf deren Seite. Er zieht es vor, das Land zu verlassen. Amerika ist groß, und er weiß das. Die mit weißen Frauen verheirateten Männer und ihre herangewachsenen Familien – es muß schon Kinder von in Mexiko geborenen Wikingern geben – folgen ihm mit einem Teil der Junggesellen. Die übrigen gehen in der örtlichen Bevölkerung oder doch ihrer Führungsschicht auf. Ihnen verdanken einige Tolteken, daß sie noch 500 Jahre später von den Chronisten der Konquista als »groß, weiß und bärtig«, ja der eine oder andere sogar als »weißer als irgendein Spanier« beschrieben werden*.
Ullman marschiert mit seinen Leuten zur Atlantikküste herunter, wo seine Drachenschiffe in der Mündung des

* Der eingeborene Chronist Ixtlilxochitl berichtet, daß dem letzten König der Tolteken, Topilzin, eines Tages ein »sehr weißes und blondes und schönes« Kind gebracht wurde, das man in den Bergen gefunden hatte. Obwohl der Souverän selbst weiß war und »einen langen, grau-roten Bart« hatte, hielt er den Fund für unheilverkündend und befahl, das Kind dorthin zurückzubringen, wo man es gefunden hatte. Aber sofort begann der Kopf des Kindes in Verwesung überzugehen, was zur Folge hatte, daß sich »eine große Pest« ausbreitete, die 90 Prozent der Bevölkerung umkommen ließ. Professor Dr. Pierre-André Gloor, Präsident der Schweizer Gesellschaft für Anthropologie, weist in einer persönlichen Mitteilung darauf hin, daß sich dieser Bericht möglicherweise auf eine Epidemie beziehen könnte, die die Europäer, ohne es zu wollen, dadurch herbeiführten, daß sie Mikroben einschleppten, gegen die die Eingeborenen keine natürliche Abwehr hatten. Diese Auffassung scheint uns zutreffend.

Flusses Goasacoalco liegen, und sticht in See, nicht ohne die berühmte Weissagung zu hinterlassen, die die spanische Konquista so sehr erleichtern soll: Eines Tages würden weiße, bärtige Männer, seine Söhne, aus dem Osten kommen, um ihn zu rächen und das Land zu beherrschen. Er beschränkt sich darauf, den Golf von Mexiko und die Antillen-See zu durchkreuzen. Mit seinen Leuten und seinen Pferden erreicht er die Küsten Venezuelas. Verbrennt er die Schiffe, schickt er sie weiter nach Süden oder benutzt er sie, um den Orinoco heraufzufahren? Die erste Hypothese ist sehr wenig wahrscheinlich. Die zweite setzt erstaunliche, wenn nicht unerklärliche geographische Kenntnisse voraus. Die dritte entspricht den Gebräuchen der Wikinger so sehr, daß wir der Versuchung nicht widerstehen können, sie anzunehmen. Auf jeden Fall durchquert die Expedition auf dem Landweg oder wahrscheinlicher mit ihren Drachenschiffen die venezolanischen Savannen und dringt über Pasca in das heutige Kolumbien ein. Wir begegnen der Erinnerung daran in den Eingeborenen-Überlieferungen, die von einem kulturbringenden Helden der Muysca berichten, einem Mann weißer Rasse mit reichem Haupthaar und einem langen weißen Bart, der später unter dem Namen Bóchica zum Gott gemacht wird.
Handelt es sich immer noch um denselben Ullman? Wenn dieser nicht auf der Reise gestorben ist, bleibt ihm jedenfalls nicht mehr viel Zeit zu leben. Wir wissen nicht, ob er oder sein Nachfolger es ist, unter dessen Befehl die Schleswiger an den Pazifik gelangen. Was wir wissen, ist, daß sie dort Kanus aus Seehundsfell bauen (ein Tier, das man in

diesen Breiten nicht vermutet, das aber dort tatsächlich häufig vorkommt). Da sie auf ihnen Kind und Kegel und sogar ihre Pferde verladen, müssen es schon größere Schiffe ähnlich den Umiaks, den Weiberschiffen der Eskimos, gewesen sein, die diese neben den kleinen, schnellen Kajaks (Männerschiffen) benützen. Mit ihnen fahren sie in südlicher Richtung an der Küste entlang und erreichen das heutige Ekuador. Ihr später in den Rang eines Gottes erhobener Anführer Atau (vom nordischen *atall* = wild) führt in den örtlichen Überlieferungen den Titel eines *Con.* Das Wort gibt es in Quichua, der Sprache des Landes, nicht. Das nordische Wort – *konr* im Werfall, dessen Wortendung *r* in allen anderen Fällen wegfällt und in den von den Wikingern in Südamerika gesprochenen Dialekten überhaupt nicht gebraucht wird – hat ursprünglich die Bedeutung von »Sohn edler Familie« und nimmt nach und nach diejenige von König (norwegisch: *konung;* dänisch: *konge*) an. Das Hochland von Bogota, das die Wikinger auf ihrem Marsch zum Pazifik durchqueren, trägt nicht zufällig noch heute den Namen Cundinamarca. Die Bedeutung von *con* kennen wir jetzt (die Selbstlaute *o* und *u* werden in Quichua, der Sprache, in der das Wort den spanischen Chronisten überliefert wurde, gleichwertig gebraucht). *Marca* heißt in der nordischen wie der Quichua-Sprache das gleiche: Provinz, Mark. Bleibt *dina* zu erklären. Wir sehen in diesem Wort eine Verbildung von *dana,* die nach der Konquista nur logisch ist, weil Dänemark in der spanischen Sprache Dinamarca genannt wird. Es ist nur natürlich, daß die Schreiber, die alles andere als

Philologen waren, aus *Kondanemarka* (= Königlich Dänische Mark) Cundinamarca machten.

In Ekuador angelangt, richtet die Expedition auf der Insel Guayau einen Stützpunkt ein, um danach, wie schon nach der Landung im Golf von Mexiko und wie später in Peru und wahrscheinlich aus den gleichen klimatischen Gründen, die heiße Zone so schnell wie möglich zu verlassen und das Anden-Hochland zu erklimmen, wo das Königreich Quito gegründet wird, das später die Inka ihrem Reich einverleiben. Aus uns unbekannten Gründen setzen sie ihre zeitweise unterbrochene Reise bald fort. In Ekuador werden nur einige wenige Männer zurückgelassen, deren erster Anführer einen der Namen Odins trägt: Kara (nordisch: *kárr* = der Gelockte). Die 18 Könige, die ihm folgen, lassen sich *scyri* nennen. Dies Wort ergibt in der Quitchua-Sprache keinerlei Sinn, wohl aber in der nordischen: *skirr* bedeutet »rein« und *skirri* »noch reiner«. Das Wort *scyri* kann in einer Sprache, deren Alphabet das *k* nicht kennt, nur eine fehlerhafte Übertragung von *skirri* sein. Die Buchstabenverbindung *sc* ist nur in einem spanischen Text erklärlich, weil sie sich in anderen Sprachen ähnlich wie ein einfaches *s* aussprechen würde. Der spanische Schreiber wollte den Klang von *sk* ausdrücken, was er korrekterweise durch *squ* hätte tun müssen. Die Ersetzung des *k* durch ein *c* in der spanischen Schreibweise ausländischer Wörter steht mit diesem Fall nicht allein; so wird beispielsweise aus dem altägyptischen König *Mykerinos* ein Micerino. Und schließlich ist phonetische Genauigkeit das letzte, was man von einem Chronisten erwarten kann. Die

Namen der 14 ersten *scyri* sind uns nicht überliefert. Der letzte von ihnen starb, ohne männliche Nachkommen zu hinterlassen. Seine Tochter Toa (nordisch: *toeja* = helfen, unterstützen) vermählte sich mit einem örtlichen Führer, der so und mit der nach skandinavischem Brauch (selbst für den Fall einer normalen Erbfolge) erforderlichen Zustimmung der Volks-Versammlung den Thron bestieg. Er gehörte einer Familie von Wikinger-Herkunft an und nannte sich Duchicela (von nordisch *duga* = wert sein, dienen, wovon *dygdh* = Tugend, Kraft abgeleitet wird; und *ketill* = Sturmhaube, was sich in die Endsible *-kell* von Eigennamen verwandelt). Diesen seinen Namen übertrug er auf die Dynastie der letzten vier Herrscher von Quito. Über die nächste Etappe unserer Reisenden sind wir besser unterrichtet. Es ist die Küste Perus. Dort ist seit mindestens 1400 Jahren ein merkwürdiges und heute ausgestorbenes Volk angesiedelt. Man weiß über die Herkunft dieser Mochica nichts Genaues, obwohl gelegentlich behauptet worden ist, sie seien um das Jahr 400 v.d.Zw. aus Mittelamerika gekommen, wofür es jedoch keinen anderen Beweis als eine gewisse Übereinstimmung der Kleidung gibt. Sie selbst möchten annehmen, daß ihre Vorfahren weit übers Meer gekommen sind, was nur – wie im Fall der Völker Mexikos – auf ein oder zwei kulturbringende Minderheiten zutreffen kann. Ihre körperliche Erscheinung ist mongoloid und von ihren Nachbarn im Gebirge so verschieden wie nur möglich. Unzählige Gefäße mit menschlichen Darstellungen zeigen sie mit feinen, offenen, manchmal harten, häufig bärtigen Gesichtern, die einen hohen

Grad von Intelligenz erkennen lassen. Im 10. Jahrhundert bearbeiteten sie schon längst Metalle, und ihre Goldschmiedekunst hat ein beachtliches technisches und künstlerisches Niveau wie übrigens auch ihre Keramik. Ihre Hauptstadt Chan-Chan ist großartig gebaut und liegt in einem jener Täler mit üppiger Vegetation, die in weiten Abständen die Wüstenlandschaft einer Küste unterbrechen, an der es niemals regnet.
Diese Hochkultur war in anderen Zeiten einem starken asiatischen Einfluß ausgesetzt. Das kann nicht überraschen. Chan-Chan ist nichts anderes als »die wohlbekannte Stadt Cattigara«, die Ptolemäus erwähnt und die er an der Ostküste des *Sinus Magnus* liegen läßt, der den Goldenen Chersones (Indonesien und Malaisia) von einer gewaltigen (nicht vorhandenen) Halbinsel trennt, die sich bis zum Süden Ostasiens erstreckt. Sein *Sinus Magnus,* der sich nach seinem Vorläufer Marinus von Tyrus bis zu den Marquesas-Inseln ausdehnte, ist willkürlich verkleinert. Auch Marinus von Tyrus hatte noch untertrieben, da es sich in Wirklichkeit um nichts anderes als den Pazifischen Ozean handelte. Die Ortsbezeichnungen, die Ptolemäus aus dem Land Cattigara wiedergibt, zeigen, daß dieses von Indern und Chinesen häufig aufgesucht wurde. Ja, unser Geograph berichtet uns sogar von der Reise, die im ersten Jahrhundert unserer Zeitrechnung den griechischen Kapitän Alexander dorthin führte. Was Asiaten und Europäer in Peru suchten, war das dort im Überfluß vorhandene Gold. Was sie mitbrachten, waren außer diesen oder jenen Handelsgütern bis zum Exzeß verfeinerte Sitten, wie zahl-

reiche Gefäße mit erotischen Motiven beweisen, und technische und künstlerische Kenntnisse, die für die Indianer und ihre Zeit sehr fortgeschritten waren.
Die Wikinger, Männer und Frauen, landen in der Mündung des Flusses Faquisllamga, wo sich, etwas nördlich von Chan-Chan, heute die Provinzhauptstadt Lambayeque befindet. Das Land, das sie betreten, soll später das Imperium von Chimor werden (aus dem nordischen *skim,* skimi = Licht; *skima* = Morgenröte). Noch zur Zeit der Konquista bewahren die Eingeborenen in ihren Überlieferungen die Erinnerung an die Ankunft der Flotte aus dem Norden im Jahr 1000 unter dem Befehl eines mächtigen Führers Naymlap, dem sie manchmal den Titel *kon* beilegen, und seiner acht Stellvertreter. Die Ankömmlinge, die die Keramik der Chimí weiß und bärtig darstellt, bemächtigen sich des Landes und setzen eine neue Dynastie ein, deren 20 Könige den Titel Chimú Capac tragen und regieren werden, bis das Imperium gegen Ende des 15. Jahrhunderts von dem Inka-Kaiser Tupac Yupanqui annektiert wird. Es wird nicht berichtet, wer Naymlap und seine Gefährten waren, aber sein Name und der seiner Gattin, Ceterni, haben in dieser Beziehung einen unschätzbaren Wert. Beide Namen gehören nämlich zu keiner amerikanischen Sprache. Dagegen haben sie sehr starken germanischen Klang. *Naym* ist genau die Form, in der ein Spanier das von einem Indianer mehr oder weniger richtig ausgesprochene deutsche Wort Heim schreiben würde. Und das altnordische Wort *lap* bedeutet Stück. Heimlap, ein Stück Heimat, könnte sehr wohl der Beiname des Anführers einer

skandinavischen Niederlassung auf amerikanischem Boden oder dieser Kolonie selbst gewesen sein, der später mit dem ihres Gründers verwechselt wurde. Das einzig Überraschende dabei ist, daß das Wort sich über die Jahrhunderte mündlicher Weitergabe hinweg so wenig verändert hat und daß die Spanier, die es aufschrieben, es nicht noch mehr verballhornt haben. Ceterni kommt vom nordischen *theyta* = zum Aufbruch blasen, vorrücken; und erni = fähig, hart, energisch. Man könnte den Namen mit »die zum Vormarsch anfeuert« übersetzen.
Der Einfluß der Wikinger auf die bald Chimú genannten Mochica ist erwiesen. Mit ihnen hält in die Mythologie der Bevölkerung von Chan-Chan und des dazu gehörigen Gebietes ein neuer Gott Einzug. Es ist der des Sturmes, Guatan genannt. So schreiben die Spanier Huatan, was in der Quichua-Sprache – und das war seit den Inka in Peru die allgemein übliche – wie Atan ausgesprochen wird. Das erinnert, wie einige Autoren vermerken, an das mittelamerikanische Votan oder das germanische Wotan oder Odin. Das Vokabularium der Mochica, das im 17. Jahrhundert von dem Mestizen Fernando de la Carrera zusammengestellt wurde, enthält einige Wörter offensichtlich nordischen Ursprungs. Die Schiffe auf den zahlreichen Keramikfunden aus der Zeit nach dem 10. Jahrhundert haben, obwohl ganz anders als die Drachenschiffe konstruiert, ihre beiden äußersten Enden nach oben gewölbt und tragen als Galionsfigur einen Tierkopf. Eine in der Gegend gefundene gravierte Muschel zeigt die unglaublich genaue Wiedergabe eines Motives mit dem Wikinger-Kreuz von Gos-

forth in Cumberland, d.h. im englischen Danelaw. Das Sonnenrad, das die Ohrringe einiger Gestalten auf den bemalten Gefäßen ziert, kann nur nordischen Ursprungs sein, um so mehr als die Chimú nicht die Sonne, sondern den Mond anbeteten. Dabei seien die Bärte einiger dargestellten Personen nur am Rande erwähnt. Eine Einzelheit weist jedoch darauf hin, daß die Skandinavier, die sich in Chimor niederließen, nicht zahlreich waren und daß sie sich schnell assimilierten. Die auf Keramik gemalten Schlachten-Szenen zeigen nämlich Weiße als Gefangene der Indianer. Nun wurden aber die Schleswiger nicht besiegt, weder bei ihrer Ankunft, da sie ja das Land eroberten, noch später, da die von ihnen gegründete Dynastie die Macht fast fünf Jahrhunderte lang in der Hand behielt. Die einzige Erklärung ist, daß sie soweit von der einheimischen Bevölkerung aufgesogen wurden, daß ihr Sieg aus der Geschichte des Imperiums ausgelöscht wurde. Tatsächlich schiffte sich das Gros der Wikinger sehr bald wieder ein, setzte seine Reise nach Süden fort und ging in Ilo an Land, unmittelbar südlich des Breitengrades von Tiahuanacu, dem einzigen guten natürlichen Hafen der Zone, an der Mündung des gleichnamigen Flusses. Diese Ortsbezeichnung kommt vom nordischen *ili* = Ankerstein und bedeutet wahrscheinlich Ankerplatz.

II.

DAS ALTE IMPERIUM

Die Anden-Kordillere wird von zwei parallel verlaufenden Bergketten gebildet, deren Gipfel den Pazifischen Ozean von Ekuador bis Chile beherrschen. Ihre steilen Abhänge säumen im Westen den schmalen Küstenstreifen, dessen trostlose Trockenheit nur durch die üppige Vegetation einiger Täler unterbrochen wird, in denen kümmerliche Flüsse verrinnen und nur selten das Meer erreichen. Im Osten dagegen entspringen der Amazonas, seine wichtigsten Zuflüsse und zahlreiche andere Wasserläufe, die in Äquatornähe durch den unendlichen tropischen Urwald bis zum Atlantik fließen. Zwischen den beiden Bergketten erstreckt sich auf einer durchschnittlichen Höhe von 4000 Metern über dem Meeresspiegel der Altiplano, ein breiter Steppenstreifen, der von schneebedeckten Gipfeln von 5 bis 7000 Metern Höhe eingerahmt wird. Die Tage sind glühend heiß, die Nächte eisig. In dieser großartigen und zugleich unheimlichen Mondlandschaft wirkt jedes Zeichen von Leben ungehörig. Auf der Höhe von Ilo jedoch bietet das Panorama der *Puna* eine angenehme Abwechslung. Hier erreicht der Hochlandstreifen seine höchste Breite von 900 Kilometern, während er bei Cuzco, 400 km Luftlinie weiter nördlich, nicht mehr als 300 hat. In seiner Mitte glitzern wie ein riesiger Spiegel die Wasser des Titicacasees, ein wahres Binnenmeer von 210 km Länge und 65 km Ausdehnung an seiner breitesten Stelle. Im Osten seines südlichen Ausläufers erheben sich, 22 km von seinem heutigen Ufer entfernt, die Ruinen von Tiahuanacu.

Alle Autoren, die sich im vergangenen Jahrhundert für diese eindrucksvolle archäologische Stätte interessierten, hoben den Widerspruch hervor, der darin besteht, daß sich eine große Stadt hoher Zivilisation in einem so völlig sterilen Gebiet befindet. Sir Clement Markham stellte 1904 mit aller Vorsicht eine gewagte Hypothese auf: Nachdem die großen Bauten errichtet worden waren, habe ein tektonisches Erdbeben den Altiplano plötzlich um etwa 1000 Meter über sein früheres Niveau gehoben und seinen außerordentlich fruchtbaren, von Urwäldern bedeckten Boden in eine Wüste verwandelt. Das würde bedeuten, daß die Baudenkmäler von Tiahuanacu aus dem Voreiszeitalter stammen müßten, da während des Pleistozäns in den Anden keine geologische Bewegung stattfand, die eine derartige Veränderung des Reliefs hätte bewirken können. Dann kam Arthur Posnansky, dieser Liebhaber-Archäologe aus La Paz, dem wir außer Angaben von wirklichem Interesse eine ganze Serie von wirren Spekulationen verdanken, an denen die Freunde archäologischer Romane noch heute ihren Spaß haben. Er läßt die Stadt zur Zeit ihrer Blüte am Strand des Pazifiks liegen. Eine Erdumwälzung habe sie eines schönen Tages 4000 Meter hoch geschleudert und mit ihr einen Teil des Meeres, der sich in einen See verwandelte und durch das Schmelzen der Gletscher nach und nach seinen Salzgehalt verlor. Seit damals

sei der Spiegel des Titicacasees langsam gesunken, so daß sich sein Ufer von der Stadt entfernte, deren Bewohner sie wegen des Klimawechsels verlassen hätten. Tiahuanacu sei vor 13000 Jahren errichtet worden. Posnansky weiß das aus astronomischen Berechnungen aufgrund der Lage eines der Gebäude, des Kalasasaya. Diese Berechnungen, über die einschlägige Wissenschaftler nur lächeln konnten, haben sich als eindeutig falsch erwiesen.
An dieser Geschichte ist alles falsch. Die Höhe des Altiplano hat sich seit dem Tertiär nicht mehr verändert. Der Titicacasee ist nie etwas anderes gewesen als das Aufnahmebecken der von den Bergen, besonders zur Zeit der Schneeschmelze, herabfließenden Wassermassen. Der Spiegel des Sees verändert sich entsprechend den jeweiligen Niederschlagsmengen – so stieg er beispielsweise im Sommer 1978/79 um drei Meter – und es würde nur eine leichte Klimaveränderung genügen, um ihn die wenig mehr als 30 Meter zurückgewinnen zu lassen, die ihn heute von Tiahuanacu trennen, ja um ihn sogar vielleicht die Stadt wie eine Insel umspülen zu lassen. Schließlich ist auch der Boden keineswegs unfruchtbar, obwohl längst nicht mehr so reich, wie er vor 1000 Jahren war.
Dieser letztgenannte Punkt hat eine außerordentliche Bedeutung, so daß wir uns etwas eingehender mit ihm beschäftigen müssen. Denn während die Höhe der *Puna* und die Natur des Sees nur falsche Probleme aufwerfen, trifft das auf die Unfruchtbarkeit des Bodens nicht zu, die jedem Reisenden offensichtlich scheint und bei 4000 m Höhe auch nur logisch wäre. Aber die dem Titicaca-Bek-

ken zugeschriebene Sterilität gibt es gar nicht. Die Archäologen, die die Gegend nur flüchtig bereisten und wahrscheinlich vom *soroche* gequält wurden, jener mit starkem Kopfschmerz und Unwohlsein verbundenen Höhenkrankheit, die alle Fremden mit außerordentlicher Heftigkeit überfällt, mögen entschuldigt sein, wenn sie sich durch den wüstenartigen Anblick des Hochlandes beeindrucken ließen. Aber Posnansky mußte wissen, worum es sich handelt. Denn es ist eine Tatsache, daß über dem Titicaca-Becken jährlich 400 bis 750 mm Regen niedergehen, welche Menge ausreicht, um ohne künstliche Bewässerung (tatsächlich werden fast alle Terrassen-Pflanzungen der Gegend berieselt) außer Süßkartoffeln auch Weizen, Gerste, Hirse und – trotz aller gegenteiligen Behauptungen – sogar Mais mit Erfolg anzubauen. Ja, mehr noch: der größte Teil der Versorgung von La Paz, der Hauptstadt Boliviens, mit Frischgemüse kommt aus der Zone von Tiahuanacu. Es ist dort also nicht so kalt, was sich durch die enormen Wassermassen des Sees erklärt, die als Regulator der Temperatur wirken. Dieses Mikroklima macht das Gebiet des Titicacasees (von den städtischen Siedlungen abgesehen) zu dem dichtest besiedelten im bolivianischen Süden. Das ist nichts Neues. Alcide d'Orbigny konnte 1839 schreiben: »In den beiden heutigen Republiken Peru und Bolivien gibt es kein dichter bevölkertes Gebiet als die Ufer des Titicacasees. Überall gibt es Dörfer und auch Spuren der früheren Bevölkerung.«

Immerhin stellt sich das Gebiet als sehr trocken und sehr wenig fruchtbar dar, wenn wir es mit dem vergleichen, was es vom 10. bis 13. Jahrhundert war. Verschiedene kürzliche Untersuchungen, darunter eine, die sich auf die Analyse der konzentrischen Ringe der tausendjährigen Bäume Kaliforniens stützt, haben bewiesen, daß das Klima, das zu Beginn unserer Zeit von dem bei uns herrschenden nicht sehr verschieden war, bis zum Jahr 850 milder wurde. Die Temperatur blieb bis zum Jahr 1200 ziemlich unverändert, um danach wieder kälter zu werden. Zunächst langsam, beschleunigte sich der Prozeß ab Mitte des 13. Jahrhunderts immer mehr, um den tiefsten Punkt seiner Kurve im 16. Jahrhundert zu erreichen. Nach 200 Jahren ohne wesentliche Änderung trat eine neue Erwärmung ein, die bis 1950 anhielt. Für den Anden-Altiplano waren die Folgen dieser Klima-Entwicklung von ungeheurer Bedeutung. Einerseits war hier nämlich in dem Zeitraum, der uns interessiert, die Durchschnittstemperatur wie überall um ein paar Grade höher als heute. Damals wurde in Island Weizen angebaut, und Eirik der Rote konnte den riesigen Gletscher, der Grönland in unseren Tagen ist, »Grünes Land« nennen. Andererseits waren infolge der stärkeren Verdunstung des Meerwassers die Regenfälle (und auf den benachbarten Gipfeln der Schnee) viel reichlicher, was den Anpflanzungen zugute kam und das Klima zusätzlich milderte. Schließlich hatte der Titicacasee, in den sich seit Jahrhunderten beträchtliche Wassermassen ergossen, seinen höchsten Spiegel erreicht und bildete einen gewaltigen Komplex, der den Poopósee und die Salinen von Oyuni einschloß. Noch zur Zeit der spanischen Konquista erhob sich an seinem Ufer und noch früher vielleicht sogar auf

einer seiner Inseln eine große Ortschaft. Sie hieß Chucara und wurde später Tiahuanacu genannt.
Baudenkmäler, die ausschließlich aus Stein errichtet wurden, sind in ihrem Alter mit wissenschaftlicher Genauigkeit nicht zu bestimmen. Die Karbon-14-Methode kann uns trotz aller gebotenen Vorbehalte auf diesem Gebiet einige Hinweise in bezug auf die organischen Stoffe geben, und die jüngere und sichere Methode der Thermolumineszenz verschafft in bezug auf Keramikstücke genaue Informationen. Aber mit Gewißheit läßt sich das Alter von Gebäuden und der zur Zeit der Ausgrabung darin vorhandenen Fundstücke – Knochen, Gewebe, hölzerne Geräte, Scherben von Gefäßen usw. – nicht feststellen. Die Archäologen müssen sich daher auf subjektive Schätzungen beschränken, die sich auf den Stil der Gebäude und Skulpturen gründen und von Auslegungen nicht nur der festgestellten Tatsachen, sondern auch von deren vermutlichem Zusammenhang abhängen. Wenn außerdem noch ihr Denkvorgang von örtlichen Voreingenommenheiten in eine falsche Richtung gelenkt wird, wie das in bezug auf Tiahuanacu allzu häufig der Fall ist, gelangt man zu einem solchen Grad der Verwirrung, daß, um klar zu sehen, nichts anderes übrig bleibt, als aufgrund der vorhandenen greifbaren Tatsachen noch einmal von vorne anzufangen. Das ist es, was wir zu tun versuchen wollen.
Hier sind die greifbaren Tatsachen im wesentlichen Gräber und Keramikstücke. Sie weisen mit einem annehmbaren Spielraum von Gewißheit darauf hin, daß die von den Archäologen »Alt-Tiahuanacu« genannte Kultur im ersten

Jahrhundert unserer Zeitrechnung entstand. Sie hinterließ uns eine in Rot, Ocker und Schwarz bemalte Keramik, die mit abgestuften geometrischen Formen und merkwürdigen Tiergestalten verziert ist. Das »klassische Tiahuanacu«, das ihr ab 5. Jahrhundert folgt, wird durch eine Keramik von äußerster Feinheit gekennzeichnet, deren vielfarbige Verzierung stilisierte Menschen und Tiere darstellt, die den Einfluß von Nazca widerzuspiegeln scheinen. Große Paläste aus Lehmziegeln sollen aus dieser Zeit stammen, in deren Verlauf die Bearbeitung von Kupfer erscheint. In der Mitte des 8. Jahrhunderts beginnt eine Epoche des Niederganges, die bis zum Jahr 1000 anhält. Die Keramik beschränkt sich darauf, die Formen und Zeichnungen der klassischen Zeit nachzuahmen, ohne sie jedoch in irgendeiner Beziehung zu erreichen. Die Kunst des Polierens geht nach und nach verloren, die Zahl der Farben verringert sich, und bald erscheinen nur noch Rot und Schwarz und dann häufig ausschließlich Schwarz.
Während der neun Jahrhunderte dieses Prozesses, dessen drei Epochen – die alte, die klassische und die dekadente – natürlich nichts anderes als theoretische Erkenntnisse aus den Untersuchungen sind, geht die Ausstrahlung der Tiahuanacu-Kultur nicht viel mehr als einige Kilometer über ihr Zentrum hinaus, obwohl ihr Einfluß in dem heute bolivianischen Gebiet von Cochabamba, im Norden Chiles, im Süden des derzeitigen Perus bis Cuzco und an der Küste bis Arequipa wahrnehmbar ist. Dann ändert sich plötzlich alles. Es beginnt die Zeit, die die Archäologen unter der Bezeichnung »expansives Tiahuanacu« kennen.

Ehe wir fortfahren, und um die Untersuchung des Rahmens zu vervollständigen, in dem sich die späteren Ereignisse abspielen, verweilen wir noch einen Augenblick bei der Betrachtung der anthropologischen und politischen Lage des gewaltigen Gebietes, das sich heute die Staaten Ekuador, Peru, Bolivien, Argentinien und Chile teilen, und das wir der Einfachheit halber Peru nennen, wie es zur Zeit der Chronisten hieß.

Im Jahr 1000 ist der Altiplano von Menschen bevölkert, die einer einzigen Rasse angehören. Klein, gedrungen und (dank ihren enormen Brustkästen) für das Leben in der dünnen Luft großer Höhen gut geeignet, sind diese Amerindios von kupferfarbener Haut, kurzem oder mittlerem Schädel, schmaler Nase, ohne Bart und von mittelmäßiger Intelligenz. Sie sind äußerst umgänglich, was sie gehorsam und jeder Form von Verbrechen abgeneigt sein läßt. Sanft, schweigsam und empfindungsarm, scheint ihnen der Tod gleichgültig zu sein. Sie sind ausgezeichnete Soldaten, tapfer und diszipliniert, aber zur Verteidigung besser als zum Angriff geeignet. Sehr arbeitsam, widmen sie sich vor allem Ackerbau und Viehzucht, aber sie lieben auch das Fischen in Seen und Flüssen, ja sogar im Ozean, dessen Küsten sie an manchen Stellen im Norden und Süden bewohnen. Diese Menschen der Anden-Rasse sind jedoch nicht die einzigen Bewohner Perus. An der mittleren Küste des Pazifiks begegnen wir nämlich Stämmen, die nach ihrer Kultur und nach den körperlichen Eigenschaften ihrer häufig langschädligen Angehörigen sehr verschieden sind. Die bedeutendste Gruppe unter ihnen bilden die Chimú.

Einer einzigen Rasse angehörig, sind die Gebirgs-Indianer jedoch durch ihre Sprache in vier Nationen im wörtlichen Sinn des Wortes geteilt. Die Quichua bewohnen das Gebiet, das sich vom Fluß Ancasmayo, etwas oberhalb des Äquators, bis zum 13. Grad südlicher Breite erstreckt. Im Westen wird es vom Ozean und dem Reich der Chimú begrenzt, im Osten vom Urwald am Fuß der östlichen Kordilleren-Kette. Südlich davon, also vom Gebiet von Paucartampu und Cuzco (nach den Bevölkerungs-Statistiken von d'Orbigny trifft das noch zu Beginn des 19. Jahrhunderts zu) bis zu den heutigen argentinischen Provinzen Jujuay und Salta, d.h. südlich des 20. Breitengrades, wohnen die Aymara oder Kolla. Diese letztere Bezeichnung könnte von dem nordischen Wort *kollr* (= runde Kuppe, Kopf, Schädel) hergeleitet sein und »Rundköpfe« bedeuten. Die Quichua sprechenden Bewohner der mineralreichen Täler von Cochabamba, Charcas (heute: Sucre) und Oruro wie auch diejenigen von Santiago del Estero (Argentinien) gelangten durch spätere gewaltsame Verpflanzung (unter den Inka) dorthin. Die hier aufgezeichnete Sprachgrenze ist jedenfalls nur in großen Zügen genau. Sie läßt zahlreiche andersartige Enklaven, die später reduziert wurden, als für uns weniger interessant unberücksichtigt. Aber das darf zu keinem Irrtum verleiten. Denn die Quichua- und die Aymara-Sprache haben dieselbe Grammatik und – zumindest heute – etwa 20% ihres Wortschatzes gemein, aber der größte Teil ihrer Wurzeln ist verschieden. Es bleiben zwei in das Aymara-Gebiet eingestreute Nationen: Die Uru, die die südliche und westliche Umgebung des Titicacasees, diejenige des Hafens Ilo an der Pazifik-Küste und die Ränder des Gebirges zwischen diesen beiden Grenzen bewohnen, und die Puquina am Ostufer des großen Sees. Die Arahuac, die in einem nicht genau bestimmten Gebiet zwischen Vilcanuto im Norden des Titicacasees (bei Ayavire und Cuzco) und den Abhängen der Ost-Kordillere, ja noch darüber hinaus in der Ebene der Moxo leben (wahrscheinlich nicht mehr lange), gehören einer anderen, sehr ausgeprägten Rasse an.

In politischer Hinsicht sind diese verschiedenen Völkerschaften (mit Ausnahme des freilich eben erst gegründeten Königreichs Quito) in Stämmen oder, begünstigt durch die außerordentliche geographische Unterteilung dieses Gebirgslandes, in Dorfgemeinschaften, jede in ihrem Tal für sich, organisiert. Wir verfügen in dieser Beziehung über keine genauen Angaben, wissen aber trotzdem, daß es im Quichua und im Aymara zahllose Dialekte gibt, die das Vorhandensein von Einheitsstaaten auszuschließen scheinen. Höchstens kann es gelegentlich hier oder da eine lockere Föderation gegeben haben, hervorgerufen durch die militärische Überlegenheit eines Stammes, durch das Erscheinen eines örtlichen Führers oder – wie früher im Fall von Chavín – durch die kulturelle Ausbreitung einer Gemeinschaft. So ergaben sich unzählige sporadische Konflikte zwischen Stämmen und Dörfern. An der Küste ist die politische Zerrissenheit die natürliche Folge des Habitats, das sich durch das Abwechseln von Oasen-Tälern und Wüsten-Streifen ergibt. Die einzige Ausnahme ist das

Reich der Chimú, dessen Gebiet jedoch noch längst nicht die Grenzen erreicht hat, die es nach dem erwähnten Wechsel der Dynastie haben wird.
Das ist das Land, wo wenig nach dem Jahr 1000 die Wikinger in Ilo an Land gehen. Wissen sie bereits etwas vom Titicacasee oder erfahren sie von ihm durch die Uru, die seine Zugänge kontrollieren? Eine Frage, die im Augenblick ohne Antwort bleibt. Aber es ist eine Tatsache, daß sie, wahrscheinlich wie stets auf ihrem großen Zug die unerträgliche Hitze an der Küste fliehend, nicht lange zögern, ihren indianischen Bergführern hinauf zum Altiplano zu folgen. Der riesige See, der damals noch viel größer war als heute, erinnert sie mit seinem trockenen und gemäßigten Klima und seinen schneebedeckten Bergen ringsum an die ferne Heimat, auch wenn es hier keine Bäume gibt. Die Uru sind friedfertig und werden es auch bleiben, aber man kann in fremden Landen nie wissen. Unsere Seefahrer ziehen es daher vor, sich auf einer Insel niederzulassen. Sie suchen sich die größte aus. Handelt es sich um diejenige, die heute wie schon zur Zeit der Konquista den Namen Sonneninsel trägt? Wir haben es lange Zeit angenommen, weil es diese ist, die die spanischen Chronisten erwähnen. Sie konnten in einer Zeit, da sich der Wasserspiegel des Titicacasees schon beträchtlich gesenkt hat, in seinem südlichen Teil auf der Höhe von Ilo keine andere entdecken, die den Angaben der Eingeborenen-Überlieferungen entsprochen hätte. Außerdem waren auf ihr bedeutende Spuren der Inkazeit gefunden worden, die eine spätere Besetzung vermuten ließen. Heute zweifeln

wir daran, nachdem wir – *in libris* – den Wasserstand des fraglichen Gewässers über die Jahrhunderte hinweg genau untersucht haben. Es scheint uns wahrscheinlicher, daß sich die Wikinger von vornherein in Chucara – wie Tiahuanacu ursprünglich hieß –, einem Inseldorf, niedergelassen haben.

Ist der *konr* Heimlap als König von Chimor in Chan-Chan geblieben, oder steht er an der Spitze auch dieser Expedition? Wir haben keinerlei Hinweis darauf, weil die Überlieferungen der Eingeborenen, als sie in der Zeit der Konquista aufgezeichnet wurden, die 500 Jahre alte Geschichte bereits in einen Mythus verwandelt haben. Der Führer, den sie uns vorstellen, weiß und bärtig, wie sich das gehört, ist zum höchsten Gott der Quichua und Aymara geworden. Es ist ein unteilbarer und allmächtiger Gott, Schöpfer der Sonne, des Mondes, der Planeten und Sterne, der sich inkarnierte, um den Menschen Offenbarung und Erlösung zu bringen, ein nicht-materieller Gott, dessen kosmischer Ausdruck die Sonne ist. Auf der einen Seite also landet der *konr* Viracocha mit seinen Leuten in Ilo und läßt sich auf einer Insel des Titicacasees nieder, von wo aus er das Gebiet organisiert und zivilisiert, auf der anderen Seite kommt der Schöpfer Viracocha, um die Welt zu ordnen und das Menschengeschlecht zu retten. Es ist dies die Wiederholung des Falles Quetzalcóatl, den wir weiter oben kurz untersucht haben. Einige Chronisten, wenn auch nicht die vertrauenswürdigsten, geben jedoch dem Wikinger-Führer einen eigenen Namen neben dem, den er mit dem Gott gemein hat. Sie nennen ihn Pirhua Manco oder

Manco Inca. Vielleicht handelt es sich nur um eine Verwechslung mit dem ersten Inka-Kaiser Manco Capac. Aber es ist auch nicht ausgeschlossen, daß dieser letztere bei der Gründung einer neuen Dynastie den Namen seines berühmten Vorgängers angenommen hat. Das Wort Pirhua, das im Quichua »Kornspeicher« bedeutet und in diesem Zusammenhang keinerlei Sinn hätte, kommt vom nordischen *byrdh* (= Geburt, Ursprung) und *vé* (*hu* wird auf dem Altiplano fast wie *v* ausgesprochen), was »geweihter Ort« und im Gotischen in der Form von *weihs* »Priester« bedeutet. *Manco* ist eine Zusammenfügung von *man* (= Mann) und *konr,* abgekürzt als Folge der starken Betonung der ersten Silbe des Wortes und der Neigung der Eingeborenen, die Betonung des Wortendes zu dämpfen. Es ergibt sich Mann-König, der Mann, der König wurde. *Inca* (*Inga* nach spanischer Schreibweise) kommt von *ing,* einem Partikel aller germanischen und sogar lateinischen Sprachen (wie Französisch und Spanisch), das wie in den Wortbildungen Merowinger, Karolinger, Lotharinger usw. »Nachfahre« bedeutet. Dieses Wort war also schon vor der eigentlichen Inka-Zeit gebräuchlich, wie uns eine Runeninschrift von Sete Cidades in Brasilien bestätigt.

Der Name Viracocha, der manchmal auch Huiracocha geschrieben wird, hat die phantastischsten Auslegungen gefunden. Einige übersetzen ihn mit »Schaum *(huira)* des Meeres *(cocha)* oder poetischer »Geist der Tiefe«, vergessen aber dabei, daß in der Quichua- wie in der Aymara-Sprache der bezeichnende Wes-Fall dem Hauptwort im Wer-Fall vorangestellt wird. Es ergäbe sich also bestenfalls

»Meer des Schaumes«. Nach dem Chronisten Garcilaso jedoch, dem Sohn einer Inka-Prinzessin, deren Muttersprache das Quichua war, bedeutet *huira* in dieser Sprache nicht »Schaum«, sondern »Schmiere«. Und »Schmieren-Meer« wäre für einen heldenhaften Kulturbringer ein genauso merkwürdiger Name wie für einen Gott! Die in den Chroniken zu verzeichnende Schreibweise entspricht gewiß nicht genau der Aussprache des Wortes. Die matte Aussprache, die die Indios des Altiplano bis heute alle nicht mit Akzent versehenen Selbstlaute in einer an das stumme französische *e* erinnernden Betonung aussprechen läßt, und die Gewohnheit, das *ch* spanischer Schreibweise ähnlich wie das deutsche *sch* (oder das englische *sh*) zu artikulieren, lassen, wie wir das häufig selbst beobachten konnten, das Viracocha zu einem Vir'cosch werden. Anderseits sind in den Sprachen Perus *e* und *i* ein und derselbe Vokal, der einen zwischen diesen beiden Selbstlauten liegenden Klang hat. Nun bedeutet das nordische Wort *verr* ebenso wie das lateinische *vir* (von gleichem indoeuropäischen Ursprung) »Mann« in positiv qualifizierendem Sinn. Und die Buchstabenverbindung *dh* (das weiche englische *th*) im altnordischen Wort *godh* hat ihr Laut-Äquivalent zwar im Quichua, nicht aber in der spanischen Sprache, in welcher uns das fragliche Wort überliefert ist. Es wäre also nicht erstaunlich, wenn diese aus dem gehauchten *dh* ein gezischtes *ch* gemacht hätte. Wenn dem so wäre, würde Viracocha nichts anderes als eine leicht deformierte lautliche Wiedergabe von *Verr Godh* sein, was in der nordischen Sprache »Mann-Gott« bedeutet.

Niemand kennt die Gefahren von Analysen dieser Art besser als wir. Ein »guter« Philologe hat niemals die geringsten Schwierigkeiten, irgendein Wort von irgendeinem anderen abzuleiten, indem er diesen oder jenen Laut durch einen anderen ersetzt, das Wort in seine Bestandteile zerlegt, einige seiner Buchstaben umkehrt und wieder zusammenfügt. Aber in dem vorliegenden Fall schwinden unsere Vorbehalte gegenüber dem Augenschein. Unser in den Rang eines Gottes erhobener Held trägt nämlich in den Chroniken manchmal den Namen Viracocha ohne irgendwelche Hinzufügungen, häufiger jedoch den eines Con Ticsi Viracocha oder Illa Ticsi Viracocha. Die Bedeutung des nordischen *kon* kennen wir bereits. *Ticsi,* das manchmal auch *Ticci* geschrieben wird, hat in Quichua keinerlei Sinn. Aber die Wurzel *ti* des altdeutschen Wortes *Tiwaz* finden wir beispielsweise als Wiederholung in der Ortsbezeichnung Titisee (im Schwarzwald). Und *Tiwaz* ist der Name des Himmelsvaters in der germanischen Mythologie. Als Gegenstück dazu bedeutet *Illa* in Quichua »Licht«.

Diese Auslegung wird durch eine Reihe von Übereinstimmungen unterstützt, die nicht zufällig sein können. Dazu gehört, daß der See, auf einer von dessen Inseln die Wikinger sich niederlassen, Titicaca heißt. Wir finden hier das verdoppelte *ti* des Schwarzwaldsees wieder, gefolgt von einem Wort, das nie richtig übersetzt worden ist. Als Hauptwort bezeichnet *caca* in Quichua *(cacca)* und Aymara *(khakha)* »Berggipfel«. Das paßt nicht recht zu einem See, ob er nun Inseln hat oder nicht, besonders nicht, wenn man das *titi* für eine Entstellung des Quichua-

Wortes *tiqui* (= Blei) hält, wie das einige tun, denn von diesem Metall ist in dem Gebiet auch nicht eine Spur zu entdecken. Dagegen bekommt die Ortsbezeichnung Sinn, wenn wir *caca* als die spanische Schreibweise des Eigenschaftswortes der Aymara-Spache *khakha* nehmen, das in seiner adjektivischen Form »hell«, »grauhaarig«, »blond« bedeutet. Wenn wir noch das dazugehörige Wort *khota* (= See) anhängen, ergibt sich Titikhakhakhota, was ohne jede Schwierigkeit mit »See der weißen Götter« zu übersetzen ist. Was nun den Namen der Stadt Tiahuanacu selbst betrifft, so hat dieser zu den verschiedenen phantasievollen Auslegungen geführt, von denen keine einer ernsthaften Untersuchung standhält. Das kann nicht anders sein, weil alle von der Quichua-Sprache ausgehen. Tatsächlich kommt der Name von den nordischen Wörtern *tia* (= führen) und *vangr* (= Sitz). Tiahuanacu bedeutet daher »Sitz Gottes« oder noch genauer: des Gottes, der die Sonne führt. Die Wikinger selbst werden nach den Eingeborenen-Überlieferungen in der Quichua-Sprache *atumuruna* genannt. Die Fachleute haben sich über die Bedeutung dieses Namens bisher nicht einigen können. Brasseur de Bourbourg will in diesem Wort eine Entstellung von *hatun* (= groß) und *runa* (= Leute) erkennen, welche Auslegung man nicht von vornherein verwerfen sollte, da *hatun* von dem nordischen Wort *iötun* (= Riese) abgeleitet zu sein scheint. Vincente Fidel López übersetzt wörtlich »Volk der Verehrer (oder: Priester) des Ati«, d.h. des abnehmenden Mondes. Das ist schon deswegen wenig überzeugend, weil die Männer von Tiahuanacu nicht den

Mond, sondern die Sonne anbeteten. Da wir die schon erwähnte Ungenauigkeit der Spanier bei der Wiedergabe von Wörtern der Eingeborenensprachen kennen, fragen wir uns, ob *atumuruna* nicht vielleicht *atumaruna* heißen soll, was »Menschen mit Mondgesicht« bedeutet und genau dem Wort »Bleichgesieht« entspricht, mit dem die Indianer Nordamerikas die Weißen belegten. Es wäre nicht die einzige Verwechslung von *a* und *u* im gleichen Wort. So nennen die spanischen Chronisten den Hohen Priester der Sonne der Inka Vilaoma statt Villac Umu, wie er wirklich hieß. Unsere Annahme über den einheimischen Namen der Wikinger wird auch dadurch bekräftigt, daß das Gebiet östlich vom Titicacasee Uasuyu (= Provinz der Köpfe) heißt.

Während fast alle Chronisten das Eintreffen des heldenhaften Kulturbringers Viracocha aus dem Norden in Tiahuanacu oder das Erscheinen des schöpferischen Gottes Viracocha auf einer Insel des Titicacasees erwähnen – die geschichtliche und die theologische Version eines und desselben Ereignisses –, gibt uns nur einer von ihnen genaue, obwohl chronologisch phantasievolle Hinweise auf das, was unmittelbar danach geschah. Felipe Guaman Poma de Ayala war, obwohl ihm einige einen spanischen Vater zuschreiben, wahrscheinlich ein reinblütiger Inka. Das beweist nicht nur die von ihm wiedergegebene Genealogie seiner Familie, sondern auch und vor allem seine soziale Stellung und die Sprache, in der er schreibt. Fast alle spanischen Konquistadoren hatten sich – legal oder nicht – mit Frauen der peruanischen Aristokratie verbunden, und ihre Kinder waren niemals Gegenstand irgendeiner Diskriminierung (die Gründe dafür werden wir im Kapitel VI erläutern). Unser Chronist also lebte bescheiden (und das ist zu Beginn des 17. Jahrhunderts gewiß nicht übertrieben) von seinem Amt als Kirchendiener im Kirchspiel des Paters Martín de Morúa, mit dem er sich sehr schlecht verstand. Er hatte längst nicht die Erziehung eines Garcilaso genossen und schrieb ein haarsträubendes, manchmal unverständliches Spanisch. Bei seinem Tod hinterließ er ein gewaltiges Manuskript, illustriert mit etwa 400 Federzeichnungen, an dem sich erwiesenermaßen sein Ortspfarrer inspirierte, um danach seine eigene Chronik zu schreiben. Das Werk verschwand auf mysteriöse Weise und tauchte erst zu Beginn unseres Jahrhunderts in der National-Bibliothek von Kopenhagen wieder auf. Seine erste Ausgabe erschien 1936.

Guaman Poma (Huaman Puma = Puma-Falke) war getauft und Diener der Kirche. Aber seine bescheidene Stellung schützte ihn weniger als andere vor der gefürchteten Inquisition, die sich damals schon in Peru fest eingerichtet hatte. Er mußt jeden Zweifel an seiner christlichen Glaubensfestigkeit um so mehr vermeiden, als er von seinem unmittelbaren Vorgesetzten keinerlei Wohlwollen zu erwarten hatte. Daher betont er seinen Christenglauben bei jeder Gelegenheit, auch wenn sie noch so unangebracht ist. Wie konnte er aber unter diesen Umständen von den ersten Bewohnern Perus, die – wie in Mexiko – mit ihrer kulturbringenden Minderheit verwechselt wurden, sprechen, ohne ihr Erscheinen in die Zeit der Sintflut zu verlegen?

Zeichnung des Guaman Poma de Ayala: »Der Mann Viracocha, der Krieger«, der erste König. Man beachte Bart, Schnurrbart und gewelltes Haupthaar.

Seine Lösung war es, den »Patriarchen« (nach dem Beispiel der Bibel) eine außerordentliche Langlebigkeit zu verleihen. So teilt er die Geschichte Perus in vier »Zeitalter« ein, die insgesamt 5300 Jahre dauern, von der Ankunft Viracochas bis zum Inka-Kaiser Tupac Yupanqui (um 1475). Er hat ganz einfach aus Monaten Jahre gemacht, mit welcher Methode er die Zahl von 2000612 Jahren errechnete, die seit der Erschaffung der Welt vergangen seien. In bezug auf die uns interessierende Zeit liegt er mit dieser absonderlichen Chronologie gar nicht so falsch. Denn wenn man die von ihm angegebenen 5300 Jahre durch 12 teilt, ergeben sich 442 Jahre, während es in Wirklichkeit (wie wir später sehen werden) 475 waren. Aber man sollte das nicht allzu wichtig nehmen, um so weniger, als unser Chronist offenbar für große Zahlen keinerlei Sinn besaß. Wie hätte er uns sonst berichten können, daß zur Zeit des ersten Inka-Kaisers 50 Millionen Chanca-Indios ausgewandert seien, »Frauen, Kinder und Greise nicht gerechnet«? Der »Erste von indischer Generation« (sic), berichtet er, »der erste Indio dieses Königreiches« heißt Variviracocha Runa. Das Quichua-Wort *runa* hat zwei Bedeutungen. Es bedeutet nämlich manchmal »Mann«, dann wieder »Leute«. Hier handelt es sich, wie wir später sehen werden, um die Singularform. *Vari* hat in der Eingeborenensprache keinerlei Sinn. Dagegen bedeutet das Wort in der nordischen Sprache »Wächter« und in erweitertem Sinn »Krieger«. Es ist die Wurzel des Namens Waräger, jener schwedischen Wikinger, die Rußland seine politische Organisation gaben. Wir kennen bereits die Bedeutung des Namens

»Das zweite Zeitalter«, das des »Kriegers«.
Zeichnung Guaman Poma de Ayala.

Viracocha, der dem in Ilo an Land gegangenen *konr,* »einem Edelmann von weißem Körper und leichtem Bartwuchs«, später beigelegt wurde. Der volle Name, unter dem unser Chronist ihn erwähnt, muß also mit »der Mann Viracocha, der Krieger« übersetzt werden. Die Zeichnung, mit der er seinen Bericht illustriert, zeigt einen Mann eindeutig weißer Rasse – seine Gesichtszüge, sein gewelltes Haar, sein kleiner Kinn- und Schnurrbart lassen dran nicht den geringsten Zweifel –, der mit einem großen Bratspieß inkaischen Typs die Erde bearbeitet, begleitet von einer Frau, Variviracocha uarmi, »die Frau Viracochas des Kriegers«. Es handelt sich also um unsere Wikinger unmittelbar nach ihrer Ankunft. Sie haben nichts – nicht einmal etwas anzuziehen, denn sie sind mit Blättern gekleidet – und müssen sich um ihren Lebensunterhalt selber kümmern. Es sind Riesen, erläutert Guaman Poma.

Das »zweite Zeitalter Indiens« ist das von Variruna. Die Bedeutung des Wortes ist so klar wie möglich: »der Krieger«. Viracocha ist tot, aber sein Nachfolger ist, wie wir sehen werden, ein Jarl, ein Führer im Krieg wie er. Die Wikinger haben sich bereits eingerichtet. Sie bewohnen Häuser aus behauenen Steinen, wie der Chronist auf der entsprechenden Zeichnung zeigt, und sind mit Fellen bekleidet, wofür sie Gott danken – nicht Viracocha, der es noch nicht so weit gebracht hat, sondern Pachacamac, einer nicht personifizierten Göttergestalt.

Der Name desjenigen, der das »dritte Zeitalter« verkörpert, Purunruna, ist schwieriger auszulegen. In Quichua würde er wörtlich »der Mann der Wüste« bedeuten. Aber zu

*»Das dritte Zeitalter«, dessen Bezeichnung zweifelhaft ist.
Zeichnung Guaman Poma de Ayala.*

dieser Zeit ist, wie die Zeichnung von Guaman Poma bestätigt, das Leben der Wikinger bereits wieder normal, die Häuser sind geräumig, die Männer und Frauen sind mit Stoffgewändern bekleidet und tragen Sandalen an den Füßen. Wenn der Name wie in den vorhergehenden Fällen teilweise nordisch ist, könnte Purun von *bodha* (= ankündigen, vorhersagen) und *run* (= Rune) kommen, was etwa »Runen-Ausleger« bedeuten würde. Aber die Zeichnung enthält keinerlei Hinweis in diese Richtung. Wir sind uns da also nicht ganz sicher.

Das »vierte Zeitalter«, das von Aucaruna (Quichua: der Krieger), hat die Bezeichnung *Aucapacha* (= Zeit der Krieger), zusammengesetzt aus den Wörtern *auca* (= Krieger) und *pacha* (= Zeit). Auf der dazugehörigen Zeichnung sehen wir Soldaten in der Kleidung der Inkazeit, von denen die einen eine symbolische *pucara* (= Festung) angreifen, die von den anderen verteidigt wird.

Im ersten Zeitalter, berichtet Guaman Poma, regierte Variviracocha. Die ihm folgenden Führer trugen den Titel *Yarovilca:* Variruna Yarovilca, Purunruna Yarovilca und Aucaruna Yarovilca. Yarovilca, erklärt der Chronist in seinem miserablen Spanisch, bedeute »sehr, sehr hoher Herr aller Nationen«. *Yaro,* ein Wort, das in der Quichua-Sprache keine Bedeutung hat und fast wie »jar« ausgesprochen wird, ist eine leicht abgewandelte Form des nordischen *jarl,* Titel des Wikingerführers, ein Wort, das im Mund jedes Indios vom Altiplano zu *yar* werden muß. *Vilca* (manchmal auch *huilca* geschrieben) bedeutet »Festung« und in erweitertem Sinn auch »Herr der

»Das vierte Zeitalter«, wiederum eines der »Krieger«.
Zeichnung Guaman Poma de Ayala.

Festung« – das Wort nimmt unter den Inka-Kaisern die Bedeutung von »geheiligte Stätte oder Person« an – und kommt vom nordischen *virk* (= Werk, Festungswerk). Yarovilca scheint also »Herr der Festung des Jarls« zu bedeuten.

Sind diese vier Zeitalter Perus nicht bloß mythische Epochen, in denen die verschiedenen Entwicklungsstufen der Menschheit versinnbildlicht werden, wie manche Autoren meinen? Dazu würde es schlecht passen, daß der Ackerbau zeitlich vor der Jagd dargestellt wird, wie man aus den Fellen des Variruna schließen muß. Und Guaman Poma selbst erklärt ja auch ganz unmißverständlich, daß es sich um Regierungen individueller Könige handelt: »Von Variviracocha stammte Variruna-Yarovilca ab, von diesem Purunruna-Yarovilca, von diesem Aucaruna-Yarovilca«. Wenn wir anderseits die Logik der Tatsachen betrachten, entspricht die Verbindung der von dem Chronisten beschriebenen »Zeitalter« dem, was man von Europäern erwarten darf, die in der Fremde an Land gehen: erst kommt die Bearbeitung des Bodens, da sie sich nicht ausschließlich von Fisch ernähren können und die Uru niemals Ackerbauern gewesen sind; es folgt die Jagd, wobei sie sich an ihnen bisher unbekannte Arten von jagdbarem Wild gewöhnen müssen; schließlich werden Häuser gebaut, zunächst primitive, später komfortablere, in denen sie sich der Herstellung von Textilien widmen, was unter den herrschenden Umständen nur durch die Jagd ermöglicht wird. Drei Generationen sind vergangen, bis sich die Wikinger in dem Gebiet häuslich eingerichtet

haben. Aber es hieße sie sehr schlecht kennen, wenn man glaubte, sie hätten sich, in diesen 60 Jahren auf sich allein gestellt, darauf beschränkt, ihre Lebensverhältnisse zu verbessern, indem sie mit ihren eigenen Mitteln herstellen, was sie brauchten. Gewiß, sie sind Ackerbauern, Jäger und Baumeister, aber in erster Linie und vor allem Krieger. Und sie kommen aus dem Danelaw, wo ihre in Feudalherren verwandelten Landsleute die körperliche Arbeit den Einheimischen überlassen, so nordisch diese dort auch sein mögen. Sie sind nicht nach Peru gekommen, um dort ihr Leben kümmerlich zu fristen, sondern um ein Imperium zu erobern. So beginnen sie schon zur Zeit Viracochas des Kriegers, ihre Autorität auf die angrenzenden Stämme auszudehnen. So zeigt uns die Überlieferung, wie der *konr,* dessen Werk sich mit dem des Schöpfers verschmilzt, ohne jedoch den geringsten Zweifel an seiner historischen Realität zu lassen, seinen Feldzugsplan sorgfältig entwirft, indem er »auf großen Tafeln all die Nationen formt und zeichnet, die er zu schöpfen gedenkt«. Danach setzt er sich auf dem Altiplano in Marsch nach Norden. Kampflos unterwirft er zahlreiche Stämme und Dörfer. Rücksichtslos schlägt er diejenigen nieder, die sich seinem Vormarsch zu widersetzen versuchen. So gelangt er an einen 500 km Luftlinie von Tiahuanacu entfernten bevorzugten Platz, wo er die Stadt Cuzco gründet, die späteren Expeditionen als Stützpunkt dienen soll. Er errichtet hier eine Festung.
Dieser Name Cuzco oder Cusco ergibt weder in Quichua noch Aymara irgendeinen Sinn, aber – so vermerkt der Chronist Garcilaso – in der »Privatsprache« der Inka

bedeutet er »Nabel«, »Mittelpunkt der Welt«. Trotzdem ist das Wort nicht nordisch. Es scheint vom finnischen *keskus* (= Zentrum, Mittelpunkt) zu kommen. Den Skandinaviern waren die Finnen vollkommen bekannt. Sie nannten sie *Skraelingar* (= Schwächlinge), eine Bezeichnung, die sie später auf die Eskimos und Amerindios übertrugen. Die Sprache der Lappen nahm sogar einige germanische Wortwurzeln auf, z.B. *kuningas* = König (von *konungr*) oder *kaunis* = schön (von *skaunis*). Auch der umgekehrte Vorgang ist also nicht unwahrscheinlich. Es ist sogar möglich, daß Finnen an der Expedition Ullmans teilnahmen, da die Wikinger häufig ausländische Soldaten rekrutierten. Vielleicht auch gaben die *atumaruna* einer bevölkerungsreichen Eingeborenenstadt einen finnischen Namen in der Art, wie wir unsere großen Geschäfte nordamerikanischen Stils »supermarkets« nennen. Das sind jedoch nur hypothetische Erklärungen.
Jedenfalls befiehlt Viracocha von Cuzco aus seinen beiden Söhnen, sein Werk fortzusetzen, nachdem er das Gebiet des künftigen Imperiums in vier Bezirke aufgeteilt hat. Der eine der beiden, Ymaimana Viracocha, steigt in die Berge und bemächtigt sich, nach Norden marschierend, der Städte Jauja und Cajamarca, während der andere, Tocapo Viracocha, den Küstenweg einschlägt und Pachacámac, etwas südlich der heutigen Hauptstadt Lima, erobert. Nach einer anderen Version sind es nicht seine beiden Söhne, sondern zwei Stellvertreter, die Viracocha von Tiahuanacu aus nach Norden schickt, den einen über die westliche, den anderen über die östliche Bergkette der Kordillere. Es wird

auch berichtet, daß es nur einer gewesen sei, der den Namen Huc Con (vom nordischen *hugr* = tapfer und dem bereits bekannten *konr*) oder Sua Con (vom nordischen *sóa* = töten und *konr*) trug. Eine andere Überlieferung läßt Viracocha nach der Einnahme von Cuzco einen seiner Leute mit Namen Alcaviza (vom nordischen *olgr,* einem der Namen Odins, des »Gottes des brüllenden Meeres«, und *visi* = Fürst, Führer) damit beauftragen, die Cana niederzuwerfen, die ihn in Cacha, 17 Meilen von dort entfernt, angreifen, um seine Expedition nach Cajamarca fortzusetzen.

Es scheint, daß sich in diesen Berichten die Ereignisse zu sehr überstürzen und daß die Söhne oder Stellvertreter des *konr* in Wirklichkeit seine Nachfolger sind. Wenn man noch zugeben kann, daß Pachacámac im Süden der Grenze eines von den Wikingern bereits besetzten Chimor schon in der ersten Generation erobert wurde, so ist das bei Cajamarca, das im äußersten Norden Perus liegt, ganz ausgeschlossen. Offensichtlich faßte die Überlieferung in der »Regierungszeit« Viracochas Eroberungen zusammen, die erst später gemacht wurden. Zulässig und logisch ist die Annahme, daß die Wikinger in den ersten 60 Jahren ihrer Anwesenheit in Peru das ganze von Aymara besiedelte Gebiet bis Cuzco ihrer Autorität unterworfen und aus dieser gehörig befestigten Ortschaft das Zentrum ihrer künftigen Operationen gemacht haben. Es muß so gewesen sein, da die Überlieferung Viracocha den Titel *Sapalla* (eine vom Quichua entstellte Form des Aymara-Wortes *Spaktha* = der Einzige) beigelegt hat, den die Könige der

Kolla tragen. Aucapacha, die »Zeit der Krieger«, die Epoche der großen Eroberungen, kommt erst später mit der vierten Generation.

Ehe wir uns mit dieser Periode beschäftigen, kehren wir für einen Augenblick zu Felipe Guaman Poma de Ayala zurück. Der Chronist gibt uns nämlich einige genealogische Hinweise auf die Führer, die Viracocha nachfolgen. Er tut es für das Imperium und für drei der Provinzen, in die Tahuantisuyu, das von den Inka beherrschte Gebiet, später unterteilt wird. Es sind dies: im Osten Antisuyu (Anden-Provinz), im Westen Contisuyu (die Provinz des Con-Ti, des Gott-Königs, in der Viracocha angekommen war) und im Süden Collasuyu (die Provinz der Kolla). Über diese letzteren sagt er so gut wie gar nichts, es sei denn, daß ihre »Könige« von Aucaruna und seinen Vorgängern abstammen. Dagegen legt er gehörigen Wert auf die Führer des imperialen Staates, von denen er seine eigenen Vorfahren abstammen läßt, die »Könige und Herren« von Chinchasuyu, der vierten Provinz zur Zeit der Inka. Zwischen Aucaruna und Capac Apo Chauna, einem Zeitgenossen des Inka-Kaisers Tupac Yupanqui (um das Jahr 1480), erwähnt er 39 Namen, was, wenn es sich um eine Dynastie handelte, einem Zeitraum von 780 Jahren entsprechen würde, während es sich, wie wir sehen werden, in Wirklichkeit um nicht viel mehr als 420 Jahre gehandelt haben kann. Guaman Poma zählt nämlich die Namen (ob sie nun stimmen oder nicht) der »Könige« und ihrer Söhne auf, nicht ohne erläuternd hinzuzufügen, daß es noch viele andere »Könige für jede Festung« gegeben habe, daß aber

Die Gebiete des Imperiums: die »Königin von Chinchasuyu. Zeichnung Guaman Poma de Ayala.

der Befehlshaber »eine viel höhere Krone hatte, ehe er ynga (Inka) wurde, und daß der ynga ihn fürchtete und er so sein zweiter Mann wurde«. Daß es sich nicht um eine Folge vom Vater auf den Sohn handelte, ist nicht bloß eine Auslegung von unserer Seite. Guaman Poma gibt nämlich zwischen Variruna und Purunruna eine Abstammungskette mit neun Namen an, sagt aber selbst, daß der Letztgenannte dem Erstgenannten folgte. Und er erwähnt für den Zeitraum zwischen den Inka-Kaisern Tupac Yupanqui und Huascar, der höchstens 50 Jahre betragen kann, sechs »Könige« von Chinchasuyu, der bereits von Cuzco unterworfenen Provinz, deren Regierungszeit zusammen etwa 120 Jahre gedauert haben müßte.
Tatsächlich sind die »Nachkommen« der vier ersten Führer lediglich diejenigen der Wikinger, die mit den vier Provinzen in der Reihenfolge ihrer Eroberung belehnt wurden. Oder vielmehr nur einige von ihnen, da in den Chroniken noch viele andere genannt werden. Diese örtlichen Führer tragen häufig den Titel *capac,* der später – mit einer einzigen Ausnahme, soviel wir wissen – nur dem Inka-Kaiser vorbehalten bleibt. Das Wort ist weder Quichua noch Aymara, und Garcilaso, der es trotzdem auszulegen versucht, gibt ihm in zwei verschiedenen Abschnitten seiner Chronik zwei verschiedene Bedeutungen. Es kommt vom nordischen *kappi* (= tapferer Mann, Held, Kämpfer und – nach der Christianisierung Skandinaviens – Ritter). Dem Namen einer anderen der von Guaman Poma erwähnten Persönlichkeiten wird der Titel *ynga* (von *ing* = Nachkomme, wie wir bereits wissen) hinzugefügt. Wir

Die Gebiete des Imperiums: die erste Frau des Antisuyu in inkaischer Zeit: »weißer als eine Spanierin«. Zeichnung Guaman Poma de Ayala.

begegnen auch dem *auqui* (nordisch: Sproß), wie die Söhne des Inka (bis zu ihrer Verheiratung) und seine Brüder (ihr Leben lang) genannt wurden. Das entspricht genau dem spanischen Prinzentitel »Infant«. Damit wird auch bestätigt, was wir oben über die Erbfolgeliste von Guaman Poma gesagt haben, denn weder ein Prinz noch ein Bruder des regierenden Souveräns konnte auf dem »Thron« gesessen haben. Erwähnen wir schließlich noch zwei Quichua-Titel: *apo,* was lediglich »Anführer« heißt, und *curaca,* was in der Inka-Zeit ausschließlich für eingeborene Befehlshaber benutzt wurde. Vielleicht war das früher anders. Vielleicht auch erwähnt Guaman Poma die Namen örtlicher Führer unterschiedslos, von denen der eine oder andere oder auch mehrere Indios waren, weil einige reines Quichua sind, während andere wenigstens ein nordisches Wort enthalten (Variviracocha, Viracocha, vari, capac, auqui, ynga).

Jedenfalls zeigt die von Guaman Poma und anderen Chronisten wiederholte Erwähnung des den örtlichen Führern gegebenen rein nordischen Titels *capac,* daß die Wikinger sich nach der Eroberung an die im mittelalterlichen Europa gültigen Regeln halten. Sie unterteilen das unterworfene Gebiet in Lehen, die sie denjenigen ihrer Männer geben, die sie für die Regierung am geeignetsten halten. Schon der Souverän von Chan-Chan hatte den Titel eines Chimú-Capac angenommen. Später werden die Inka-Kaiser von Cuzco einige Schwierigkeiten haben, sich gegenüber »mehr als 200 Herren Kaziken von Orten und Provinzen im Umkreis von fünfzig und sechzig Meilen dieser Stadt

Die Gebiete des Imperiums: die erste Frau des Collasuyu,
ein ausgesprochen indianischer Typ.
Zeichnung Guaman Poma de Ayala.

Cuzco, die sich in ihren Gebieten und Orten Capac Inca titulierten«, durchzusetzen, wie der Chronist Betanzos schreibt. Sie werden »solche Orte und Provinzen übernehmen und unterwerfen und jedem Herrscher solcher Orte und Provinzen den angenommenen Titel Capac wegnehmen« müssen. Weiter weg von der Hauptstadt wird das nicht immer ganz einfach gewesen sein, und es wird ein blutiger Krieg notwendig sein, um den König der Kolla, Chuchi Capac, zu unterwerfen.

Unsere Auslegung der »dynastischen Folge« des Guaman Poma wird durch verschiedene Aymara-Überlieferungen bestätigt, die bolivianische Völkerkundler in der ersten Hälfte unseres Jahrhunderts entdeckten. In den Berichten über die Vergangenheit des Kolla-Landes erscheinen nämlich zahlreiche mythische und historische Namen, die jedoch im allgemeinen nicht übereinstimmen und, wenn sie es tun, sich nicht einordnen lassen. Das kann nicht überraschen. Auf der einen Seite nämlich kommen diese Angaben aus verschiedenen Gebieten, deren jedes seine eigenen Erinnerungen bewahrt. Auf der anderen Seite sträuben sich die vorsichtigen Autoren, die vier »Zeitalter« des Guaman Poma, deren unwahrscheinlich lange Dauer sie mit geschlossenen Augen akzeptieren, mit der größtmöglichen Zahl von Namen auszufüllen. Mit anderen Worten, sie systematisieren einzelne Überlieferungen ungebührlich, die wir, um ihnen ihren Sinn zurückzugeben, von dem willkürlichen Rahmen befreien müssen, in den sie gezwängt worden sind. Geben wir ein Beispiel von dem Vorgehen und von der Untersuchung, die es erfordert.

Die Gebiete des Imperiums: die erste Frau des Contisuyu.
Zeichnung Guaman Poma de Ayala.

Luis Soria Lens ist ein ernsthafter Forscher, der im Verlauf von vielen Jahren enger Verbindung mit den eingeborenen Aymara zahlreiche Überlieferungen und Legenden zusammentrug, die er leider später auf seine Art zusammenfügte. Er stellt uns so vier Dynastien von *mallku* Kolla vor, ein Titel, der vom nordischen *mál* (= Urteil) und *konr* (= König) kommt und daher wörtlich »König der Urteile« oder »Richter-König« bedeutet. Die erste dieser Dynastien, diejenige der Mallku Titi, geht auf Viracocha zurück. Aus der langen Reihe ihrer Souveräne bleiben nur sechs Namen: Kuntur Mamani, der Erfinder des Hauses, der, in den Rang eines Gottes erhoben, zum heute noch angerufenen Beschützer der Dachdecker wurde; Khapa Tchekha, Erfinder der Weberei und daher, gleichfalls vergöttlicht, Schutzpatron der Weber; Orkho Titi und Khala Titi, Kriegerhelden, zu denen man im Fall eines Konfliktes Zuflucht nimmt; schließlich Sapalla, Eroberer des Landes bis Cuzco. Es ist vollkommen klar, daß es sich hier um mythische Persönlichkeiten handelt, die die verschiedenen Betätigungen Viracochas symbolisieren sollen, sein kulturelles Wirken, oder doch zumindest einiges davon, ebenso wie seine Eroberungen. Sapalla ist nicht einmal ein Name, sondern, wie wir bereits gesehen haben, ein Titel, der hier merkwürdigerweise in seiner Quichua-Form wiedergegeben ist. Zur zweiten Dynastie, derjenigen der Mallku Apu Willka, gehören Mallku Wanka Willka, »der Priester-König von Wanka«, der Gott der Dichtung, der Musik und des Tanzes, ferner Apu Willka Uyushtus oder Yustus, der den Aymara-Namen Viracocha trägt, und andere mehr, unter denen die in schlechter Erinnerung gebliebenen Mallku Khakhapara, »die rothaarigen Könige«, herausragen. Aus der dritten Dynastie, derjenigen der Illa, haben wir nur drei Namen: Yauilla, Takuilla (eine durchaus historische Persönlichkeit, auf die wir noch zu sprechen kommen werden) und Kipuilla, der Erfinder der berühmten »quipus«, jener als Gedächtnisstütze benützten vielfarbigen Schnüre mit Knoten. Diese Dynastie gehört noch zur Epoche der Eroberungen, während die vierte, eine der Dekadenz, aus der wir uns nur den Namen Makuri merken müssen, mit Mallku Khapa endet, dem Manco Capac und Gründer des neuen Reiches, demjenigen der Inka. All dies geht nicht über eine erfindungsreiche Zusammenstellung hinaus, von deren Art es noch andere gibt. Um ein klares Bild des Ganzen zu gewinnen, müssen wir vor allem den von Guaman Poma gezogenen künstlichen Rahmen beseitigen, der auch noch von den Ethnologen falsch verstanden wurde, die glaubten, ihre teils höchst interessanten Forschungsergebnisse in diesen hineinzwängen zu müssen. Nehmen wir also unsere Untersuchung an dem Punkt wieder auf, wo wir sie verlassen haben.

Während der ersten 60 Jahre der Anwesenheit der Wikinger beschränkt sich die Organisation des Königreiches, wie wir bereits gesehen haben, auf Collasuyu und Contisuyu, d.h. auf das Gebiet, das sich auf dem Altiplano bis Cuzco und an der Küste bis Pachacámac erstreckt. Im Norden wird das Königreich Quito durch eine verwandte Dynastie regiert wie auch im Westen das Königreich Chimor, das nach und nach die fruchtbaren Oasen des wüstenartigen

Küstengebietes annektiert und sich in ein Imperium verwandelt. Die wilden Stämme des Antisuyu und die Bevölkerung der Gebiete im Süden des Collasuyu, die – mit Ausnahme der chilenischen Araukaner – zivilisiert und friedfertig sind, schaffen keine Probleme. Es bleibt das weite gebirgige Gebiet von Chinchasuyu, wo die konföderierten Stämme der Chanca und (bis an die Küste) der Chincha leben, noch immer mächtige Überbleibsel des Imperiums von Chavín, das anscheinend zu Beginn des 8. Jahrhunderts vernichtet wurde und dessen Kultur mindestens ein Jahrtausend, vielleicht sogar mehr, zurückreicht. Es sind dies außerordentlich turbulente Stämme, deren Vorhandensein allein genügt, um das Gebiet der *atumaruna* unerträglich zu bedrohen.

Mit dem Fortschreiten der Eroberung haben die Wikinger-Jarls ihre Lehen vom militärischen Gesichtspunkt aus nach nordischem Vorbild organisiert. Im 10. Jahrhundert ist in Skandinavien, genauer gesagt zwischen den Friesischen Inseln und der Insel Oeland, d.h. in Dänemark und Südschweden, die Verwaltungseinheit der Kreis, *hufe* oder *bohle* genannt. Hundert Kreise bilden einen Distrikt – *haeret* in Dänemark und *hundari* in Schweden –, der im Kriegsfall 120 Soldaten und Seeleute bereitstellen muß. In England waren diese Männer natürlich von ihren Herren angeführte Dienstleute. Genauso ist es in Peru, denn kein Volk läßt von seinen Gewohnheiten, wenn es nicht durch zwingende Notwendigkeiten dazu genötigt wird. Der einzige Unterschied ist, daß Kreis und Distrikt hier viel weiter als in Europa sind und daß die untergeordneten Funktionen der zivilen und militärischen Organisation, nach der Feudal-Ordnung eng miteinander verbunden, notwendigerweise den herkömmlichen Gremien der unterworfenen Völker auferlegt werden. Die Weißen sind nämlich nur eine Handvoll, während die Eingeborenen nach Millionen zählen.

Können wir uns eine Vorstellung von der Anzahl der Wikinger machen, die bald nach dem Jahr 1060, als die »Zeit der Krieger« begann, in Peru ansässig waren? Wir können es, wenn wir uns mit einer Größenordnung begnügen, die jeder Genauigkeit entbehrt. Wir wissen aus dem vorhergehenden Kapitel, daß Ullman im Jahr 967 mit rund 700 Männern und Frauen in Mexiko an Land ging. Wir haben erlebt, daß der Jarl im Anáhuac eine gewisse Zahl von Junggesellen zurücklassen mußte, die sich mit eingeborenen Frauen verbunden hatten. Andererseits hatte er im Verlauf der Kampfhandlungen von Chichén-Itzá, die ihn zum Verlassen des Maya-Landes zwangen, einige Männer verloren und wahrscheinlich auch schon vorher bei der Landung in Panutlán und bei der Eroberung des zentralen Hochlandes. Nehmen wir an, daß ihm bei seinem Aufbruch einige 500 Männer und Frauen (mit einer gleichmäßigeren Verteilung der Geschlechter als im Augenblick der Ankunft) und dazu die weißen Kinder verblieben, die während der 22 Jahre seines Aufenthaltes in Mexiko auf amerikanischem Boden geboren worden waren. Nehmen wir für das Jahr 967 die Zahl von 500 »nützlichen Erzeugern« an und wenden wir auf sie die Bevölkerungs-Wachstums-Ziffern der Franzosen in Kanada für die 200 Jahre nach der britischen Besetzung von 1763 an, d.h. eine Verdoppelung der Bevölkerung innerhalb von 30 Jahren. Eine solche Schätzung wäre nicht willkürlich, denn es handelt sich um Menschen der gleichen Rasse, die in einem harten, aber gesunden Klima leben und einer natürlichen Auslese ausgesetzt sind, deren Begrenzung in Quebec zwischen dem Beginn unseres Jahrhunderts und 1963 vom statistischen Gesichtspunkt aus durch die Verringerung der Geburtenrate besonders in den Städten ausgeglichen wird. Auf dieser Grundlage gelangen wir zu einer Zahl von 4000 Menschen. Teilen wir sie durch zwei, was gewiß reichlich ist, selbst wenn man eine geringere Geburtenfreudigkeit als bei den französischen Kanadiern, den Verlust einiger in Quito und Chan-Chan zurückgelassenen Familien, die unvorteilhafte Auswirkung der Höhe auf die Geburten im Verlauf eines Akklimatisierungsprozesses, der zwei oder drei Generationen erfordert, und der Verlustziffern in den Eroberungskriegen von Collasuyu berücksichtigt. Es verbleiben im Jahr 1060 immer noch 2000 Wikinger, davon 500 Männer im wehrpflichtigen Alter.

500 gut organisierte, gut ausgebildete, wenigstens zum Teil mit stählernen Waffen ausgerüstete und in einigen Fällen berittene Kämpfer sind keine zu verachtende Streitmacht, wenn ihr Eingeborene gegenüberstehen, die in unzählige feindliche Stämme zerrissen und unfähig sind, eine zusammenhängende Einheit zu bilden, und die dazu noch nur über Holzkeulen und Speere verfügen. Ullman hatte nicht mehr, um den Anáhuac zu erobern. Cortés wird sich mit 400 Mann Tenochtitláns bemächtigen. Pizarro besiegt Ata-

hualpa mit weniger als der Hälfte. Gewiß kommen diesen letzteren die Prophezeiungen über die Rückkehr der »weißen Götter« zugute, die ihre Gegner, zumindest im ersten Augenblick, zögern lassen. Aber dieser psychologische Vorteil wird durch die Tatsache ausgeglichen, daß sie gegen organisierte Heere zu kämpfen haben. Viracocha und seine Nachfolger sind, zumindest nach der Niederlassung der Wikinger in Tiahuanacu, nicht in der Lage, ihre Krieger in einer oder mehreren Kampfeinheiten zusammenzufassen, denn der größte Teil derselben ist über ein unermeßlich weites Gebiet verstreut, jeder einzelne an der Spitze eines Lehens, dessen Bewohner im waffenfähigen Alter sich notfalls aus Bauern in Soldaten verwandeln müssen. Das Wikinger-Heer besteht daher aus kolonialen »Reserve«-Einheiten unter dem Befehl von örtlichen Eingeborenen-Führern – den *curaca* –, denen nur ein Weißer übergeordnet ist und die stets bereit sind, einer Mobilisierung Folge zu leisten.
Zu Beginn des Königreiches Aucaruna kontrolliert Tiahuanacu im Gegensatz zu einigen Überlieferungen und ihrer anachronistischen Wiedergabe, die Viracocha und seinen Söhnen Expeditionen viel weiter nach Norden zuschreiben, wahrscheinlich nur Collasuyu einschließlich des Gebietes von Cuzco, das den Vorposten im Nordosten darstellt, und des südlichen Teiles von Contisuyu. An der gesamten Nordgrenze üben die Chanca, die Angará und die Chincha (sämtlich Quichua) einen ständigen Druck auf die Lehensgebiete der Wikinger aus, der wahrscheinlich sogar zu sporadischen Einfällen führt. Die Lage wird unerträglich.

Der *konr* wirft seine Kräfte gegen die lästigen Nachbarn. Es ist sein Werk, das die von Soria Lens entdeckten Überlieferungen der »Dynastie« der Mallku Apu Willka zuschreiben, deren mythische oder historische »Könige« nichts anderes als Kriegskommandeure gewesen sein können. Einer von ihnen dringt auf dem Altiplano bis Huancavélica, 300 km Luftlinie nordwestlich von Cuzco, vor. Ein anderer erobert im Westen das Gebiet der Angará und später an der Küste das der Chinchas. Derselbe unterwirft in dem Bemühen oder damit beauftragt, alle Grenzen des Imperiums zu sichern, die Waldindianer Hatcha Yunka in den tropischen Tälern des Ostens. Zweifelhafter ist, daß er in Chile an der Küste entlang, etwa 1000 km Luftlinie südlich von Ilo, bis Copiapó vorgedrungen sein soll, und noch weniger wahrscheinlich, daß ein dritter »General« im Norden bis Piura, fast an der Grenze von Ekuador, gelangte. Diese Eroberungen ferner Gebiete sind wahrscheinlich den Nachfolgern Aucarunas zuzuschreiben, ganz besonders dem berühmten Takuilla, dem Einiger des Gebietes, dessen Name von *tak* (nordisch: nehmen) und *illr* (= böse) kommt und also »der die Bösen ergreift« bedeutet. Seine Taten werden von den Aymara noch heute in ihren epischen Gedichten besungen.

Die Folgen der Niederlage der Chincha, Angará und Chanca wurden durch die Gründung von Wehrbauer-Siedlungen der Wikinger in Quaytara an der Küste und Huamanga im Gebirge gesichert, wenn man den Chroniken glauben will, wahrscheinlicher aber in Vinaque, wo sich Ruinen bedeutender vorinkaischer Gebäude befinden, die

»von bärtigen, weißen Männern errichtet wurden«, wie Cieza de León berichtet, in Pomacocha und anscheinend auch in Vilka-Huaman, wo Victor von Hagen 1953 einen beachtlichen Anteil blauäugiger Menschen in einer Bevölkerung feststellte, die nur Quichua sprach und nach der Art der Eingeborenen lebte. Aber all das vermochte nicht mehr, als das Problem der Sicherheit der Grenzen 300 km weiter nach Norden zu verschieben. Denn jenseits der so besetzten Gebiete beginnen andere Quichua sprechende Stämme, die sich später zumindest kulturell mit den Besiegten verbinden, aktiv zu werden. Takuilla wird sich klar darüber – und er beweist damit einen bemerkenswerten Sinn für Geopolitik –, daß es nur ein Mittel gibt, den Frieden zu gewinnen: Man muß die natürlichen Grenzen des Reiches erreichen, den Pazifik im Westen und im Norden und Osten den jungfräulichen Urwald von Hatcha Yunka Pampa, der großen tropischen Ebene am Äquator, die sich bis zum Atlantik erstreckt. Im Süden stellen die alten zivilisierten Stämme von Tucumán (im heutigen Argentinien) keine Gefahr dar und können leicht als Verbündete gewonnen werden. Dagegen sind die Araukaner Chiles, die die Küste von der Atacama-Wüste bis Coquimbo und noch weiter südlich beherrschen, unruhige Nachbarn, die man unterwerfen muß. Das ist sein Aktionsplan. Verwirklicht er ihn allein, was möglich ist, oder hat die Überlieferung unter seinem Namen das Werk mehrerer Souveräne zusammengefaßt? Wir kennen die Antwort, die ohne größere Bedeutung ist, nicht.

Takuilla, der Gefechte und Unternehmen begrenzten Zieles müde, faßt alle Kräfte, über die er verfügt, zusammen und wirft sie nach Norden. Die Natur behindert seinen Vormarsch mehr als die kriegerischen, aber unorganisierten Stämme. Er erreicht trotzdem sein Ziel. Der *konr* verschont das befreundete Ekuador und nimmt – in umgekehrter Richtung – den Weg seiner Vorfahren wieder auf. Er erobert Kondanemarka im heutigen Kolumbien und durchquert, wie berichtet wird, Venezuela. Von ihm erhalten die Tumuc-Humac-Wälder, die das heutige Brasilien von Guayana trennen, ihren Aymara-Namen, was jedoch ein reiner Zufall sein kann. Sicher ist – und auch damit bestätigt sich sein außerordentlicher Sinn für Geopolitik –, daß er im Nordosten des Reiches einen ständigen Stützpunkt einrichtet. Im Gebiet von Chachapoyas, im Osten des Marañón, d.h. des Hoch-Amazonas, dort, wo der Fluß schiffbar zu werden beginnt – und das ist, wie wir sehen werden, kein Zufall –, errichtet er nicht nur vorläufige Befestigungswerke, die später zu eindrucksvollen Anlagen ausgebaut werden, sondern er siedelt Kolla-Gefolgsleute, denen er Land zuteilt, unter fester Wikinger-Führung an. Wir sehen in dem Gebiet noch heute die Ruinen von Befestigungen wie die von Kuelap, die nach der Art von Tiahuanacu angelegt sind. Die Ortsbezeichnungen sind dort zum großen Teil Aymara. Die »Eingeborenen« sind von weißer Rasse. »Nach dem, was man von ihren Vorfahren in Erfahrung bringen kann«, schreibt der Forscher Bertrand Flornoy (1943) »handelt es sich um ein organisiertes, religiöses und von der Tiahuanacu-Kultur bestimmtes Volk«.

Diese merkwürdigen Indios sind nicht das Ergebnis einer Vermischung mit den Spaniern. Flornoy erwähnt nach einem nicht genannten Chronisten, daß bei der Rückeroberung von Chachapoyas durch den Inka-Kaiser Huayana Capac einige Frauen des Stammes nach Cuzco geschickt wurden, »weil sie schön und sehr weiß waren«. Am rechten Ufer des Flusses Uctubamba erhebt sich bei der Angulo genannten Anlegestelle eine um 45° geneigte, kalksteinartige Felswand. Sie ist mit kleinen, von einem Vorsprung geschützten Höhlungen übersät. Jede von ihnen enthält eine Statue in Menschengestalt, die aus einem Gemisch von weißer Tonerde, Steinen und Kräutern geformt, durchschnittlich 1,40 m hoch und auf einem Sokkel von 2 m Umfang aufgestellt ist. Es sind Grabfiguren, hohl und hinten offen, in deren Innern sich eine zusammengekauerte Mumie befindet. Die Gesichter der Statuen tragen ausgesprochen europäische Züge und dichten Vollbart. Mehr noch: auf dem Haupt tragen sie den (im Querschnitt spitzbogenförmigen) Ogival-Helm der Wikinger, den nur diese benutzten. Offenbar haben sich die von Takuilla nach hier verpflanzten Kolla, die sich in ihrer physischen Erscheinung in nichts von der ansässigen Quichua-Bevölkerung unterschieden, in dieser verloren. Aber die Endogamie der Weißen (die nur untereinander heirateten) bewirkte, daß diese den Rassentyp ihrer skandinavischen Vorfahren fast ohne Veränderung bis heute bewahrten.

Nachdem die Befriedung des Altiplano, dessen Stämme zwischen die festen Garnisonen von Cuzco und Kuelap eingespannt sind, auf diese Weise gesichert ist, wendet sich Takuilla wiederum auf dem Küstenweg gen Süden. Er möchte seinen verbündeten Chimu und der kürzlich unterworfenen Chincha-Bevölkerung das eindrucksvolle Schauspiel seines siegreichen Heeres bieten. Aber er beschränkt sich nicht darauf allein. Ein neuer Kriegszug führt ihn nach Chile. Er durchquert die Atacama-Wüste und erobert den schmalen Küstenstreifen bis Copiapó, der von wilden Araukaner-Stämmen bewohnt wird. Wenn es zutrifft, daß das bereits von einem seiner Vorgänger getan wurde, sichert er wenigstens die Herrschaft im besetzten Gebiet. Er zieht weiter bis Coquimbo, der Hauptstadt des araukanischen Königreiches, und unterwirft das zu ihr gehörige Gebiet bis zum Fluß Maule im Süden der heutigen Hauptstadt Santiago. Vielleicht (aber das ist durch keine Überlieferung bezeugt) zieht er sogar über die Anden hinweg bis Tucumán (im heutigen Argentinien), wo in der Sierra de Córdoba seit undenklichen Zeiten eine mysteriöse Bevölkerung weißer Rasse lebt und wo unter den Diaguita (etwas weiter nördlich in den heute argentinischen Provinzen La Rioja und Catamarca) der Einfluß der Tiahuanacu-Kultur offensichtlich ist.

Bleiben die Grenzen im Osten, die sporadischen Einfällen der Stämme verschiedenen Ursprungs von den Ostabhängen der bolivianischen Kordillere ausgesetzt sind, ohne von den Tchunchus, den Waldbewohnern der Hatcha Yunka Pampa, zu sprechen. Takuilla beginnt mit der Eroberung dieser für die Sicherheit des Reiches unerläßlichen Grenzmarken. Er besiegt nacheinander die Charca in den Bergbautälern, deren Hauptstadt Charcas (heute Sucre) nach ihnen benannt werden soll, und die zum Volk der Guaraní gehörenden Chiriguano in der Ebene von Santa Cruz. Dann richtet er auch hier eine mächtige Wehrbauernsiedlung ein. Wenn auch keine Ruinen der Befestigungsanlagen erhalten geblieben sind, die wahrscheinlich in Holz gebaut waren wie diejenigen, die im gleichen Gebiet später von den Inka errichtet wurden, so kann doch noch zu Beginn des 19. Jahrhunderts Alcide d'Orbigny die Nachkommen der Wikinger-Führerschaft studieren, die hier als Stamm »weißer Indianer«, Yuracaré genannt, leben. Einer der Nachfolger von Takuilla, den wir nur unter seinem Beinamen Chacha-Poma (Jaguar-Puma) kennen, wird später die Eroberung der Ebenen im Osten vollenden. Wir werden im nächsten Kapitel darauf zurückkommen.

Wir können die Könige von Tiahuanacu, deren geopolitisches und militärisches Werk wir aufgrund mündlich überlieferter und nicht datierter Ereignisse zusammengefaßt haben, nur durch wissenschaftliche Überlegungen zeitlich einordnen. Wir haben einerseits gesehen, daß zwischen der Landung des Viracocha in Ilo wenig nach dem Jahr 1000 und dem Beginn der Regierung des Aucaruna drei Generationen liegen. Das entspricht in der damaligen Zeit etwa 60 Jahren. Andererseits werden wir später sehen, daß die Wikinger von Tiahuanacu bereits um das Jahr 1150 einen Hafen am Atlantik besitzen, der die vorhergehenden Eroberungen des Takuilla und Chacha-Poma im Osten der Anden voraussetzt. Wir haben also für den Zeitraum von etwas weniger als 100 Jahren die Namen von drei Souver-

änen. Das reicht nicht aus. Es fehlen uns wahrscheinlich zwei weitere, die die Überlieferung nicht bewahrt oder mit Persönlichkeiten minderen Ranges verwechselt hat. Eine solche Graustelle kann nicht überraschen. Das Gedächtnis eines Volkes bewahrt nur die Erinnerung an Helden. Fragen wir irgendeinen französischen Landsmann nach dem Namen unserer mittelalterlichen Könige, so wird er trotz Schulzwang und Archiven und Bibliotheken (die er nur von außen kennt) sehr wahrscheinlich im besten Fall Chlodwig, Karl den Großen und Ludwig den Heiligen nennen können. Man kann vernünftigerweise von analphabetischen Indios keine bessere Antwort erwarten, zumal sich – wie wir noch sehen werden – die Inka bemühten, jede Erinnerung an die Geschichte von Tiahuanacu auszulöschen.
Diese Erklärung gilt für die 100 Jahre nach 1150. Die Grenzen des Reiches sind gut gezogen und gut geschützt. Das Leben geht seinen gewohnten Lauf. Für den Mann aus dem Volk passiert nichts, was ein Heldenlied wert wäre. Die einander folgenden Souveräne sind für ihn ferne Gestalten, die keine epische Wärme ausstrahlen. Sie werden respektiert, man gehorcht ihnen und – vergißt sie. Eine Katastrophe wäre nötig, um die mündliche Überlieferung wieder in Gang zu setzen.
Und doch, was geschieht nicht alles in Peru! Die Könige von Tiahuanacu haben gewiß nicht das Ende, ja vielleicht nicht einmal den Anfang der Eroberungsfeldzüge abgewartet, um der einheimischen Kultur ihren Stempel aufzudrükken und sie zu entwickeln. Schon Viracocha werden die Terrassenkulturen und die ersten Bewässerungsanlagen

ebenso zugeschrieben wie die Schaffung eines Zivilgerichts. Die Einrichtung des Gottesdienstes und die Einsetzung der Priesterschaft geht schon auf die Regierungen vor Takuilla zurück, da dieser sich gegen die ungehörige Einmischung des Klerus wehren muß. Für die Bodenbearbeitung wird schon das Lama als Zugtier benutzt, was den Gebrauch des Pfluges voraussetzt. Aber seine Verwendung als Tragtier, als welches es weltberühmt wurde, stammt von Takuilla, dem Organisator des Warenaustausches zwischen dem Gebirge, der Küste und den Ebenen, die sich zu den Becken des Amazonas und Rio de la Plata öffnen, dem großen militärischen Führer, der andererseits das Handwerk der Keramikherstellung, der Weberei und Färberei fördert.

Der Krieg selbst erfordert von vornherein, aber ganz besonders, wenn die Truppe ins Gebirge steigt, Verbindungswege, deren Notwendigkeit den in feindliche Stämme zerrissenen Eingeborenen nie aufgegangen ist, eher schon im Gegenteil. Es gibt also notwendigerweise schon vor der Regierung des Aucaruna Straßen, die von Tiahuanacu sowohl zur Küste als auch nach Cuzco führen, mit ihren Raststätten und Lagern für Lebensmittel und Kriegsgerät, ohne die ihr Gebrauch höchst fragwürdig gewesen wäre. Später folgt der Straßenbau natürlich dem Vormarsch der Truppen. Als Arbeitskräfte sind Kriegsgefangene reichlich vorhanden. Das ist nicht nur eine logische Schlußfolgerung von uns. Obwohl die Inka-Kaiser später das Straßennetz verbessern und erweitern, gibt es in Peru heute noch Spuren der usprünglichen Straßen, z.B. diejenigen, die die

Expedition von Hagen 1952 auf der Halbinsel Paracas entdeckte. Ihr Vorhandensein wird von Luis de Monzón, *corregidor* (Landvogt) von Huamanga (heute: Ayacucho) im Zentrum des Landes bestätigt, wenn er (1586) schreibt, die alten Indios hätten ihm nach den Überlieferungen ihrer Altvorderen berichtet, daß die Viracocha schon lange vor den Inka Wege so breit wie Straßen, von niedrigen Mauern eingefaßt und mit Rasthäusern, von Eingeborenen bauen ließen. Garcilosa erwähnt, daß Manco Capac, der erste Inka-Souverän, bei der Wiedereroberung des Reiches zehn Kilometer auf königlichen Straßen vorrückte, die von Cuzco aus in die vier Regionen des Tahuantisuyu führten. Der bei diesem Chronisten stets präzise Text gestattet keinen Zweifel. Es war nicht Manco, der diese Straßen hatte bauen lassen: »Auf der einen und der anderen Seite der königlichen Straße des Antisuyu ließ er 13 Dörfer besiedeln.« Und genau der gleichen Ausdrücke bedient sich Garcilosa, wenn er sich auf die Straßen in anderer Richtung bezieht. Die *Capac Ñan,* die »Straßen der Helden«, wie sie die Quichua-Sprache nennt, stammen also nicht nur aus dem alten Reich, sondern sie hatten auch ihren Ausgangspunkt in Cuzco und nicht in Tiahuanacu.

Wenn die politische, religiöse und kulturelle Hauptstadt der Wikinger auch ohne Ungelegenheiten dort bleiben konnte, wo die Geschichte sie hatte entstehen lassen, so war sie doch von den nördlichen Provinzen zu weit entfernt, die erobert werden mußten und die – auch noch zur Zeit der Inka – die unruhigsten waren. Cuzco dagegen, an der Sprachgrenze und praktisch im Mittelpunkt des Impe-

riums liegend, war der ideale Ort für eine militärische Hauptstadt. Man brauchte nur die entsprechenden Befestigungsanlagen zu errichten. Die Atumaruna versäumen nicht, es zu tun. Damit ist das Rätsel gelöst, das die die Stadt beherrschende Festung Sacsahuaman aufgab. In Ermangelung einer besseren Erklärung haben die Archäologen sie den Inka zugeschrieben, nicht ohne auf die für sie unverständliche Tatsache hinzuweisen, daß ihre Bauweise mit derjenigen der Gebäude von Tiahuanacu völlig übereinstimmt und daher von derjenigen der Inka-Zeit sehr verschieden ist. Wir wissen jetzt, wie sich das verhält.
Die Ruinen, die es in der alten Hauptstadt noch gibt, lassen nur sehr undeutlich ahnen, was sie einst war. Gegen Ende des 13. Jahrhunderts geplündert, wie wir noch sehen werden, bis zur Rückeroberung durch den Inka-Kaiser Mayta Capac um das Jahr 1350 verlassen, in den Händen von Eingeborenenführern mit nur sehr wenig Interesse daran, Denkmäler zu erhalten, die sie an das ausländische Joch erinnerten, bei der Ankunft der Spanier von Schatzsuchern durchwühlt, von den Bewohnern der derzeitigen Ortschaft ebenso wie später von den englischen Ingenieuren als Steinbruch benutzt, die Säulen und Statuen zu Schotter zerschlagen ließen, um den Untergrund für die von ihnen erbaute Eisenbahn La Paz – Guaqui zu befestigen, und schließlich von Arthur Posnansky verwüstet, diesem Ingenieur, der Tiahuanacu weltberühmt machte, indem er die deutschen Museen mit seinen Überresten füllte, zeigt die Stadt heute nicht mehr als die kümmerlichen Reste einstiger Größe. In einem von Garcilaso wiedergegebenen Brief

gibt uns Pater Diego de Alcobaza einen Begriff von dem, was noch gegen Ende des 15. Jahrhunderts das Kalasasaya genannte Gebäude war, in dem der außerordentlich kultivierte, aber von Natur aus skeptische José Imbelloni hartnäckig nicht mehr als eine Aneinanderreihung aufgestellter Steine erblicken wollte. »Ein Hof«, schreibt der Geistliche, »von 15 Klaftern (etwa 25 m) im Quadrat mit einer Einfriedung von mehr als zwei Mannshöhen. Auf einer Seite des Hofes befindet sich ein Saal von 45 Fuß Länge und 22 Fuß Breite. ... Das Dach des Saales erscheint von außen wie Stroh, obwohl es von Stein ist, weil sie die Steine durchfurchten und mit Rillen versahen, damit es wie von Stroh gedeckt aussähe, weil die Indios ihre Häuser mit Stroh decken, es also diesen und den anderen ähnlich sähe. Die Wellen des Titicacasees schlagen an eine Wand des Hofes (womit bestätigt wird, daß sein Spiegel damals viel höher als heute war). Es gibt dort in der Nähe auch eine große Zahl von Steinfiguren von Männern und Frauen, die so natürlich sind, daß sie zu leben scheinen, aus Gläsern, die sie in den Händen halten, trinkend, die einen sitzend, die andern stehend, wieder andere, die einen Bach überschreiten, der zwischen jenen Gebäuden hindurchfließt; andere Figuren sind mit ihren Kindern auf Rücken und Schößen dargestellt; andere tragen sie auf dem Rücken und auf tausend Weisen.«

Cieza de León, einer der ersten Spanier, die die Ruinen besuchten – nach den Schatzsuchern, die er beiläufig erwähnt – beschreibt uns 1552 die »großen Gebäude«, von denen schon nicht mehr viel übrig geblieben ist: »Eine schön gearbeitete Mauer ... Steine, so groß und mächtig, daß es Bewunderung erregt zu denken, daß, so groß wie sie sind, Menschenkräfte ausreichten, sie dorthin zu bringen, wo wir sie sehen ... Einige von ihnen haben die Form von menschlichen Körpern ... viele große Portale mit ihren Angeln, Schwellen und Durchlässen, alles aus einem Stück ... Ich kann schon gar nicht verstehen, mit welchen Instrumenten und Werkzeugen sie gemacht wurden ... Ich fragte die Einheimischen, ... ob diese Gebäude zu Zeiten der Inka gemacht worden waren, und sie lachten über die Frage und versicherten, daß sie schon gemacht wurden, ehe diese regierten, und daß sie nicht sagen könnten, wer sie gemacht hätte ... Darum und weil sie, wie sie auch sagen, auf der Insel im Titicacasee bärtige Männer gesehen haben und ebensolche Männer das Gebäude von Vinaque gebaut haben, sage ich, daß es vielleicht sein könnte, daß es schon vor der Herrschaft der Inka in diesen Königreichen einige verständige Leute gegeben haben muß, die von irgendwoher kamen, man weiß nicht von wo, die diese Sachen machten und die, da sie wenige und die Eingeborenen viele waren, in den Kriegen getötet worden sind.«

Nicht nur in Tiahuanacu und Vinaque sind präinkaische Ruinen erhalten geblieben, sondern auch in Ayavire, welcher Ortsname leicht zu erklären ist (aus *jarl,* dem zur stärkeren Hervorhebung die Quichua-Vorsilbe *a* vorangestellt ist, und *virk,* welcher nordischen Bezeichnung für Festung wir im Namen der normannischen Stadt Vire in gleicher Form begegnen), in Konkho Huanankané, nahe der alten Hauptstadt im Gebiet von Cuzco, in Huari (nordisch: *Vari* = Krieger, wie wir bereits wissen), in Chachapoyas und in vielen bekannten und unbekannten Orten mehr, weil Bolivien und Peru vom archäologischen Gesichtspunkt aus noch längst nicht gründlich untersucht worden sind. Ganz zu schweigen von den zahllosen *chullpas,* jenen quadratischen oder runden Grabtürmen aus bearbeitetem Stein in reinstem Tiahuanacu-Stil, die über das ganze Gebiet des alten Collasuyu und nach Norden weit darüber hinaus verstreut sind.

An diesen Beschreibungen der Ruinen überraschen nicht nur die gewaltigen Ausmaße der Steinblöcke, die zur Errichtung der Gebäude in der Tiahuanacu-Epoche verwendet wurden. Viel eindrucksvoller noch sind für den Außenstehenden die architektonischen Formen der bearbeiteten Steine, die um die Reste der Denkmäler herum verstreut und in Puma Punku, der Steinmetz-Werkstätte der Wikinger-Hauptstadt, liegen. Das geht so weit, daß 1933, also lange vor unseren Forschungen, ein deutscher Autor, Edmund Riss, ohne besondere Kenntnis des Problems in der Zeitschrift »Germanien« als Schlußfolgerung eines Artikels über die präinkaische Architektur schreiben konnte: »Menschen nordischer Rasse müssen in der Stadt Tiahuanaco gelebt haben. Ihnen sind wahrscheinlich die Gebäude der prähistorischen Hauptstadt (das war sie damals) zu verdanken. Offensichtlich handelt es sich nicht um indianische Architektur.« Obwohl die Schöpfer der fraglichen Baudenkmäler auch nordischer Rasse sind, handelt es sich jedoch nicht um die Nachkommen der Männer, die mit Viracocha nach Amerika gelangten. Ullmans Männer waren von Europa zu einem Eroberungs-, nicht zu einem Kolonisationszug aufgebrochen, da sie, wie wir bereits erwähnten, Pferde, aber kein Rindvieh mitnahmen. Unter ihnen befanden sich daher an Handwerkern – wie bei jeder Schiffsbesatzung – nur wenige Zimmerleute und Schmiede. Ganz gewiß wird kein Steinmetz dabei gewesen sein, zumal in Skandinavien (und mit einigen Ausnahmen auch in England) im 10. Jahrhundert nur in Holz gebaut wurde. Mit einem Architekten unter ihnen wird man schon gar nicht rechnen dürfen.

Nun gibt es aber auf dem Altiplano keinerlei Urwald, der das für die traditionelle Bauweise unerläßliche Rohmaterial Holz hätte liefern können, und der Ostabhang der Anden, wo man es hätte finden können, war schwer zugänglich. Andererseits sind die Indios, wie das völlige Fehlen von Bauwerken aus der Zeit vor dem Jahr 1000 zeigt, weit davon entfernt, die Königliche Kunst zu beherrschen. Während eines und eines halben Jahrhunderts müssen die Wikinger also in wenig komfortablen Hütten hausen. Das spielt solange keine Rolle, als sie kriegführend durch Südamerika ziehen, um ihr Imperium zu erobern und zu organisieren. Indessen müssen sie sehr bald schon die Notwendigkeit einer Hauptstadt empfunden haben, die ihrer Macht würdig wäre. Um sie zu errichten, fehlte ihnen, wie wir heute sagen würden, die unerläßliche Technologie. Es gelingt ihnen, sie sich zu verschaffen – wie, werden wir im nächsten Kapitel sehen. Aus Europa kommen Baumeister, Steinmetze, Bildhauer und Schmelzer, selbstverständlich mit ihrem Handwerkszeug aus Stahl. Die

Indios sind geschickt und genau. Sie werden schnell zu tüchtigen Facharbeitern herangebildet. Überall beginnen Tempel, Paläste und Festungen zu entstehen.
Auf dem Gebiet der Technik verdient ein anderer Gesichtspunkt der Tiahuanacu-Kultur hervorgehoben zu werden. Die Eingeborenen vom Titicacasee kannten vor dem Jahre 1000, wie wir gesehen haben, im Bereich der Metallurgie nur die Bearbeitung von Kupfer, und auch diese nur dank dem Einfluß von Nazca. Es ist sogar zweifelhaft, daß sie das Metall selbst hergestellt haben. Wir wissen dagegen, daß das Kupfer zur Zeit des Wikinger-Imperiums aus Sulfiden gewonnen wurde, was ein recht schwieriges Verfahren erfordert. Den Beweis dafür liefern die Haken, die bei der Errichtung der Gebäudemauern zum Zusammenhalten der großen Steinblöcke verwendet wurden. Unter den Inka wird diese Technik später in Vergessenheit geraten, und man wird das Metall auf der Grundlage von Silikaten, Karbonaten und Oxychloriden gewinnen. Auch die Bronze, die zur Herstellung von Äxten mit halbmondförmiger Schneide, Nadeln, T-förmigen Messern usw. dient, taucht erst nach dem Jahr 1000 auf. Eisen und Stahl sind gewiß nicht unbekannt, da die Wikinger die Bronzezeit bereits seit 1500 und mehr Jahren überwunden haben. Andererseits gebrauchen die um 1150 eingetroffenen Handwerker kein Gerät, das aus anderem Metall als Eisen hergestellt wäre. Es ist sehr wahrscheinlich, daß die Schmelzer, die den Indios eine Kupferbearbeitung von hohem Niveau beibringen, auch Eisen und Stahl herzustellen wissen. Das ist um so wahrscheinlicher, als es in der

Quichua-Sprache ein Wort für Eisen gibt *(cellay)* und auch die Guaraní eigene Bezeichnungen für Eisen (*itahúna* in Brasilien, *kuarepotohü* in Paraguay) und Stahl (*itaite* in Brasilien, *kuarepotiata* in Paraguay) haben. Daß wir keinen Gegenstand aus jener Zeit gefunden haben, der eindeutig aus einem dieser beiden Metalle hergestellt war, ist nur logisch, da Eisen und Stahl relativ schnell vergehen, ohne irgendwelche Spuren zu hinterlassen. »Und wie wir jetzt wissen«, schreibt der große nordamerikanische Archäologe Hyatt Verrill (aber auch Herodot wußte es schon. Anm. d. Verf.), »daß die alten Ägypter feine Instrumente aus Eisen besaßen, obwohl kein solches vor der Öffnung des Grabes von König Tut gefunden wurde, ist es genauso möglich, daß wir Werkzeuge aus Stahl in irgendeinem Grabe oder einer Ruine Amerikas entdecken. Gefunden wurden unzählige Werkzeuge aus Kupfer oder Bronze, aber keines von ihnen ist imstande, auch nur den weichsten Stein zu schneiden.« Vielleicht ist der 1972 bei La Rioja in den argentinischen Anden gefundene stählerne Stockdegen mit Runen-Inschrift der erhoffte greifbare Beweis dafür, aber seine Untersuchung ist bisher noch nicht zu definitiven Ergebnissen gelangt.

Auf einem ganz anderen Gebiet, dem der Schrift, bleibt kein Zweifel. Die Eingeborenen-Überlieferungen berichten, daß die Männer von Tiahuanacu »mit Buchstaben« auf *quellca* (Pergament) und Bananenblätter schrieben. Die Inschriften, die wir in Paraguay und Brasilien entdeckten und die Hermann Munk übersetzte, bestätigen das in unbestreitbarer Weise. Unter den mit Ullman aufgebrochenen

Wikingern gab es einige, die die damals in Schleswig und England als »Alphabet« benutzten Runen des Futhark nicht nur zu lesen, sondern auch zu zeichnen verstanden. Diese Kunst ging nie verloren. Unter diesen Umständen drängt sich die Frage auf, warum weder in Mexiko noch in Peru jemals eine derartige Inschrift gefunden wurde. Die Antwort ist einfach: sie wurden systematisch zerstört. Im Tiahuanacu-Reich taten es, wie wir sehen werden, die Sonnenpriester und danach die spanischen Mönche, die jedes »Symbol der Götzenanbetung« in Rage versetzte, ganz besonders wenn es sich um für sie unverständliche Zeichen (wie Runen) handelte, die nur das Werk des Teufels sein konnten. Zu Beginn des 17. Jahrhunderts beschwerte sich der Pater de la Calancha bitter darüber, als er die Inschrift von Calango, in der sich runenartige Schriftzeichen und andere ausgesprochen europäische Zeichnungen befinden, abmalte und sie so der Nachwelt überlieferte. Nur in den Gebieten, die die Konquistadoren nicht oder doch erst später erreichten, als sich ihre Bilderstürmerwut bereits etwas gelegt hatte, befinden sich noch Runen-Inschriften aus der Zeit des Tiahuanacu-Reiches.

150 Jahre sind also ohne Geschichte, aber nicht ohne Aktivität verflossen. Die eroberten Gebiete werden als Lehen organisiert. Wehrbauernsiedlungen werden in den unruhigsten Provinzen angelegt. In Tiahuanacu, in Cuzco und in vielen anderen Orten werden großartige zivile und militärische Bauten errichtet, durch die sich die alten Eingeborenen-Dörfer von einst in blühende Städte verwandeln. Die Indios werden einer patriarchalischen Ordnung

unterworfen, die ihnen unter Achtung ihrer Sitten und Gebräuche, ihres Glaubens, ja sogar ihrer eigenen Führung Schutz gewährt. Die Wikinger ihrerseits bewahren die Reinheit ihrer Rasse, ihrer Sprache und ihrer Religion. Sie bilden über der Bevölkerung, die sie in keiner Weise zu assimilieren versuchen, eine Kasten-Aristokratie, die sich die Funktionen der politischen und militärischen Führung vorbehält.

Ihre Zahl wächst schnell, aber nie schnell genug, weil die Eingeborenen im Lauf der Zeit die ihnen vom Reich auferlegten Lasten immer schwerer ertragen. Der Militärdienst außerhalb ihrer angestammten Heimat, der Arbeitsdienst zum Bau und zur Unterhaltung der königlichen Straßen und die Einziehung von Arbeitskräften für den Bergbau lassen sie nach und nach die Vorteile des inneren Friedens und der Gerechtigkeit vergessen. Sie beginnen unruhig zu werden. Das ist der Grund, warum uns die Überlieferung den letzten Souverän des Hauses Viracocha, Makuri (vom nordischen *mál* = Urteil – das Fortfallen des *l* ist normal – und *kör* = Kür, d.h. also »der das Urteil wählt« oder kurz: der Richter) als Tyrannen darstellt. »Ein Eroberer nach Art der Tataren, blutdurstig und mitleidlos«, schreibt 1901 der bolivianische Historiker Rigoberto Paredes. Er trank, so heißt es weiter, »das noch warme Blut seiner Opfer aus Schalen, die aus den Schädeln der von ihm besiegten feindlichen Anführer gefertigt worden waren, nachdem er ihnen zuvor die Haut hatte abziehen lassen, um daraus Trommeln zu machen, und die Zähne ausbrechen, um sie als Ketten für seine Konkubinen zu

verwenden«. An dieser Geschichte ist zumindest ein Wort zu viel: Ob blutdürstig oder nicht, war Makuri jedenfalls kein Eroberer, ganz einfach weil zu seiner Zeit, wie wir im nächsten Kapitel sehen werden, das Imperium sich schon längst über fast ganz Südamerika erstreckte. Die ihn betreffenden Überlieferungen stammen außerdem von den Kolla, also aus einem Gebiet, wo die Eroberung, wenn man sie so nennen will, das Werk Viracochas und seiner unmittelbaren Nachfolger 250 Jahre zuvor war.
Das Bild, das die Überlieferung von Makuri erhalten hat, wurde nicht vom Krieg geformt, der selten ähnlichen Haß hervorruft, sondern von der Repression. Und während seiner Regierung kommt es tatsächlich hier und da zu Eingeborenenaufständen, die der Richter-König erbarmungslos niederschlägt – mit Erfolg, aber auf Kosten des Ansehens der Wikinger. Als er um 1275 stirbt, kann sein Erbe sich nicht an der Macht halten, und das Reich fällt in allgemeine Anarchie. Die Gründe dafür werden wir nachfolgend untersuchen.

III.

DIE WEGE ZUM ATLANTIK

In Europa konnten die Wikinger nie der Versuchung widerstehen, mit ihren flinken Schiffen die Flüsse entlang zu fahren. In den Anden zu Hochgebirglern geworden, haben sie ihre Seefahrer-Instinkte und -Traditionen um so weniger verloren, als sie – auf dem Titicacasee und dem Pazifik – weiter Seefahrt betreiben. Vielleicht sind sie etwas enttäuscht gewesen, im Zuge ihrer Eroberungen nur auf Flüsse gestoßen zu sein, die so kümmerlich waren, daß sie diesen Namen kaum verdienten. Das wird in dem Augenblick anders, da Takuilla dem tiefen Bergeinschnitt begegnet, den der obere Amazonas im Lauf der Zeit in die Ostkette der Kordillere gegraben hat. Er befragt die Eingeborenen darüber, und sie berichten ihm von einem gewaltigen Strom, der durch undurchdringlichen Urwald fließt, um sich in weiter Ferne, dort, wo die Sonne aufgeht, ins Meer des Ostens zu ergießen. Der *konr* weiß natürlich um das Vorhandensein des Atlantiks. Schließlich haben seine Vorfahren ihn ja überquert. Auf dem Amazonas also müßte man ihn erreichen können. So gewinnt das Gebiet von Chachapoyas für ihn eine außerordentliche Bedeutung. Man muß es unter sichere Kontrolle bringen. Dazu ist es nötig, hier nicht nur verpflanzte Indios anzusiedeln, auf die man sich in fremder Umgebung und unter den mißgünstigen Blicken der Ortsansässigen nicht wird verlassen können, sondern auch eine militärische Siedlung von Weißen zu schaffen, um die Indios unter treuer Führung zu wissen.

Der Amazonas bietet jedoch – darüber werden sich die Wikinger bald klar – als Verbindungsweg zum Ozean nicht nur Vorteile. Einerseits ist er nur über den äußersten Norden Perus, 1500 km Luftlinie von Tiahuanacu entfernt, zu erreichen. Andererseits ist er für andere Schiffe als primitive Kanus nur während eines Teils des Jahres zu befahren, da er während der Regenzeit Baumstämme und andere gefährliche Hindernisse führt, die in seinen trüben Fluten nicht zu erkennen sind.

Die Lage wird günstiger, als Takuilla sich entschließt, die Täler zu befrieden, die auf der Höhe der Hauptstadt und weiter südlich vom Altiplano in den östlichen Urwald hinunterführen. Die Chiriguano, die in der Ebene, am Fuß der letzten Ausläufer der Anden, leben, sind halbnomadische Guaraní und stehen mit ihren seßhaften Rassegenossen im Osten in Verbindung. Durch sie erfährt der Herrscher vom Vorhandensein eines großen Flusses, der 500 oder 600 km Luftlinie vom Gebirge entfernt von Norden kommt und über ein gewaltiges Delta in den Ozean mündet. Dort gibt es auch einen anscheinend brauchbaren Verbindungsweg und einen leichteren Zugang als zum Amazonas. Am Ende der Täler wird eine militärische Niederlassung gegründet. Damit wird ein möglicher Zugang zu Paraguay gesichert. Der *konr* Chacha Poma öffnet diesen Weg, nachdem er tiefer als sein Vorgänger in die Ebene von Santa Cruz und darüber hinaus eingedrungen ist.

Ist es Takuilla, dem das Reich die militärische Organisation seiner nördlichen Grenzmarken verdankt, die wir heute Kolumbien, Venezuela und Guayana nennen? Wir haben keinen Beweis dafür, aber die Überlieferung weist darauf hin, und die angewandte Methode läßt es vermuten. Das Gebiet ist anziehend. Das gemäßigte Klima seines Hochlandes gestattet eine Landwirtschaft, die diejenige Perus ergänzt. Vor allem aber wird es in west-östlicher Richtung von einem anderen großen Strom, dem Orinoco, durchflossen, der in die Antillen-See mündet. Das sind der Gründe genug, daß sich die Wikinger für dies Gebiet interessieren und jedenfalls alle erforderlichen Maßnahmen ergreifen, um hier Ruhe und Ordnung zu sichern. Die örtliche Bevölkerung ist nämlich nicht sehr vertrauenerweckend. Außer den Muysca, die (besonders auf dem Gebiet der Goldschmiedekunst) ein beachtliches kulturelles Niveau haben, besteht sie aus zahlreichen Wald-Stämmen, von denen einige noch heute in wildem Zustand leben. Das Gebiet ist so ausgedehnt, daß es mit der Anlage einiger Militärsiedlungen nicht getan wäre. Beträchtliche Kräfte sind erforderlich, um die Kontrolle des Flusses, der Meeresküste und der Verbindungen auf dem Landweg zu sichern. Die Wikinger beauftragen die Arahuac damit.

Wir haben dies nicht zur Anden-Rasse gehörige Volk schon erwähnt. Im Jahr 1000 schiebt sich sein Siedlungsgebiet in der Form eines Sackes nahe bei Vilkanuto (vom nordischen *Virk Knud* = Knuds Festung) in die Aymara-Zone vor und dehnt sich östlich bis über die Kordillere hinweg aus. Es ist wahrscheinlich, daß schon Viracocha bei der Eroberung des Collasuyu ein Bündnis mit ihm erreicht hat. Einerseits sind völkische Minderheiten immer bereit, mit jedem Eindringling gemeinsame Sache zu machen, um sich zu befreien. Andererseits suchten die Wikinger den für sie unerläßlichen zahlenmäßigen Beistand und fanden ihn auch, wie wir vom Beispiel Ullmans in Mexiko und seinem Bündnis mit Olmeca, Huaxteca oder Itzá wissen. Für diejenigen von Tiahuanacu waren die Arahuac eine Erwerbung von außerordentlichem Wert. Es handelte sich nicht nur um tapfere Krieger, sondern sie besaßen auch eine den Aymara weit überlegene Kultur. Noch im vergangenen Jahrhundert waren sie geschickte Schmiede, die aus dem von ihnen selbst geförderten und bearbeiteten Eisenerz – in einer wahrscheinlich von den Wikingern übernommenen, da den Spaniern in Amerika unbekannten Technik – Äxte, Messer und Lanzen ausgezeichneter Güte herstellten. Sie webten und färbten feine Stoffe, bauten Baumwolle und Zuckerrohr an, aus welchem sie mit von ihnen erfundenen (oder ihren Herren nachgemachten) Maschinen Sirup preßten, um diesen zum Backen von Honigbrot zu verwenden. Sie waren hervorragende Töpfer, und ihre mit komplizierten Zeichnungen fein verzierten Gefäße werden in brasilianischen und vielen anderen Museen an bevorzugtem Platz ausgestellt. Was uns zu der Überlegung bringt, daß sie mit Viracocha zusammenarbeiteten, ist ihr Name. Denn Arahuac (*aravac* in Quichua-Aussprache und spanischer Schreibweise) ergibt in keinerlei Eingeborenensprache des Altiplano einen Sinn. Aber im Schleswiger Dialekt der Wikinger von Tiahuanacu bedeutet das Wort (aus dem

altdeutschen *era* = Ehre und dem nordischen *vaka* = Wache) »Ehrenwache«. Das kann keine Wache zur Erweisung von Ehrenbezeigungen gewesen sein, was in damaliger Zeit sinnlos gewesen wäre, sondern eine Art Elitetruppe wie das Wachregiment (später Division) »Großdeutschland« der Wehrmacht. Wahrscheinlich gab es in der Hauptstadt eine solche ausschließlich aus Weißen bestehende Gardetruppe, und Viracochas Hilfswillige hatten sich eine entsprechend ehrenvolle Bezeichnung verdient. Jedenfalls werden die Arahuac unter Takuilla oder später zumindest zu einem großen Teil in die nördlichen Grenzmarken umgesiedelt. Von der Mündung des Orinoco bis zu derjenigen des Amazonas treffen wir auf ihre Siedlungen an den Ufern, von wo aus sie die Ordnung hüten.
Es handelt sich dabei jedoch nur um ein Randgebiet. Die Wikinger bereisen es, wie einige Runen-Inschriften beweisen, aber sie leben dort wahrscheinlich nicht, wenn man von einigen wenigen Beamten zur Verwaltung des Gebietes und den ebenso wenigen Kommandeuren der Grenztruppen absieht. Für sie ist das Klima nur auf der Hochebene von Kondanemarka erträglich, und sie haben dort auch, ehrlich gesagt, nichts zu suchen. Immerhin benutzen sie den Orinoco für einige ihrer Truppenverschiebungen, da sie ihn über den Cassiquiare durch den Bau eines Kanals mit dem Rio Negro und darüber hinaus mit dem Amazonas verbinden. Die Überlieferung hat uns den Namen des heldenhaften Kulturbringers dieses Gebietes erhalten, der den Lauf des Orinoco regulierte, »so daß man den Fluß zu jeder Zeit mit der Strömung hinunter und auch wieder

herauf fahren konnte«. Er hieß Amilavaca. Das Wort setzt sich aus der alten Form des heute noch üblichen Vornamens Emil (spanisch: Emilio, französisch: Emile) in der Bedeutung von »starker Läufer« (altdeutsch: *em* = stark und *ilen* = eilen, laufen) und dem nordischen *vaka* = Wache zusammen. Also: »Emil der Wächter«. Es dürfte sich um den Jarl gehandelt haben, der die Arahuac-Truppe befehligte. Für die Wikinger kam es darauf an, jede Unruhe nördlich des Äquators zu verhindern und vor allem die freie Schiffahrt auf dem Amazonas zu gewährleisten. In dem riesigen Gebiet südlich des Stromes, das heute zu Brasilien und Paraguay gehört, ist die Lage völlig verschieden.

Der Norden und die Mitte Perus liegen am Fuß der Ostkette der Anden-Kordillere dem äquatorialen Urwald gegenüber, der sich, nur von wenigen Savannen unterbrochen, bis zum Atlantik erstreckt und von zahllosen, darunter einigen schiffbaren Flüssen durchzogen wird, die fast alle direkt oder indirekt in den Amazonas münden. Im Süden geht das heutige Bolivien in die Ebene von Santa Cruz über, die sich in östlicher Richtung bis zum Ozean als tropischer Urwald fortsetzt und von zwei großen Strömen, dem Paraguay und dem Paraná, durchzogen wird, die nach ihrer Vereinigung mit einem dritten, dem Uruguay, in der argentinischen Pampa den Rio de la Plata bilden. Die beiden Becken sind durch die Sierra de Paresis getrennt, in der der Paraguay entspringt. Im Norden leben zahllose, teils nomadische Urwald-Stämme von niedrigster Kulturstufe in ständigen Kriegen untereinander. Im Süden setzt sich die Masse der Bevölkerung aus Guaraní zusammen (die diesen Namen übrigens erst später erhalten). Sie sind zwar auch kriegerisch, aber in ihrer Mehrzahl seßhaft und zumindest als solche von einer gewissen Kultur auf jungsteinzeitlichem Niveau.

Dieses weitgehend unzugängliche Gebiet von acht Millionen Quadratkilometern, das die Wikinger »Matt«* (Ebene) im Gegensatz zu der von ihnen als »Berg« bezeichneten Kordillere nennen, können sie nicht allein erobern und schon gar nicht halten. Bei einem Unternehmen dieser Art nützten ihnen die Indios der Anden-Rasse nicht viel, da sie die geringe Höhe und das feucht-heiße Klima nicht aushalten. Sie müssen sich also als Verbündete ein Eingeborenen-Volk suchen, das an die Lebensbedingungen des Gebietes gewöhnt ist. Es gelingt ihnen bei den Guaraní, mit deren Hilfe sie die Grenzen des Reiches bis an den Ozean vorschieben können. Sie stellen ihren Vasallen – es gibt keinen anderen Ausdruck dafür – ein weißes Führungskorps zur Verfügung und organisieren sie als disziplinierte und gut ausgebildete Territorial-Miliz. Mit ihr unternehmen sie die Eroberung des amazonischen Urwaldes und seiner atlantischen Küsten. So gewinnen sie das gewaltige Gebiet, das sich bis zum Orinoco erstreckt und dessen Erinnerung die Überlieferung unter dem Namen bewahrt: »Imperium des Großen Paititi, Land der Musu«. Paytiti ist aus dem Guarani-Wort *pa'i* = Vater (im Sinn von Priester)

---

* Diese Ortsbezeichnung hat sich bis heute im Namen der brasilianischen Urwaldzone *Mato Grosso* (frühere Schreibweise: *Matto Grosso*) erhalten.

und *Ti* zusammengesetzt, das wir in der gleichen Wiederholungsform bereits kennen (Titisee in Süddeutschland und Titicaca auf dem Altiplano). *Musu* ist eine Deformierung des nordischen *mose* = Moos, Sumpf, ein Wort, das ein Gebiet sehr zutreffend bezeichnet, in dem Wasser und Erde sehr schwer auseinanderzuhalten sind.

Man kann nicht sagen, daß sie dies Gebiet besetzen. Die Wikinger beschränken sich darauf, die Kontrolle der Küsten und der schiffbaren Flüsse zu gewährleisten. So sind noch heute am ganzen Lauf des Amazonas und seines Nebenflusses Xingú, des Paraguay- und des Paraná-Stromes ebenso wie an der Mündung und im Quellgebiet des Flusses São Francisco inmitten einer ethnisch völlig anderen Umwelt Guaraní anzutreffen, eine Merkwürdigkeit, die wir später noch erklären werden. Für jemand, der vom Altiplano kommt, stellt der Amazonas den gegebenen Zugang zum Atlantik dar, und die Wikinger benutzen ihn zumindest im Winter. Obwohl der Xingú von zahlreichen Stromschnellen unterbrochen wird (die jedoch auch für die Eingeborenen von heute keinerlei Hindernis darstellen), gestattet er, von der Amazonas-Mündung in das Quellgebiet des Paraguay zu gelangen, wobei nur rund 100 km zu Fuß zurückzulegen sind, und weiter stromabwärts bis zu einer der Straßen, die – wie wir später sehen werden – nach Tiahuanacu führen.

Das ist natürlich keine sehr bequeme Reise, aber die Kuriere werden ihren Grund gehabt haben, sie der anderen vorzuziehen, bei der sie den Amazonas stromaufwärts fahren müssen (was ohnehin nur außerhalb der Regenzeit

möglich ist), um von Chachapoya aus die Reise zu Fuß fortzusetzen oder umgekehrt. Der Xingú stellt außerdem eine direkte Verbindung zwischen dem dichtbevölkerten Guaraní-Gebiet des Paraguay und Mato Grosso und dem Amazonas-Tal dar, an dessen Ufern Krieger im Dienst des Imperiums ihre Befestigungen haben. Diese Verbindung ist den Wikingern so wichtig, daß sie dort die Arahuac ansiedeln, deren Nachkommen noch heute in der Sierra de Paresis, der Wasserscheide zwischen dem Amazonas- und dem La Plata-Becken, anzutreffen sind. Von hier führt ein Weg nach Çharcas und Tiahuanacu, und zwar noch im 16. Jahrhundert durch ein Dorf namens Orthuesi, dessen nordischer Ursprung unverkennbar ist (zusammengesetzt aus dem altdeutschen »Ort« und dem Quichua-Wort *huasi,* das seinerseits vom nordischen *hus* = Haus abgeleitet ist). Der Fluß São Francisco wiederum gestattet, auf dem Wasserweg vom Norden von Bahía aus die Mündung des Rio de la Plata zu erreichen, wobei nur etwa 30 km zwischen seinem Quellgebiet und dem Rio Grande, einem Nebenfluß des Paraná, über Land zurückzulegen sind.
Die Guaraní leisten den Herrschern von Tiahuanacu gute und treue Dienste. Es ist erwiesen, daß die Wikinger ihre Tüchtigkeit zu schätzen wußten. Das zeigt der Name, den sie ihnen gaben: Guaraní ist eine Abwandlung von *quarini,* wie die Spanier *varini* schrieben, dessen nordische Wurzel *vari,* wie wir wissen, Wächter oder Krieger bedeutet. Die Guaraní – ein Volk der Krieger, ein besserer Name konnte schwerlich für sie gefunden werden.
Die Rolle dieser Verbündeten bekommt jedoch grundsätz-

liche Bedeutung noch weiter im Süden. Der Amazonas ist, wie schon erwähnt, als Wasserstraße nur in der Trockenzeit benutzbar. Die Reise ist lang. Dagegen liegen zwischen Tiahuanacu und dem Atlantik auf dem Weg über Santa Cruz und Paraguay nicht mehr als 2000 km Luftlinie, eine viel kürzere Entfernung als die zwischen der Wikinger-Hauptsadt und der Insel Marajó, die allerdings zu Fuß zurückgelegt werden muß – oder zu Pferd. Aber das kann man nur, wenn es Straßen gibt. Die Überlieferung berichtet, daß Chacha Poma mit ihrem Bau begann. Und tatsächlich bekommt das Bündnis mit den Guaraní erst einen Sinn, wenn es eine ständige Verbindung zwischen Peru und Paraguay gibt, die wiederum Straßen von einem Land zum andern voraussetzt.
Ist es der Nachfolger unbekannten Namens, der bis zum Atlantik vordringt? Bald schon jedenfalls durchquert der *Peaviru,* der »Weiche Weg«, Paraguay und später Guayrá, die alte paraguayische Provinz, die heute zwischen den brasilianischen Staaten Paraná und Santa Catalina aufgeteilt ist, und sogar noch weiter nördlich den heutigen Staat Sao Paulo. Sein Bau wirft für die Wikinger ein schwer zu lösendes technisches Problem auf. Auf dem baumlosen Altiplano kann man auf natürlichem, glattem und festem Untergrund durch die Errichtung niedriger Mauern eine gradlinige Straße ziehen. Bodenerhebungen werden durch Treppen oder Tunnel überwunden. An den Küsten genügt es, um die Wanderdünen zu vermeiden, sich an die Gebirgsabhänge zu halten, wobei diese oder jene sumpfige Stelle mit Erde oder Lehm ausgefüllt oder mit Platten

belegt wird. In der Ebene von Santa Cruz stellt die Savanne ein angemessenes Terrain dar, und im Chaco sind die vereinzelten Bäume ohne größere Schwierigkeiten aus dem Weg zu räumen. Im Urwald aber ist alles anders. Der Boden ist schwammig, die Vegetation dicht. Es gibt keine Steine, mit denen der Untergrund befestigt oder gar gepflastert werden könnte. Was man mit den unerläßlichen Arbeitskräften – und die fehlen nicht – tun kann, ist, Schneisen zu schlagen. Aber bei der üppigen Vegetation schließen diese sich schnell.

Die Wikinger finden die Lösung. Wir geben hier wieder, was der Historiker und Anthropologe schweizerisch-paraguayischer Herkunft, Moisés Bertoni, darüber aus Guaraní-Quelle erfahren hat:

»Das System ist sehr einfach und sinnreich. Es wurden Schneisen in den Wald geschlagen, in die man nach gründlicher Säuberung von einer Seite zur anderen Samen von zwei oder drei Grassorten säte, besonders eine, deren Ausläufer sich mit größter Leichtigkeit ausbreiteten, so daß ihre Stauden schnell den Boden völlig bedeckten und das Wachsen von Bäumen und unkrautartigem Gestrüpp verhinderten, die sonst die Schneise wieder hätten zuwachsen lassen. Diese gut ausgewählten Gräser hatten die Besonderheit, daß sich ihre klebrigen oder anschmiegsamen Samen den Füßen und Beinen der Passanten anhefteten. Man konnte sie in großer Entfernung voneinander, z.B. von Meile zu Meile, pflanzen oder säen, daß sie in kurzer Zeit, vielleicht in ein oder zwei Jahren, den Weg wie mit einem Teppich bedeckten, der das Gedeihen von

Büschen und anderem Unkraut verhinderte, die das Fortkommen behindert hätten.« Und im 17. Jahrhundert beschreibt uns der Pater Lozano den »berühmten Weg« so: »Er ist acht Spannen (= je 21 cm) breit, auf welchem Raum nur ein sehr kleines Kraut wächst, das sich von allem zu beiden Seiten unterscheidet, welches wegen der Fruchtbarkeit eine halbe Elle hoch wird, und wenn auch das trocken gewordene Stroh abgebrannt wird, erhebt sich das Kraut nie wieder höher.« Das Verfahren war so wirksam, daß man noch heute, nach 700 Jahren der Verlassenheit, die Spuren des *Peaviru* an einigen Stellen, besonders in der paraguayischen Kordillere von Caaguazú, erkennen kann. Es handelt sich tatsächlich um ein ganzes Straßennetz. Eine einzige Straße führt von Tiahuanacu über Oruro, Charcas (heute: Sucre) und Tarabuco herunter, wo sie sich gabelt. Ihre südliche Abzweigung folgt dem Lauf des Pilcomayo bis Paragua'y (dem Guaraní-Namen des heutigen Asunción, der »Fluß der Männer des Meeres« bedeutet), wo sie sich verzweigt. Sie wendet sich in südlicher Richtung nach Yvytyruzú, einer Straßenkreuzung, wo sich noch heute eine Station befindet, die außer einem prachtvollen Bild von Odin, dem Hauptgott der skandinavischen Mythologie, völlig verständliche topographische Hinweise in nordischer Sprache und einen Lageplan aufweist, der die hier abzweigenden Wege und ihre jeweiligen Ziele bezeichnet. Einer von ihnen erreicht den Zusammenfluß von Yguazú und Paraná und danach über Togahuasi, Togahusir und Avahovi die Atlantik-Küste an der Mündung des Itabuco im Norden der Insel Santa Catarina. Wenn Avahovi eine

Ortsbezeichnung in Guaraní ist (aus *ava* = Indio und *hovi* = anhäufen, also: Indianerhaufen), so ist Togahusir unbestreitbar nordisch und kommt von *toga,* dem zweiten Fall Mehrzahl von *tog* = Zug, und *husir,* erster Fall Mehrzahl von *hus* = Haus, was also »Zug-Häuser« bedeutet. Togahuasi hat die gleiche Bedeutung, ist aber eine Zusammenstellung von *toga* und dem Quichua-Wort *huasi,* das seinerseits vom nordischen *hus* abgeleitet ist. Vom Yguazú aus führt eine Abzweigung nach Süden, überquert die Serra do Tapé (welcher Name in einer Mischung aus Portugiesisch und Guaraní »Gebirge der Straße« bedeutet) und erreicht die Lagõa dos Patos (Enten-Lagune), die mit dem Ozean in Verbindung steht. Von Paragua'y aus führt ein anderer Weg in nördlicher Richtung über den Cerro Moroti, überquert den Paraná bei Puerto Adela und gelangt über Peabiru, Londrina und Curinhos (sämtlich Ortsbezeichnungen der Gegenwart) bei Santos (in portugiesischer Zeit: San Vicente) am gleichnamigen Golf an den Atlantik.

Der andere Zweig des *Peaviru* wendet sich von Tarabuco aus über Tomina und die heutige Stadt Santa Cruz de la Sierra dem Paraná zu, den er bei seinem Zusammenfluß mit dem Ypané erreicht, gegenüber der bedeutenden Ortschaft Vejvink (auf den ersten Landkarten von Paraguay: Weibingen), welcher Name sich vom nordischen *vej* = Weg und *vink* = Winkel (also: Wegwinkel) ableitet. An diesem »Wegwinkel« wendet sich die Straße nach Osten, führt durch die heutigen Städte Pedro Juan Caballero (Paraguay) und Ponta Porã (Brasilien), berührt die Ortschaft Dourados und ein Dorf, das heute noch Ivinheima heißt (eine altdeutsch-nordische Ortsbezeichnung, die keiner Erklärung bedarf), überquert den Paraná auf der Höhe von Presidente Epitácio und stößt bei Ourinhos auf den südlichen *Peaviru,* der zum Golf von Santos führt.

All diese Straßen und zahlreiche weniger wichtige Nebenwege sind natürlich nicht in wenigen Jahren zu bauen. Es ist dies ein langwieriges Bauvorhaben, das sich aus den wachsenden Bedürfnissen ergibt. Sie haben ihren Ursprung in einer einzigen und bald verwirklichten Absicht und ihren Folgen. Denn der Atlantik kann für die Wikinger kein anderes Interesse als die Wiederaufnahme des Kontaktes mit Europa haben. Sie haben schon damals oder bald darauf, wie alte Karten beweisen, den Seeweg um Kap Hoorn erforscht und dabei sogar die (viel später nach ihrem angeblichen Entdecker benannte) Magellanstraße entdeckt. Aber dieser Weg ist für schwer zu steuernde Schiffe mit geringem Tiefgang zu gefährlich, vor allem wenn man an der Ostküste des Halbkontinents über keinerlei Versorgungs-Stützpunkt verfügt.

Zugangswege zum Atlantik (zu Wasser oder Land) haben keine Verwendung und daher auch keine Daseinsberechtigung, wenn sie nicht in Häfen enden. Diese gilt es daher zu bauen. Einer von ihnen muß sich im Amazonas-Delta befunden haben. Er hat keine Spuren hinterlassen. Vielleicht wurden sie auch von den Anlagen von Belém do Pará verwischt, mit deren Bau schon zu Anfang der portugiesischen Kolonialzeit begonnen wurde. Häfen bleiben nämlich im Lauf der Geschichte meist am gleichen Ort. Was die Gegenwart der Wikinger in diesem Raum bezeugt, sind die unzähligen Keramikfunde auf der Insel Marajó im Amazonas-Delta, deren vom Wasser nicht erreichbare Bodenfläche sich keineswegs zur Anlegung eines Seestützpunktes eignet, aber seit Jahrtausenden der unvermeidliche Durchgangsort für Stämme ist, die aus dem Landesinnern kommen oder an der Küste entlangziehen. Wenn man diese unverwüstlichen Keramikscherben, die einzigen Zeugen menschlicher Anwesenheit, denen die ständige Feuchtigkeit nichts anhaben konnte, betrachtet, sind verschiedene Einflüsse festzustellen. Wir finden auf ihnen u. a. Runen und runenähnliche Schriftzeichen, Tiahuanacu- und Malta-Kreuze ähnlich den in Mexiko und Peru gefundenen.

Etwa 500 km Luftlinie östlich von Marajó befindet sich an der brasilianischen Küste die riesige Bucht von São Marcos, in deren Einfahrt die Insel São Luiz mit Maranhão, der Hauptstadt des gleichnamigen brasilianischen Staates liegt. Am Ende der Bucht, etwa 300 km landeinwärts, fließen zwei Flüsse von einer gewissen Bedeutung, der Pindaré und der Mearim, zusammen. Der Letztgenannte ist auf mindestens 400 km schiffbar, und seine Häfen (Arari, Bacanal, Ipixuna und Pedreiras) weisen heute einen beträchtlichen Schiffsverkehr auf. 40 km vor seiner Mündung nimmt der Mearim den Grajau auf, der seinerseits ein paar Kilometer stromauf aus einer Kette von drei Seen mit den Namen Maracu, Verde und Assu gespeist wird. Diese Seen weisen Spuren von sehr alten Hafenanlagen auf. Weitere 300 km östlich an der Küste mündet der Parnaiba, dessen einer Arm mit seinem ruhigen Wasser die große Insel Santa Isabel umspült und so einen beachtlichen

Schutz für kleine Wasserfahrzeuge darstellt. Aber es gibt für die Drachenschiffe der Wikinger auf der Insel selbst einen noch viel sichereren Hafen. Durch die Insel zieht sich nämlich ein Kanal von 3 km Länge, der zur See hin durch eine Sandbank abgegrenzt wird. Große Segelschiffe können hier später zwar Schutz vor den Wellen, aber nicht dem Wind finden, da die ganze Küste des Deltas in einer Ausdehnung von etwa 30 km ebenso wie die Sandbank keinerlei Erhebung aufweist. Die Wikinger-Schiffe mit ihren niedrigen Aufbauten bieten aber den Winden nur wenig Angriffsfläche und scheuen sich auch, flach wie sie sind, nicht, auf Sand aufzulaufen. Dieser Kanal scheint also für sie ein idealer Liegeplatz gewesen zu sein.

Das wäre nur eine unter anderen Möglichkeiten gewesen, hätte der fragliche Meeresarm nicht aus der Zeit vor der Konquista an seiner Einfahrt eine sorgfältige Kennzeichnung in Gestalt zweier großer Felsblöcke. Ihre Aufgabe ist so unverkennbar, daß auf dem einen von ihnen 1873 ein Leuchtfeuer angebracht wurde. Der andere wird, offenbar um ihn schon von weitem besser sichtbar zu machen, von einem kugelförmigen Stein gekrönt, den die Fischer der Gegend »o Globo« (die Kugel) nennen. Am Fuß dieses Felsblockes wurde 1924 eine steinerne Hand im Sand gefunden, die offenbar von dem Felsen abgebrochen war und früher dazu gedient haben muß, in die Richtung des Kanals zu weisen.

Auf dem rechten Ufer des Parnaiba, fast gegenüber dem Kugelfelsen, befindet sich die Stadt Luiz Corréia, die an der gleichen Stelle wie das frühere Eingeborenen-Dorf

Tutóia des Guaraní-Stammes der Tremembé errichtet wurde. Einige Kilometer weiter stromaufwärts liegt ein kleiner Hafen, der heute zur Stadt Parnaiba geworden ist, sich aber noch bis vor 50 Jahren Amarração (Anlegeplatz) nannte. Er diente wahrscheinlich den Wikingern als Seestützpunkt. In der Umgebung von Tutóia entdeckten die ersten portugiesischen Kolonisatoren die Ruinen von starken Mauern aus zementierten Steinen. Es ist höchst wahrscheinlich, daß diese Hafenanlagen durch Werften und Lagerhäuser etwa 50 km weiter oberhalb am See São Domingos ergänzt wurden, der den Longá-Fluß aufnimmt und mit dem Parnaiba durch einen Kanal von 12 km Länge verbunden ist. Aber in diesem Gebiet sind noch keinerlei archäologische Untersuchungen durchgeführt worden.

300 km südöstlich der Parnaiba-Mündung (im brasilianischen Staat Ceará) sind zwei Seen durch Kanäle von 3 und 8 km Länge mit dem Meer verbunden, an dessen einem die Stadt Paracuru liegt. Sie erscheint auf einem Wegweiser aus der Wikinger-Zeit, von dem wir noch sprechen werden.

Noch einmal 500 km weiter südöstlich, im Staat Rio Grande do Norte, hat der Hafen von Touros in der Nähe von Kap São Roque, an der äußersten Ostspitze der Küste, die von hier stracks nach Süden verläuft, eine bevorzugte Lage. In der Umgebung, an den Seen Geral und Extremós, die beide durch künstliche Kanäle (von 10 und 11 km Länge) mit dem Meer verbunden sind, kann man noch heute alte Erdaufschüttungen und unterirdische Anlagen sehen.

Die Wikinger besitzen also an der brasilianischen Nordostküste zwischen dem Amazonas und dem Kap São Roque und noch weiter südlich eine Kette von Binnenhäfen im Abstand von je 3 bis 500 km, was mit ihren Schiffen eine Seereise von zwei oder drei Tagen bedeutet. Sie finden hier nicht nur sichere Liegeplätze wie in den heimatlichen Fjorden ihrer Vorfahren, sondern auch Docks, in denen sie nötigenfalls ihre Schiffe reparieren können.

Die Überbleibsel dieser Häfen sind nicht die einzigen Spuren, die wir von der Anwesenheit der Wikinger an diesen Küsten kennen. Wir haben die zementierten Mauern von Tutía erwähnt. Weitere Ruinen gleicher Art wurden in Maranhão, auf der Halbinsel gegenüber der Stadt São Luiz und auf der Insel Troína entdeckt. Auch auf der äußersten Spitze der Halbinsel Camocim in Ceará, 100 km von der Parnaiba-Mündung entfernt, fand man ähnliche Ruinen, deren nachkolumbianische Herkunft nicht festgestellt werden konnte. Wenn übrigens Franzosen, Holländer oder Portugiesen an diesen Küsten steinerne Befestigungen angelegt hätten, so wären sie erst seit Beginn des 17. Jahrhunderts dazu in der Lage gewesen, und die seit damals verflossene Zeit hätte nicht ausgereicht, um Bauten zu vernichten, deren Nutzen die einen wie die anderen veranlassen mußte, sie sorgsam zu hüten.

Wir müssen noch sieben Breitengrade weiter südlich gehen, um auf weitere Spuren von vorkolumbianischen Weißen zu stoßen, die heute zwar verwischt sind, für die es aber zuverlässige Zeugen gibt. Die Bucht von Todos os Santos (Allerheiligen), an der die Stadt Bahía liegt, stellt dank der ihr vorgelagerten Insel Itaparica eine der bestgeschützten Reeden der Welt dar. Pater Manoel de Nóbrega, der erste Jesuiten-Provinzial in Brasilien, weist in einem 1549 an seine Vorgesetzten gerichteten Brief darauf hin, daß es dort an verschiedenen Stellen Fußabdrücke im Felsen gibt, die er auf Pa'i Zumé zurückführt, den christlichen Priester, der auf seiner Reise nach dem Süden hier Station machte (wir werden uns im nächsten Kapitel mit ihm beschäftigen). Tatsächlich handelte es sich um Zeichen, die die Wikinger zur Kennzeichnung ihrer Wege benutzten. Der »weiße Apostel« hatte sie nicht hinterlassen, sondern war ihnen gefolgt, wie schon daraus hervorgeht, daß die künstlichen Fußspuren zum Meer hin gehen, von dem er kam. Ein Jahrhundert später erwähnt der Pater Lozano einen »Weg aus festem, reinem Sand, der ... eine halbe Meile tief ins Meer hineinführt«. Die Eingeborenen, die ihn als ein Wunder der fraglichen Persönlichkeit betrachteten, nannten ihn *Karaipe,* den »Weg des weißen Mannes«. Es muß sich um eine zur Abgrenzung des Hafens oder zum Anlegen ins Wasser der Bucht gebaute Mole gehandelt haben. Denn wenn die Reede auch gut geschützt ist, macht sich doch auf der riesigen Wasserfläche der Wellengang schon bemerkbar. Es ist nur logisch, daß die Wikinger, die dort einen ihrer wichtigsten Stützpunkte eingerichtet haben müssen, zum Schutz ihrer kleinen Schiffe vor Wind und Wellen eine Hafenanlage bauten, deren Damm noch im 17. Jahrhundert bestand. Andere Berichte über Spuren genauer definierten Ursprungs beziehen sich darauf, daß der dänische Anthropologe Peter W. Lund, der Entdecker des Lagôa-Santa-Menschen, in der ersten Hälfte des vergangenen Jahrhunderts an der gleichen Stelle eine Steinplatte mit Runen-Inschriften, von denen er einige Wörter entziffern konnte, sowie die Grundmauern von Häusern des Wikinger-Typs fand. Aber es handelt sich dabei nur um indirekte Berichte. Wir wissen nicht, wo sich die Platte, wenn es sie gegeben hat, befindet. Es wäre heute vergebene Mühe, in einem so bevölkerten Gebiet nach ihr zu suchen.

Folgt man der brasilianischen Küste weiter südlich, so stößt man in einer Entfernung von zehn Breitengraden auf die tiefe Bucht von Guanabara, an deren Einfahrt sich die Städte Rio de Janeiro und Niteroi gegenüberliegen. Im Süden der ehemaligen brasilianischen Hauptstadt reihen sich die weltberühmten Strandbäder von Copacabana, Ipanema und Leblon aneinander, denen am Fuß eines mit dichtem Urwald bedeckten Gebirges diejenigen von São Conrado und Barra de Tijuca folgen. Das fragliche Gebirge wird von einem riesigen nackten Felsen von 800 m Höhe beherrscht, der es wie eine Art Helmspitze krönt und als *Pedra da Gávea* bekannt ist. Die Nordwand dieses Felsens erscheint wie das Gesicht eines bärtigen Alten mit europäischen Zügen und einem Helm in Form eines gotischen Spitzbogens, der verschiedene Inschriften trägt, die wichtigste von etwa 30 m Länge, gut sichtbar, obwohl vom Wind und Tropenregen verwittert. Hermann Munk, der Runologe des von mir geleiteten Instituts für Menschheitswissenschaft in Buenos Aires, konnte die genaue Schreibweise – es handelt sich um Runen – ermitteln, sie entziffern, wobei ihm nur zwei Gruppen miteinander verbundener Schriftzeichen Schwierigkeiten bereiteten, und übersetzen: »Nahe diesem Felsen viele Eichenplanken für Schiffe auf grobem Sand- (oder Kiesel-) Strand.« Er mißt dem Ergebnis seiner philologischen Untersuchung eine Gewißheit von 80% bei. Zweifel daran könnten also nur auftauchen, wenn der Sinn der Inschrift keinerlei einleuchtende Beziehung weder zu den vermeintlichen Autoren noch zu ihrer Lage hätte. Das Gegenteil ist jedoch der Fall. Nichts wäre logischer, als daß die Wikinger an dem dafür bestgeeigneten Ort, zwischen ihren Stützpunkten von Bahía und Santos, ein Lager von Planken angelegt hätten, um ihre Schiffe instandzusetzen. Denn die Bucht von Guanabara besitzt gleichzeitig die Eigenschaften eines sicheren Anlegeplatzes und eines Binnenhafens von der Art, wie wir ihn weiter oben erwähnt haben. Die Inschrift scheint jedoch darauf hinzudeuten, daß es zu der Zeit, da sie gemacht wurde, keinerlei ständige Einrichtungen in einem Gebiet gab, das für sie nur als gelegentlicher Zufluchtsort galt. Statt einer Werft war nur ein Lager von Planken vorhanden, die im Notfall benutzt werden sollten und gut verborgen waren. Die Lage muß sich später geändert haben.

Einer anderen Runen-Inschrift begegnen wir in der Umgebung der alten Stadt Trindade, am Ende der Bucht der Ilha Grande, einem der besten Ankerplätze Brasiliens, 150 km südwestlich von Rio de Janeiro. Weiter gelangen wir an den Golf von Santos, wo man noch im 16. Jahrhundert die »Spuren des Apostels« sah. Es war, wie wir wissen, der Endpunkt zweier Abzweigungen des *Peaviru*. Die dritte erreichte den Atlantik etwas nördlich der Insel Santa Catarina, auf der sich heute die Stadt Florianópolis erhebt.

Zwischen diesen beiden Punkten erstreckt sich die Küste von Guayrá, die auf dem Globus von Vulpius aus dem Jahr 1542 den bezeichnenden Namen *Costa Danea* trägt, was im Latein der damaligen Zeit »dänische Küste« heißt.
Warum diese Serie von Häfen zwischen dem Amazonas-Delta und der Insel Santa Catarina? Die einzige Erklärung ist, daß zwischen diesen beiden Punkten ein ständiger Seeverkehr bestanden hat, der zahlreiche entsprechend ausgerüstete Zwischenhäfen erfordert, wo die Kapitäne der Wikinger-Schiffe gewiß sind, nicht nur Zuflucht, sondern auch die benötigte logistische Unterstützung zu finden. Aber dieser Verkehr hat einen Sinn nur in Verbindung mit Europa. Für Schiffe, die nicht gegen den Wind segeln können (und es ist natürlich unmöglich, sie über Tausende von Kilometern hinweg mit Rudern fortzubewegen), ist der alte Kontinent viel einfacher von den Häfen im Süden aus zu erreichen. Die Rückfahrt nach Amerika jedoch endet in der Amazonas-Mündung. Die herrschenden Winde und Strömungen haben also einen Dreiecksverkehr notwendig gemacht. Hinzu kommt noch die bereits erwähnte Unmöglichkeit, während der Regenzeit auf dem Amazonas nach Tiahuanacu zu gelangen.
Wo richten die Wikinger, nachdem sie einmal an den Ozean gelangt sind, ihre erste Werft ein? Die Logik verweist auf die Insel Santa Catarina, aber sie kann uns täuschen, da die verstandesmäßige Auswahl dieses Ausgangspunktes die damals noch nicht vorhandene Kenntnis des Südatlantiks voraussetzt. Wir wissen, offen gestanden, nicht einmal, ob der Bau des *Peaviru* damals schon abge-

schlossen ist. Die Konstruktion eines »Knörr« bietet keinerlei Schwierigkeit. Unter Viracochas Begleitern gab es Zimmerleute, und ihre Fachkenntnisse wurden von Generation zu Generation weitergegeben, da man ja auf dem Pazifik Schiffahrt trieb. Auch die Aufstellung einer Schiffsbesatzung warf daher kein Problem auf. So sticht also eines schönen Tages ein Schiff in See mit Ziel Europa. Wir haben für seinen Start keinen dokumentarischen Beweis und keinerlei Zeugnis. Aber wir wissen, daß es angekommen ist – in Dieppe in der Normandie.

Warum Dieppe? Weil die Wikinger logischerweise in das Land zurückkehren, aus dem ihre Vorfahren im Jahr 967 aufgebrochen sind. Das ist der Danelaw. Dort hat sich im Verlauf von fast zwei Jahrhunderten vieles verändert. Die Dänen wurden von den Angelsachsen vertrieben. Aber die Normannen eroberten das Gebiet im Jahr 1066, als in Rouen der von uns Guillaume genannte Herzog regierte, den jedoch der Wandteppich von Bayeux mit dem Namen Willelm bezeichnet. So kommt es, daß die Wikinger von Tiahuanacu in ein Land zurückkehren, das ihnen nicht fremd ist. Gewiß, die normannischen Herren sprechen nur noch französisch. Aber das Volk gebraucht – wie auch heute noch auf dem Land – ein *patois,* das aus einer Mischung von Dänisch und Angelsächsisch entstanden ist und von dem Schleswiger Dialekt nicht sehr verschieden gewesen sein kann, den die Neuankömmlinge benutzen. Man kann sich also leicht verständigen. England ist damals über den Zustand eines Agrarlandes noch nicht weit hinausgelangt, während die Normandie die Seefahrer-Tra-

dition ihrer Wikinger-Bevölkerung bewahrt hat. Beide Länder haben den gleichen Souverän. Es ist also begreiflich, daß das Schiff aus Amerika schließlich nach Dieppe geschickt wird, den der englischen Küste nächstgelegenen Normannen-Hafen, der enge Beziehungen mit Dänemark unterhält, so daß es an Dolmetschern nicht mangelt.
Die Wikinger von Tiahuanacu haben keinen Grund, vor ihren Vettern die Kenntnisse zu verheimlichen, die sie über Südamerika besitzen. Sie müssen im Gegenteil stolz gewesen sein, mit ihnen aufwarten zu können. Sie lassen also die Leute von Dieppe getrost die Karte kopieren, die sie aufgrund ihrer Erfahrungen während 150 Jahren Schiffahrt an den Küsten des Halbkontinents und der Erforschung eines Gebietes angefertigt haben, das sie im Westen der östlichen Anden-Kette besetzt halten und das sie mit Hilfe der ihnen verbündeten Indios im Norden und Osten, vom Orinoco bis zum Rio de la Plata, kontrollieren. Diese damals wirklich einzigartige Karte wird bald noch aufgrund von Informationen aus Skandinavien durch die Einzeichnung von Vinland ergänzt, d. h. des Gebietes, das in Nordamerika von den norwegischen Wikingern besiedelt oder erkundet wurde. Und sie sprechen von den ungeheuren Reichtümern, dem Gold, dem Silber und den wertvollen Hölzern, die ihr unermeßliches Reich birgt. Die Leute von Dieppe bewahren, den Sitten der Zeit entsprechend, ein Geheimnis, aus dem sie – nicht ohne Grund – eines Tages kommerzielle Vorteile zu ziehen hoffen. Aber sie sind nicht die einzigen, die es kennen.
In der Normandie ist im 12. Jahrhundert mehr noch als

anderwärts der Templer-Orden allmächtig. Offiziell im Jahr 1128 gegründet, hat sich nach einer gründlichen Vorbereitungszeit von zehn Jahren und mit der Unterstützung Bernhards von Clairvaux der »Orden der armen Glaubensbrüder Christi und des Tempels von Jerusalem«, dessen Mitglieder sich Tempel-Ritter, Brüder der Tempel-Ritterschaft, Glaubensbrüder Christi oder einfach Templer nennen, von Anfang an und bis kurz zuvor mit erstaunlicher Schnelligkeit entwickelt. Er hat nicht nur den französischen Königen von Jerusalem kriegserprobte Truppen zur Verfügung gestellt, die bis zum Schluß an allen Schlachten teilnehmen werden, sondern er hat sich auch im ganzen damaligen Europa niedergelassen, wo seine Komtureien von Tag zu Tag größer und zahlreicher werden. Diese Komtureien sind einerseits natürlich Festungen, aber auch Banken, die Anlagen in Geld und Waren entgegennehmen und die entgegen allen damals gültigen geistlichen und weltlichen Gesetzen, aber im Schutz der Souveränität eines Ordens, der formell keine andere Autorität als die des Papstes anerkennt, Geld gegen Zinsen ausleihen. Es gibt gute Gründe, zu den Kreditnehmern der Templer auch die Bischöfe und Stadtverwaltungen zu rechnen, die – von den Zisterzienser-Mönchen ermuntert – seit 1140 beginnen, gotische Kirchen und Kathedralen zu errichten. Nur der Templer-Orden besitzt in der damaligen Zeit die dafür notwendigen Geldmittel. Sie sind gewaltig, wenn man bedenkt, daß in weniger als hundert Jahren mehr als achtzig riesige Kathedralen und etwa siebzig kleinere Gotteshäuser gebaut werden. Woher kommt das Geld? Ganz gewiß nicht aus den Guthaben der Herren, die ihre Schätze der Obhut der Templer anvertrauen, und auch nicht von den Kaufleuten, die ihre Geschäfte lieber mit Wechseln als mit gemünztem Gold machen. Das Bargeld – und das waren Münzen, da das Papiergeld noch nicht erfunden war – war damals tatsächlich unglaublich knapp. Bis zu dem Tag, an dem der Templer-Orden das ganze Abendland mit Silbermünzen zu überschwemmen begann.

Wo kam das edle Metall auf einmal her? Die Münzen aus der Römerzeit waren schon längst abgenutzt. Mit den Kreuzzügen kommen einige Silbermünzen aus Palästina, wo sie mehr Wert als die aus Gold haben. Aber ihre Zahl ist verschwindend . In Europa ist nicht eine einzige Silbermine in Betrieb. Die deutschen sind noch nicht erschlossen, die russischen noch unbekannt. Trotzdem prägen die Komtureien des Ordens überall Münzen. Nicht aus Gold, sondern aus Silber. Es kommt aus Amerika. Das ist »das Geheimnis des Tempels«.

In Saint-Valéry-en-Caux, einige Kilometer südwestlich von Dieppe, besitzt der Orden einen Hafen, der für ihn von außerordentlicher Wichtigkeit ist, weil er ihm für einen Großteil seiner Verbindungen mit England dient. Dort kann die unvorhergesehene Ankunft eines Schiffes nicht unbemerkt geblieben sein, dessen Besatzung merkwürdig gekleidet ist und wahrscheinlich großartige Schmucksachen aus Gold und Silber besitzt. Die Templer setzen ihre Spione an. Ihre Geheimberichte können den Großmeister nicht übermäßig überraschen. Sie bestätigen nur viele Informationen, die er bereits über Byzanz und andere

Quellen erhalten hat. Sie beziehen sich auf die »neue Welt«. Wohl aber eröffnen sich hier unerwartete Perspektiven. Man nimmt also mit den Wikingern aus Südamerika Verbindung auf und handelt eine Übereinkunft aus. Mit seiner bereits bedeutenden Flotte befindet sich der Tempel in einer besseren Lage als einfache Fischer, die von der anderen Seite des Atlantiks erhaltenen Informationen auszuwerten. Nur hundert Jahre später werden die Reeder von Dieppe in der Lage sein, Handel mit Südamerika zu treiben. Und sie hüten sich wohl, dem Orden dort bei der Suche nach Edelmetallen Konkurrenz zu machen. Sie beschränken sich darauf, Ladungen von Brasil-Holz vom Amazonas in die Normandie zu bringen. Das interessiert ihre Nachbarn nicht. Der Tempel hat es eilig. Er beginnt sofort mit der Organisation eines Handelsverkehrs von La Rochelle aus, der den Historikern bisher mit der Frage, wozu er wohl gedient haben könnte, soviel Rätsel aufgegeben hat. Die Sache hat für den Orden eine derartige Bedeutung, daß die Schaffung einer Rangordnung gerechtfertigt wird, die – zumindest in seinem Bereich – derjenigen des Großmeisters übergeordnet ist. Das beweisen die Siegel vom *secretum Templi* (Geheimnis des Tempels), die von den Gendarmen Philipps des Schönen 1307 beschlagnahmt werden. Sie wurden kürzlich wiedergefunden. Eines von ihnen zeigt einen typischen Indio Amerikas.

Der in Dieppe hergestellte Kontakt mit den Templern gestattet uns eine ungefähre Zeitbestimmung der ersten Wikinger-Reise zurück nach Europa. Mit dem Bau der ersten gotischen Kirchen wird, wie bereits erwähnt, um

1140 begonnen. Aber schon 20 Jahre später, nachdem es gelungen ist, die unerläßliche Finanzierung zu sichern, unternimmt man die Errichtung der großen Kathedralen. Der 1128 gegründete Orden hat einige Jahrzehnte gebraucht, um seine wichtigsten Komtureien, einschließlich derjenigen von Saint-Valéry-en-Caux, zu errichten, und es fehlen noch einige Jahre mehr, bis er in Südamerika, wo die Ausbeutung der Silberminen in Gang zu setzen ist, die ersten Silberladungen abholen kann. Es ist also um das Jahr 1150, daß das erste Wikingerschiff aus Tiahuanacu in der Normandie landet.

In Peru gibt es, ohne von Kupfer und Zinn zu sprechen, Edelmetall im Überfluß. Wir kennen leider nur die inkaische Metallurgie, d.h. einer Epoche, die sich dem alten Reich gegenüber in Dekadenz befindet und nur noch Kupfer gewinnt, während die Bearbeitung von Eisen in Vergessenheit geraten ist. Das Silber kommt aus Minen, deren wichtigste zumindest in der Gegend von Porco, am Ostabhang der bolivianischen Anden, liegen. Die Spanier werden sie später Sierra de la Plata (Silbergebirge) nennen. Hier liegt das große Dorf Charcas, das später den Namen Villa de Plata oder Villa de la Plata (Silberstadt) annimmt, nicht weit von dem Berg Potosí entfernt, der von der Konquista nicht ausgebeutet wurde,aber später über Jahrhunderte hinweg unschätzbare Reichtümer zutage förderte. Um das Mineral zu schmelzen, werden in der Inkazeit mit Holzkohle befeuerte Öfen benutzt, deren Feuer durch große Blasebalge verstärkt wird. Diese letzteren, die große Kraftanstrengung erfordern, werden häufig durch zwei besonders erfindungsreiche Verfahren ersetzt. Das einfachste der beiden besteht darin, auf dem Gipfel der Berge oder an ihren Abhängen, wo starker Wind weht, mit Löchern versehene Öfen anzulegen. Das andere, weiter verbreitete, benutzt auch den Wind, der durch entsprechend ausgerichtete Windfänger aus Leder dem Feuer zugeleitet wird. Wir wissen nicht, ob es sich dabei um von den Templern importierte Technologie handelt, oder ob diese Verfahren von den Wikingern oder gar den Indios, denen die Goldschmiedekunst schon vor der Ankunft Viracochas nicht unbekannt war, erprobt und entwickelt wurden.

Sicher ist, daß die Arbeit in den Minen, wenn es sie gab (denn es ist auch nicht ausgeschlossen, daß nur – wie in Mexiko – an der Oberfläche liegende Adern ausgebeutet wurden), sehr begrenzt war, besonders in bezug auf die Edelmetalle – edel für uns, während sie an ihrem Ursprungsort wenig gefragt waren. Die Lage wandelt sich, als es sich darum handelt, eine für den Export bestimmte industrielle Produktion aufzuziehen. Die Lagerstätten müssen gefunden und erschlossen, die hydraulischen Gesteinsmühlen und Schmelzöfen gebaut, die nötigen »Ingenieure« und Facharbeiter bereitgestellt, d.h. fachlich vorgebildete Belegschaften zusammengestellt werden, die auf dem Altiplano nicht vorhanden und auch nicht aus dem Boden zu stampfen sind. Der Tempel läßt das Wikinger-Schiff auf seiner Rückreise wahrscheinlich von einem eigenen begleiten, das die ersten Fachleute nach Amerika bringt. Die in Frankreich aufgetriebenen reichen indes bei

weitem nicht aus. Man holt Bergarbeiter und Schmelzer aus Deutschland und bringt sie nach Les Charbonniéres in der Gegend von Toulouse, einem alten römischen Bergwerk, das, seit Jahrhunderten erschöpft und aufgegeben, als Vorwand dient. Hier werden die Fachleute ausgewählt und ausgebildet, die unter scharfer Bewachung unter völliger Abschließung von der Außenwelt gehalten werden, bis man sie nach Peru schickt. Es wird eine Schmelzanlage eingerichtet, die 150 Jahre lang ein Metall mysteriöser Herkunft erzeugt. In der Umgebung werden die Komtureien von La Coume Sourdre und L'Ermitage ebenso wie deren Vasallen, die Herren von Bézu auf einer uneinnehmbaren Festung, die sich neben der Templer-Straße nach Portugal erhebt, Münzen prägen. – In Porco in den Anden werden die ersten Stollen in den Berg getrieben, und das Mineral beginnt sich auf den Halden an den Schachtausgängen zu häufen.
Dies Mineral könnten die Templer natürlich auch sofort an Ort und Stelle verarbeiten. Befürchten sie eine zu genaue Kontrolle durch die Wikinger? Oder möchten diese auf ihrem Kerngebiet die Zahl der ausländischen Techniker so niedrig wie möglich halten? Tatsache ist, daß Karawanen von Indios, wahrscheinlich mit der Hilfe von Lamas, auf dem nördlichen *Peaviru* bedeutende Mengen von Mineral oder bereits zum Teil raffinierten Metalls nach dem Cerro Corá in Paraguay zu schleppen beginnen, wo sich der Itaguambypé (Guaraní: Festung) erhebt, der die Straße an einem Punkt von lebenswichtiger Bedeutung beherrscht. Am Fuß dieses eindrucksvollen Bauwerks, von dem noch

eine im reinsten Tiahuanacu-Stil errichtete Mauer von 300 m Länge, 10 m Höhe und einer Breite von 3 m erhalten ist, fließt ein Bach, der Aquidabán-Nigui. Sein Lauf wird von einem kleinen Wasserfall unterbrochen, an dessen Seite sich die Ruinen eines 16,80 m langen Gebäudes befinden. Dort richten die Templer ihre Schmelzerei ein, wie eine Gießform ohne den geringsten Zweifel zu schließen erlaubt, die inmitten der Mauerreste gefunden wurde. Aus dieser Form gingen Barren von Edelmetall hervor, die in ihrer Form ganz und gar denjenigen gleichen, in denen heute die Reserven unserer Staatsbanken aufbewahrt werden. Auf dem einige Dutzend Kilometer entfernten Cerro Kysé in der Nähe eines Heiligen Hains nordischer Art und des Hügels Yvyty Perö, der sich über einem gewaltigen unterirdischen Gewölbe erhebt, das noch nicht geöffnet werden konnte, aber eine Wikinger-Totenstadt zu beherbergen scheint, sieht man zwischen in den Stein gehauenen Runen-Zeichen esoterische Templer-Symbole eindeutiger Herkunft. Erwähnen wir noch, daß es in Paraguay keinerlei Silbervorkommen gibt, und daß die Guaraní, obwohl ihre Sprache (freilich künstlich gebildete) Wörter zur Bezeichnung der verschiedenen Metalle kennt, von ihrer Bearbeitung keine Ahnung hatten. In beständige und leicht zählbare Barren verwandelt nimmt dann das Silber – vielleicht auch Gold, aber in geringeren Mengen – seinen Weg zum Atlantik, wo es auf die Templer-Schiffe nach Europa verladen wird.

Doch bald treten Schwierigkeiten auf. Haben sich die Minen im Tal von Charcas, obwohl sie unerschöpflich sind, und die Schmelzhütte vom Cerro Corá für den ständig wachsenden Bedarf der Templer als unzureichend erwiesen? Liegen diesen die Häfen von Santos und Santa Catarina zu weit ab? Oder mißbrauchen etwa diese merkwürdigen Gottesmänner schon ihre Anwesenheit im Kernland des Imperiums und vor dessen Toren, um Unruhe zu schüren, so daß die Wikinger es für angebracht halten, sie zwar nicht zu entfernen, aber doch ihre Betätigung in einem strategisch wichtigen Gebiet einzuschränken? Jedenfalls werden neue Lagerstätten in Betrieb genommen, und zwar 800 km Luftlinie südlich des Amazonas im heutigen Staat Piaui. Er wird vom Parnaiba durchflossen, an dessen Mündung, wie wir gesehen haben, sich ein ausgezeichneter Hafen befindet. Heute ist dies das ärmste Gebiet ganz Brasiliens. Die Bevölkerung – Mestizen, viele von ihnen mit goldblondem Haar – leben von der Hand in den Mund. Ziegen und Maniok-Anpflanzungen sorgen gerade eben dafür, daß sie nicht verhungern. Aber das war nicht immer so. Als die Portugiesen in der zweiten Hälfte des 17. Jahrhunderts hierher kamen, fanden sie eine große Zahl stillgelegter Minen vor, vor allem in der Serra do Sumidouro, wo man zahlreiche in das silberhaltige Gestein getriebene Stollen sehen kann. Wahrscheinlich wurden die Wikinger auf die Lagerstätten von den Guaraní aufmerksam gemacht, die sie an der Küste angesiedelt hatten. In diesem Randgebiet des Reiches war die Anwesenheit der Templer nicht so gefährlich wie in den Anden. Die Einrichtung einer militärischen Niederlassung reichte aus, um sie zu überwachen und die Ordnung zu sichern.

Die Minen von Piaui sind jedoch längst nicht so ergiebig wie die des Silber-Gebirges. Sie gehen schnell zur Neige. Nun weiß man aber, daß es weiter südlich Berge mit gewaltigen Silber-Vorkommen gibt. Sie erheben sich (bis zu 300 m ü. d. M.) am Rand einer riesigen Lagune, die aus verschiedenen Seen und Sümpfen besteht und sich nur im Winter ganz mit Wasser füllt. Sie wird von dem schiffbaren Opala durchflossen, der von Süden kommend in den Ozean mündet. Es ist der heutige São Francisco, auf dem noch immer große Flußboote zu sehen sind, die nach ihrer Form, ihrer Bauart und ihren Galionsfiguren unweigerlich die Erinnerung an die Schiffe der Wikinger wecken. Aus der Lagune wird noch ein weiterer Fluß gespeist, der in den Piaui, einen Nebenfluß des Parnaiba, mündet. Während der Regenzeit wird er schiffbar. Es ist das die einzige Jahreszeit, in der die Bergbauprodukte von der Großen Lagune auf dem Flußweg transportiert werden können.
Um die Arbeit in den Minen während des ganzen Jahres zu ermöglichen, muß die Lagune – die Guaraní der Gegend nennen sie *Upa-Assu* – trockengelegt werden. Dazu genügt es, die Bodenschwelle zu senken, über die der Opala-Fluß aus der Lagune austritt. Templer und Wikinger machen sich ans Werk. Bald leiten fünf symmetrische Kanäle das Wasser in ein aus dem Felsen gehauenes viereckiges Bekken von 50 m Tiefe. In kurzer Zeit bleibt von der Großen Lagune nichts anderes übrig als der Fluß in ihrer Mitte, der heutige São Francisco. Man bekommt so einen ständigen Verbindungsweg zwischen einem ungewöhnlich ergiebigen Bergbaugebiet und dem Atlantik, wo in Piaçabuça oder

Penedo ein Hafen angelegt wird. Der neue Schiffahrtsweg verbindet nicht nur die Silberminen von *Upa-Assu* mit dem Ozean, sondern auch das Gebiet des heutigen Staates Minas Gerais im Süden. Hier gibt es unzählige Minen aus vorkolumbianischer Zeit, und hier stießen auch die Portugiesen im 16. Jahrhundert auf einen Stamm »weißer Indianer«, die hellhäutigen Molomaque. Die Männer trugen Bärte, und die Frauen waren – nach einer zeitgenössischen Schilderung – »so weiß wie Engländerinnen mit goldenem, platin- oder kastanienfarbigem Haar«. Sie hatten »feine Gesichtszüge, kleine Hände und Füße und schönes seidiges Haar«. Verzeichnen wir noch, daß die Guaraní dieses Gebietes – wie ihre Stammesbrüder in Paraguay – in ihrer Sprache eigene Bezeichnungen für die Metalle haben, die sie nicht verwerten, künstliche Bezeichnungen wie im Süden, aber von diesen verschieden.

Fast 150 Jahre lang kommen die Templer-Schiffe nach Santos in der Mündung des Parnaiba und nach derjenigen des São Francisco, um das Silber der südamerikanischen Minen zu laden. Sie verdanken den Wikingern nicht nur die Kenntnis derselben, sondern auch die Konzession zu ihrer Ausbeutung und die dafür unentbehrlichen eingeborenen Arbeitskräfte. In was besteht ihre Gegenleistung? Die Wikinger sind in Europa Krieger, Seefahrer und – wenn sich die Gelegenheit bietet – Seeräuber, aber sie sind auch Kaufleute. Ihren Nachkommen in Amerika fällt nicht im Traume ein, den Fremden, und noch dazu Christen, zu denen sie kein besonders gutes Verhältnis haben, irgendwas zu schenken, schon gar nicht ein Metall, für das sie zwar nicht allzu viel Verwendung haben, dessen ungeheuren Wert in Europa sie jedoch sehr genau kennen, und dessen Produktion mit schwerer Arbeit verbunden ist. Sie werden es also gegen irgend etwas eintauschen.

Aber was haben die Templer für das begehrte Silber zu bieten? Vielleicht einige Luxusartikel, feine Gewebe und Weine zum Beispiel. Möglicherweise auch Waffen. Pferde und Kühe anscheinend nicht, denn nach den Rassen der Tiere zu urteilen, die zwischen den Runen-Inschriften von Cerro Guazú in Paraguay abgebildet sind, beziehen sie diese Tiere seit 1250 von den Normannen im Austausch gegen Brasil-Holz. Wie dem auch sei, reichen all diese Tauschgüter nicht aus, um ihren gewaltigen Überschuß im Außenhandel mit den Templern auszugleichen. Man muß nach anderem suchen. Wir fanden es in der Tatsache, daß im 12. und 13. Jahrhundert in Tiahuanacu und an anderen Orten des Wikinger-Reiches Tempel, Paläste und Burgen gebaut wurden, die – wie wir gesehen haben – nicht nur die Ausbildung eingeborener Fachkräfte, sondern auch eine Technik und eine Kunst erfordern, die die Wikinger nicht beherrschen. Dies ist das Geld, mit dem die Templer zahlen: Baumeister, Steinmetze, Bildhauer und Metallurgen. Wir werden im nächsten Kapitel sehen, daß dies nicht bloß eine Vermutung ist.

Aber welche Beweise gibt es überhaupt für die Anwesenheit der Wikinger in Piaui? Gewiß ist es logisch, die Errichtung von Häfen, deren Spuren noch heute zu sehen sind, ihnen statt den Eingeborenen Brasiliens zuzuschreiben, von denen wir wissen, daß sie dazu nicht fähig waren. Das mag sogar auch für die Ausbeutung von Bergwerken gelten. Aber auf die Logik allein dürfen wir uns auf diesem Gebiet nicht verlassen. Doch sie hinterließen bei dem Werk gewissermaßen ihre Visitenkarte.

Als die Nordmänner von Tutóia aus, dem heutigen Parnaiba, mit der Untersuchung der Edelmetallvorkommen der Gegend begannen, erwartete sie eine Überraschung. In einer Entfernung von 130 km Luftlinie nämlich standen sie plötzlich in einer »verzauberten Stadt«, wie die wenigen Bewohner der Gegend den Ort noch heute nennen. Da gab es Mauern, eine Festung mit Kanonen, ein Schloß, in dessen Bibliothek dickleibige Bücher in Regalen stehen, Häuser am Rand von Straßen und Plätzen. Der Ort ist unter dem phantasievollen, ans Mittelalter erinnernden Namen *Sete Cidades* (Sieben Städte) noch heute eine Attraktion des Fremdenverkehrs. In Wirklichkeit handelt es sich um Felsblöcke, die durch Verwitterung und Erosion diese phantastischen Formen angenommen haben. Und diese Felsgruppe hat eine derartig frappante Ähnlichkeit mit den Externsteinen im Teutoburger Wald, der berühmtesten Kultstätte im alten Germanien, daß die Wikinger, denen das Heiligtum in Europa aus der Überlieferung natürlich bekannt war, dies als Zeichen nahmen. Sie richteten hier eine eigene Kultstätte ein, die mit ihren religiösen Zeremonien bald zu einer Art Wallfahrtsort wurde.

In Sete Cidades sehen wir noch heute von Menschenhand geschaffene Statuen: einen bärtigen Mann mit gerader Nase und wie zum Schrei geöffnetem Mund auf einer Säule, die auf konischem Sockel ruht, einen gleichfalls bärtigen Kopf mit Stülpnase und Seemannsmütze, einen mittelalterlichen Reiter, dessen sich aufbäumendes Pferd eine jener langen Satteldecken aus Tuch trägt, wie sie damals gebraucht wurden, und dessen Hand auf dem Griff eines am Sattelbogen aufgehängten Schwertes ruht, und eine Art Ikarus in etwas surrealistischer Auffassung. Überall sind an mehr oder weniger glatten Wänden Inschriften und Zeichnungen zu sehen, die man, bis wir sie untersuchten, vielleicht für von Indianerhand hingekritzelte Krähenfüße gehalten und jedenfalls nicht weiter beachtet hatte. Die Zeichnungen sind jedoch ausgesprochen nordischer Auffassung und die Schriftzeichen Runen. 17 Inschriften konnten von Hermann Munk entziffert werden. Sie reichen von einfachen Eigennamen, mit denen sich Touristen zu allen Zeiten gern an besonderer Stelle verewigen, bis zu langen in Schleswiger Dialekt niedergeschriebenen Sätzen. Zum Beispiel: »Kleine Waldfee des Ulf, Hüter des Heims, listig und zornig wie der göttliche Elch und ein (Kopf-) Zerbrecher.« – »Inkas in Waffen gehend.« – »Die intelligenten Bärtigen an ihrem Wohnsitz in der Ebene.« Drachenschiffe, Lebensbäume mit dem Adlernest, das in der germanischen Mythologie Walhalla versinnbildlicht, Hammer des Thor, eine Sirene und gehörnte Teufel bestätigen eine Herkunftsbestimmung, an der schon die Inschriften allein keinerlei Zweifel lassen.

Auf einer kleinen Steinplatte ist über einem Lebensbaum mit Ästen von äußerster Regelmäßigkeit (ähnlich dem in der Wikinger-Poststation von Yvytyruzú in Paraguay) eine Zeichnung zu sehen, die in ihrer Auffassung genau dem

Lageplan entspricht, der an dem genannten Ort in Paraguay in gleicher Position gefunden wurde. Es ist eine geometrische Darstellung, in deren Mitte sich ein Kreis befindet. Von ihm gehen sechs gerade Linien verschiedener Länge aus, die, von Sete Cidades aus gesehen, in die Richtung von sechs damals wichtigen Punkten des Gebietes weisen. Vom Paranaiba angezogen, dessen Wassermassen darauf hindeuteten, daß er von sehr weither kommen müsse, hätten sich die Wikinger wahrscheinlich damit begnügt, die Silbervorkommen des Gebietes von den Indios ausbeuten zu lassen. Jetzt aber erschienen ihnen die heiligen Steine von Sete Cidades wie ein Göttergeschenk: die Externsteine gewissermaßen im Großformat, wie es ihrem Reich in Südamerika entsprach. Sie würden es ihnen gestatten, den Kult Odins und Thors in alter Reinheit und mit neuem Glanz wiederherzustellen. Die Wallfahrer strömten herbei. Es waren keine Heiligen, sondern Eroberer. Die Männer von Tiahuanacu erforschten die Gegend, entdeckten den Opal (São Francisco), die Große Lagune und ihre Schätze, mit deren Hebung sie alsbald begannen. Durch Sete Cidades wurde der brasilianische Nordosten zu einer wohlhabenden Kolonie, deren Bedeutung später die gewaltigen Arbeiten zur Entwässerung der Großen Lagune rechtfertigte. Es fehlten weder Arbeitskräfte noch Anführer. An der heiligen Stätte jedoch, die von der Natur derjenigen so ähnlich gemacht worden war, die ihre Vorfahren in Europa zurückgelassen hatten, sollte durch Bauten aus Stein nichts verändert werden. Die Wikinger beschränkten sich nach den Sitten und Gebräuchen ihres

Herkunftslandes darauf, Bauten aus Holz zu errichten. Aber die *godhar* (Priester) und die Pilger bearbeiteten einige Felssteine und bedeckten mit ihren Inschriften, darunter auch solchen von einer gewissen Bedeutung, die Wände, die sich ihnen dazu anboten. Unter ihnen befand sich auch ein gewisser Ulf, einer der Wächter dieser Hochburg des Abendlandes in Südamerika.

IV.

DIE CHRISTIANISIERUNG

Seit der Landung des Viracocha in Ilo sind etwa 250 Jahre vergangen. Das Reich von Tiahuanacu befindet sich auf seinem Höhepunkt, in fester Hand vom Maule-Fluß in Chile bis zum brasilianischen Orinoco, vom Pazifik bis zum Atlantik. Die wichtigsten Gebäude seiner Hauptstadt und anderer Ortschaften sind schlicht und doch eindrucksvoll errichtet. Die Silberminen der Kordillere und des brasilianischen Nordostens befinden sich in voller Ausbeutung. Die normannischen Schiffe beginnen, in der Amazonas-Mündung das als Farbstoff begehrte Brasil-Holz zu laden, dessen Einfuhr die Bücher der Zollbehörden von Dieppe, Caen und Barfleur vermerken. Nach den von uns schon früher angewandten Schätzungs-Maßstäben gibt es jetzt ungefähr 150000 Wikinger, von denen einige in den Städten und militärischen Stützpunkten konzentriert sind, die anderen über ganz Südamerika verstreut leben, wo sie die Eingeborenen-Truppen führen und die Provinzen und Häfen verwalten.
Ein Schiff mit dem Templer-Kreuz auf seinen Segeln fährt vom Amazonas-Delta, wohin es Wind und Strömung geführt haben, die brasilianische Küste herunter. Um seinen ganz besonderen Auftrag den mißtrauischen Wikingern nicht zu verraten, fährt es wahrscheinlich an den Häfen des Bergbaugebietes vorbei. Denn südlich des Ama-

zonas haben die Überlieferungen der Eingeborenen nur in Bahía die Erinnerung an dieses Schiff bewahrt. Nach verschiedenen Monaten ununterbrochener Seereise muß es Frischwasser und Lebensmittel aufnehmen. Das geschieht in einer einsamen Bucht, die nur den kleineren Wikingerschiffen auf ihrer Fahrt nach Süden als Versorgungsstützpunkt dient. Die Verbindungen von hier nach Tiahuanacu sind lang und dürftig. Die Wikinger-Offiziere des Stützpunktes müssen überrascht gewesen sein, an Bord ganz andere Passagiere anzutreffen als die Handwerker, die üblicherweise mit den Templer-Schiffen nach Südamerika reisen. Sie sehen sich Männern gegenüber, die in lang wallende weiße Gewänder mit dem roten Templer-Kreuz auf der Brust gehüllt sind. Sie werden bald von sich reden machen.

Wenn der Aufenthalt in der Mündung des Amazonas kurz war – es liegt darüber nur ein einziges indirektes Zeugnis vor, das dem Pater del Techo von brasilianischen Händlern berichtet wurde, die es ihrerseits von Indios des Gebietes gehört hatten –, so dehnte sich derjenige in Bahía aus, sei es,daß die Reisenden unter Skorbut litten, sei es, daß ihr Schiff beschädigt war. Alle gehen von Bord. Die Seeleute vergnügen sich auf ihre Art. Aber die Geistlichen des Tempels – und um solche handelt es sich – benutzen ihren Aufenthalt, um die Eingeborenen mit dem christlichen Katechismus zu bearbeiten. Vielleicht ist einer von ihnen schon auf einer früheren Reise als Handwerker getarnt mit dabei gewesen, so daß er die Sprache der Guaraní beherrscht. Solange sie sich darauf beschränken, von Gott zu sprechen, nimmt niemand daran Anstoß. Die Heiden sind in dieser Beziehung stets sehr tolerant gewesen. Ihre praktischen Ratschläge für den Anbau von Manioka und für die Zubereitung jener schmackhaften Suppe aus Maniokamehl, die die Franzosen *cassave* und die Guaraní *tapioca* nennen, werden von allen gern entgegengenommen und beherzigt.

Das wird jedoch ganz anders, als sie sich in die Sitten und Gebräuche der Eingeborenen, besonders die Vielweiberei, einmischen. Diese letztere ist nämlich ein Erfordernis des Lebens von Kriegervölkern, bei denen es stets weniger Männer als Frauen gibt, diese aber zum Überleben eines Gatten bedürfen. Für christliche Priester jedoch handelt es sich um die reinste Unmoral. Der Superior der frommen Brüder wird den Eingeborenen mit seinen Moralpredigten unerträglich. Eines schönen Tages versuchen sie ihn umzubringen. Er flieht, und da taucht – o Wunder! – aus den Fluten jener *Karaipe,* der »Weg des weißen Mannes« der Überlieferung, auf und läßt ihn seinen Feinden entrinnen. Nüchterner ausgedrückt, läuft der Kaplan die uns bekannte Hafenmole entlang um sein Leben und erreicht das rettende Schiff, ehe ihm die unbelehrbaren Wilden etwas anhaben können.

Die nächste Station des Templerschiffes ist nach der Überlieferung Kap Frio, 200 km nördlich von Rio de Janeiro, wo keinerlei Zwischenfall verzeichnet wird. Auch die Ausschiffung in Santos verläuft reibungslos. Ohne längeren Aufenthalt ziehen die Missionare landeinwärts in den Urwald. Später wird der »Apostel« (den die Portugiesen

und Spanier zum Heiligen Thomas machen) mit den Fußabdrücken im Felsgestein – wieder ein Wunder! – in Zusammenhang gebracht, die man in Bahía, Cabo Frio, Santos und vielen anderen Orten findet. Diese Fußspuren sind – wir wissen es schon – von den Wikingern in Fels gehauen oder auf diesen gemalt worden. Manchmal sind sie, wie im Tal des Paraíba, das nur etwa 60 km von Cabo Frio (Kaltes Kap) entfernt verläuft, von Schriftzeichen begleitet, die für die Portugiesen unverständlich sind. Es sind nichts anderes als die Wegweiser, die die Wikinger überall zur Markierung ihrer Straßen verwendeten.
Über den im Golf von Santos beginnenden *Peaviru* gelangen die Ordensbrüder nach Guayrá. Die von den ortsansässigen Guaraní gepflegten und bewachten Straßen bieten den Reisenden Herbergen, die gleichzeitig als Unterkünfte für die ständigen Wachen dienen. Ihre Besatzungen bestehen aus Eingeborenen und den Wikinger-Offizieren, die wie ihre indianischen Soldaten mit ihren Familien zusammenleben. Bis zu der Schmelzhütte vom Cerro Corá zumindest haben die Templer freien Durchgang. Als die Reisegesellschaft jedoch das Dorf erreicht, das noch heute den Namen (in alter Schreibweise) Peabiru trägt, verläßt sie den zu belebten direkten Weg – hier ziehen die mit Silberbarren beladenen und von Wikinger-Wachen begleiteten Lama-Herden zur Küste – und erreicht über einen Nebenweg die Mündung des Yguazú, d.h. den südlichen Hauptweg, der über die Station von Yvytyruzú nach Paragua'y führt.
Einige Kaplane müssen jedoch in der Gegend geblieben

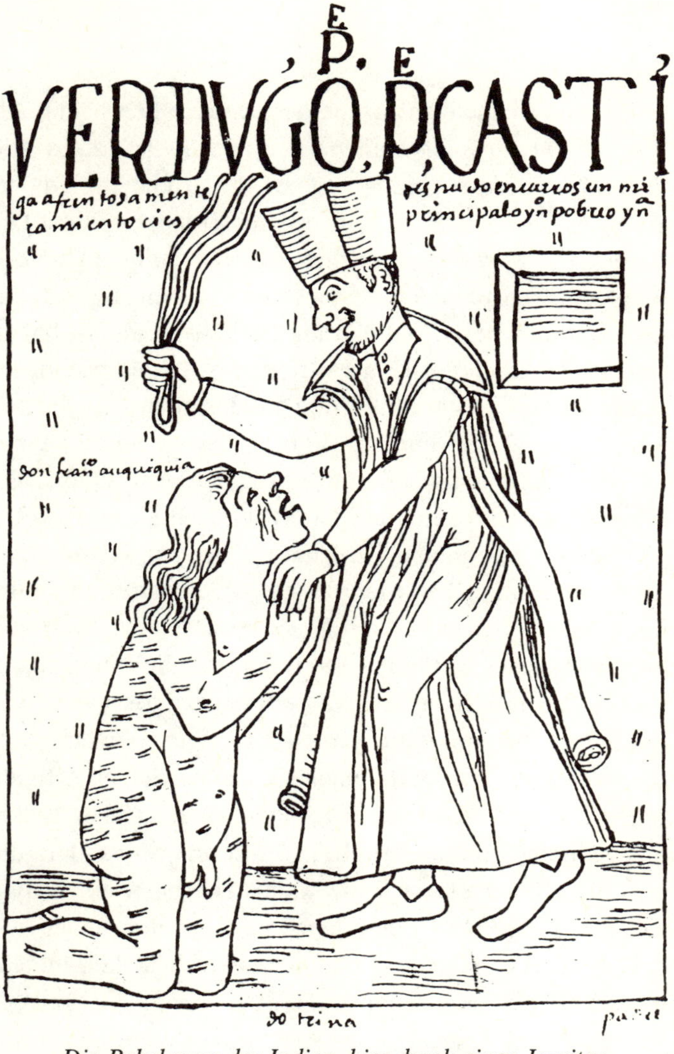

Die Bekehrung der Indios, hier durch einen Jesuiten nach der spanischen Konquista. Die Methoden des Pater Gnupa sind wahrscheinlich auch nicht sanfter gewesen. Zeichnung Guaman Poma de Ayala.

sein, wenn sie nicht später hierher zurückgekehrt sind. Als nämlich die Spanier kamen, bewahrten die Indios von Guayrá noch die Erinnerung an die frommen Brüder, deren Anführer sie Pa'i Zumé (Vater Zumé) nannten. Die spanischen Missionare machten daraus Tomé (Thomas) und identifizierten ihn mit dem gleichnamigen Apostel, der nach katholischer Überlieferung Ostindien bekehrt haben soll. Im Glauben der Guaraní finden sich noch wichtigere Spuren des Christentums, die die Jesuiten, als sie sich Anfang des 17. Jahrhunderts in Paraguay niederließen, mit Überraschung und nicht ohne Vorbehalte feststellten. »Es scheint«, schreibt Pater de Charlevoix, »daß sie eine leichte Vorstellung von einem Gott haben, der zur Rettung des Menschengeschlechts Mensch geworden ist; denn eine ihrer Überlieferungen besteht darin, daß eine Frau von ungewöhnlicher Schönheit, ohne jemals mit einem Mann zusammengewesen zu sein, ein wunderschönes Kind empfing, das, ins Mannesalter gelangt, viele Wunder vollbrachte, Tote wiederauferstehen, Lahme gehen, Blinde sehen ließ und sich eines Tages vor einer großen Volksmenge in den Himmel erhob, in die Sonne verwandelt, die uns alle erleuchtet ... Diese Indios erkennen eine große Zahl von Göttern an, unter denen sie drei hervorheben, die größer als alle anderen sind und eine Dreieinigkeit bilden, bestehend aus Vater, Sohn und Geist ... Es ist die Frau des Vaters, genannt Quipoci, die Mutter des Sohnes wird und doch Jungfrau bleibt ... der Vater ist der Gott der Gerechtigkeit und bestraft die Bösen; der Sohn, seine Mutter und der Geist treten als Vermittler für die Schuldigen auf«.

Die Bekehrung der Indios, hier durch einen Augustiner-Mönch nach der spanischen Konquista. Zeichnung Guaman Poma de Ayala.

Und der Pater Lozano fügt hinzu: »... man kann nicht sagen, daß es gewiß und kein Arg dabei sei, weil Zeugen aus jener Zeit fehlen, die es bestätigen; aber es ist unleugbar, daß die ständige und einheitliche Überlieferung der verschiedensten Leute dieser neuen Welt, die Zeichen und Spuren und der Name des Apostels, der ihnen seit undenklicher Zeit bekannt ist, diese Ankunft höchst wahrscheinlich machen ...«

Schon 1613 schrieb Pater Giuseppe Cataldino, der erste Jesuit, der nach Guayrá gelangte, an seinen Provinzial: »Viele Dinge haben mir diese Indios von Anfang an vom glorreichen Apostel, dem Heiligen Thomas erzählt, den sie Pay Zumé nennen, und ich habe sie nicht früher berichtet, weil ich mich versichern und die Wahrheit herausfinden wollte. Die alten Indios und Hauptkaziken sagen also, daß sie es durch die von den Vätern auf die Söhne überkommenen Überlieferungen für ganz gewiß halten, daß der glorreiche Heilige Thomas, der Apostel, aus Asien über das Meer Brasiliens in ihr Land kam und ... ihren Vorfahren viele Dinge sagte, die da kommen würden, darunter die folgenden: es würden Priester in ihre Länder kommen, einige nur vorübergehend, um später wiederzukehren; aber andere Priester würden mit Kreuzen in der Hand kommen, und die würden ihre wirklichen Väter sein und immer bei ihnen bleiben und würden sie lehren, wie sie sich retten und Gott dienen könnten ... Er sagte ihnen auch, daß, wenn diese Priester hierher kämen, sie sich untereinander sehr lieben und mit den Kriegen aufhören müßten, die sie einer gegen den andern führen. Jeder dürfte dann nur noch eine einzige Frau haben, mit welcher diese Pater sie dann trauen würden ... daß sie keine Indianerinnen in ihrem Haus zur Bedienung haben dürften und daß sie Röcke tragen müßten, daß sie alles essen dürften, was sie hätten, aber keinen Wein trinken ...«

Was da der Pa'i Zumé vorhergesagt haben soll, dürfte den Guaraní nicht sonderlich behagt haben. Besonders nicht das mit der zwangsweisen Einehe. Sie gaben nämlich den Missionaren des 17. Jahrhunderts den gleichen Beinamen wie ihrem Vorgänger: Pa'i Avaré. Pater Ruiz de Montoya erläutert, daß dieser Ausdruck in Lateinisch bedeutet: *homo segregatus a venere,* der dem Geschlechtlichen abgewandte oder kurz: der keusche Mann. Das ist in der damaligen Sprache der Gebildeten recht euphemistisch ausgedrückt. Denn Pa'i Avaré bedeutet schlicht und bei allem Respekt nichts anderes als »schwuler Pater«. Montoya war das nicht unbekannt, da er zugab, daß »die Zauberer und Medizinmänner, die uns gewöhnlich das Evangelium bestreiten, uns zum Schimpf abaré nennen«. Und er erklärt auch, warum: »Die Tugend der Jungfräulichkeit, der Keuschheit und des Zölibats ist bei ihnen derartig unbekannt, daß sie sie für ein Unglück halten und für ein großes Glück, Frauen im Überfluß, viele Kinder, Dienstmädchen und Angehörige zu haben.« Der gute Pater fügt nicht ohne Grund hinzu, daß die Tatsache, daß die Indios dem Pa'i Zumé den Beinamen Pay Abaré gegeben haben, der Beweis dafür ist, daß es sich um einen christlichen Priester gehandelt habe. Niemals hätten die »Alten, die Zauberer und Medizinmänner, die das Wort Pay für sich in Anspruch nahmen«, dasselbe mit dem Wort »abaré« getan, das ein Schimpfwort war. Dieser Beiname trägt zum Verständnis der Tatsache bei, daß die Templer-Kaplane bei den Guaraní niemals größeren Erfolg hatten. Später verschönerten sie die Erinnerung an sie, um bei den Spaniern einen guten Eindruck zu machen. Aber in der Zeit, als sie bei ihnen waren, bereiteten sie ihnen alle nur möglichen Ungelegenheiten und versuchten mehr als einmal, sie »mit Pfeilen zu beschießen«, wie der Pater de Nóbrega 1552 berichtet. Den Brüdern gelang es jedoch damals oder später, einige Eingeborene zu bekehren wie jenen Etiguara (Guaraní: der Dichter), der nach der Überlieferung in Guayrá predigte, und »den plumpen Fabeln und monströsen Dogmen, aus denen ihre Religion besteht«, einige christliche Elemente hinzuzufügen, wie sich der Pater de Charlevoix ausdrückt.

Aber es ist nicht Paraguay, das den »Pa'i Zumé« interessiert. Ziel seiner Reise ist das Kerngebiet des Wikinger-Reiches im Gebirge, nicht die Ebene. Nur die Christianisierung Tiahuanacus verschafft dem Tempel die Möglichkeit, seine Autorität durchzusetzen. Nichts läßt uns an den Absichten der Kaplane zweifeln. Sie riskieren Kopf und Kragen, um die Seelen der Wikinger und der Indios zu retten. Aber ihre Oberen haben andere Sorgen. Es ist dem Orden nämlich nie gelungen, ein eigenes Hoheitsgebiet zu gewinnen, wie es die Johanniter auf der Insel Rhodos besaßen. Gewiß genießen seine Niederlassungen in ganz Europa das Vorrecht der Exterritorialität. Aber sie sind von dem Gebiet weltlicher Souveräne umschlossen, die im

Jahr 1250 die ungebührlich wachsende Macht der Templer mit wachem Mißtrauen zu verfolgen beginnen. Man weiß nicht, was die Zukunft bringen wird. Das offiziell noch gar nicht vorhandene und von einem Ozean wohlbehütete Südamerika wäre für den Orden nicht nur ein möglicher Zufluchtsort, sondern auch ein außerordentlicher Machtfaktor. Unglücklicherweise (für den Orden) haben die Wikinger Vorsorge getroffen. Sie lassen in ihre Bergwelt nur die Handwerker herein, die dort arbeiten, oder gelegentlich den einen oder anderen Botschafter. Die Ritter und Soldaten der Templer lassen sie vorsichtshalber in den Grenzgebieten der Küste, wo die Verladung der Barren ihre Anwesenheit rechtfertigt und wo sie weit genug entfernt sind, um kein Unheil anzurichten. Aber die Kaplane sind keine Waffenträger. Vielleicht gelingt es ihnen, sich ins Herz des Reiches einzuschleusen und dort durchzusetzen.

Pa'i Zumé (lassen wir es einstweilen bei diesem seinem Guaraní-Beinamen) gelangt anscheinend ohne Schwierigkeiten nach Paragua'y. Von dort geht es auf der Straße weiter, die den Pilcomayo entlang führt. Er verläßt sie jedoch, da einige der offenbar voneinander abweichenden Überlieferungen ihn über Tarija im Osten, also über den von Tucumán (im heutigen Argentinien) kommenden Weg auf den Altiplano gelangen lassen, die anderen viel weiter im Norden über Santa Cruz. Vielleicht haben ihm die Wikinger-Garnisonen in den Festungen, die die Zufahrtswege nach Tiahuanacu bewachen, die Einreise verweigert. Es ist aber auch möglich, daß der eine oder andere überlieferte Reiseweg schon früher von den Kaplanen genommen und mit diesem verwechselt wurde. Jedenfalls erreicht und überquert die Gruppe im Gebiet von Caravaya, auf der Höhe des Titicacasees, die östliche Anden-Kette. Man läßt sich in Carabuco, am Ufer des Sees, nieder und richtet ein mitgebrachtes großes Kreuz aus Eichenholz auf, dessen Reste noch in einer Kapelle verehrt werden, die die Spanier zu diesem Zweck an der Fundstelle bauten.

In Peru verliert Pa'i Zumé natürlich seinen Guaraní-Namen. Er erhält einen anderen, der weder in Aymara noch in Quichua einen Sinn ergibt und den die Spanier (und vor ihnen vielleicht schon die Indios) derartig entstellten, daß es scheint, sie hätten ihn nicht aussprechen können: Tonapa, Ttonapa, Tunupa, Thunupa. Die letztgenannte Schreibweise überzeugt am meisten, weil sie dem Spanischen völlig fremd ist, in welcher Sprache es eine Verbindung der Buchstaben *t* und *h* nicht gibt. Dem *t* ein *h* anfügen (welcher Buchstabe im Quichua immer gehaucht wird), kann nur den Sinn und das Ergebnis haben, daraus so etwas wie das englische (oder nordische) *th* zu machen, dessen Klang es in der Sprache Perus gibt. Das Wort *thul* hat einen ganz eindeutigen Sinn, allerdings nur in Altnordisch. Es bedeutet Priester, Prophet und sogar Superior eines geistlichen Ordens. Und Gnupa (das *gn* weich ausgesprochen wie im Französischen) ist einer der gebräuchlichsten Vornamen im mittelalterlichen Skandinavien. Von Thul Gnupa zu Thunupa ist nur noch ein kleiner Schritt, besonders wenn man einerseits die etwas undeutliche Aussprache der Indios vom Altiplano berücksichtigt und andererseits die Leichtigkeit, mit der in jeder Sprache bei Wortzusammensetzungen dieser Art das *l* verschwindet. Niemand mißtraut – wir sagten es schon – philologischen Auslegungen und erst recht »Beweisen« mehr als wir. Wir müssen jedoch zugeben, daß es alles andere als ungewöhnlich wäre, wenn in einer Siedlung von Schleswigern ein Priester den Titel *thul* und den Vornamen Gnupa hat, wobei es gleichgültig ist, ob er wirklich so heißt oder ob er nur von den Herren von Tiahuanacu in ihrer Sprache so genannt wird. Nun ist das aber nicht der einzige Name, unter dem der Evangelisator in der Überlieferung erscheint. Von den verschiedenen anderen kommen einige aus der Quichua-Sprache: *Tarapaca* (Adler), *Vicchaicamayoc* (Prediger) und *Cunacuycamayoc* (Ratgeber). Andere sind gemischter Herkunft: *Viracochapacchacan* (Diener des Viracocha) und *Vihinquira* (Sohn des Wikingers). *Quira* bedeutet in Quichua »Sohn« im weitesten Sinne (Nachkomme), und *vihing* läßt keinen Zweifel an seiner ursprünglichen Form, wenn man bedenkt, daß das *h* aspiriert ist und *g* und *k* gleichwertig gebraucht werden. Ein anderer Beiname ist rein nordisch: *Varivillca* (Mönch-Soldat), abgeleitet von *vari* (Wächter, Krieger) und *virk* (Festungswerk), was in Quichua zu *villca* wird, und zwar im doppelten Sinn von »heilige Stätte« und »Heiliger«.

In bezug auf die Persönlichkeit des Thul Gnupa gibt es bei den verschiedenen – spanischen oder eingeborenen – Chronisten, die uns die ihn betreffenden Überlieferungen vermittelt haben, nicht die geringste Ungewißheit, auch wenn sie es ablehnen, ihn mit dem Heiligen Thomas zu identifizieren, oder wenn sie sogar der hier und da geäußerten Ansicht widersprechen, er sei ein Hexenmeister, ein »Nachfolger Simons des Magiers« gewesen. Für sie handelt es sich ohne jeden Zweifel um einen christlichen Priester, der unentwegt durch das Land eilt, »das Gesetz Gottes« verkündet, die Indios unterweist, die er »meine Söhne« und »meine Töchter« nennt und zu denen er »liebevoll und mit großer Sanftheit« von der Nächstenliebe und der Wohltätigkeit spricht, nicht ohne ihnen ihre Laster vorzuhalten und sie zu ermahnen, nicht mehr als eine Frau zu halten. Sie sprechen von einem christlichen Priester, der überall wider den Sonnenkult streitet und dessen Sinnbilder vernichtet. Und auch von einem Wundertäter, der Kranke heilt, Blinde sehend macht und aus den Körpern von Besessenen Teufel austreibt. Manches ist dabei vielleicht von den Indios und Missionaren ein wenig übertrieben worden. Aber selbst wenn man die »apostolische« oder sonstige Phantasie ausschaltet, bleibt das Bild des Thunupa das eines christlichen Predigers.

Das gleiche gilt auch für seine äußere Erscheinung. Alle Chronisten, die ihn erwähnen, beschreiben ihn als einen schlanken Mann von hohem Wuchs mit weißem Haar, Bart und blauen Augen. Einige gehen ins Detail und lassen seinen Bart rot, sein Haar kurz und mit einer Mönchs-Tonsur versehen sein. Manchmal erscheint er als Alter mit grauem Haar »so lang wie das einer Frau«. Er trägt einen Talar oder eine weiße Tunika mit Gürtel, die »ihm bis auf die Füße reicht«. Aber er wird uns auch gekleidet »fast wie die Indios« vorgestellt oder mit lila Leibchen und scharlachrotem Umhang, was ihm ein bischofähnliches Aussehen gegeben haben muß. Manchmal trägt er in der Hand ein Gebetbuch und einen Hirten- oder Pilgerstab. Stets ist seine Erscheinung Gehorsam und Ehrfurcht gebietend.

Wenn diese Beschreibungen im wesentlichen übereinstimmen, kann man die wenigen Abweichungen darauf zurückführen, daß die Überlieferung bei ihrer langen mündlichen Wiedergabe je nach Ort und Zeit entstellt wurde. Natürlich konnte Thunupa auch Kleidung und Haarwuchs wechseln. Und selbstverständlich wurde er auch älter. Andererseits haben die Überlieferungen gewiß das Wirken verschiedener Evangelisatoren in einer einzigen Person vereint. Das geht so weit, daß die Reisewege des Thul unzusammenhängend werden. Der eine oder andere Chronist vermerkt sogar, daß die von ihm geschilderten Ereignisse »auch zu verschiedenen Zeiten stattgefunden haben können«, oder er spricht von zwei Predigern, dem Meister Thunupa und dem Schüler Taapac, aus dem die Indios den Sohn des ersteren machen, was »in ihrer Sprache nicht leiblicher, sondern angenommener Sohn sagen will«.

Den Kaplanen des Tempels gelingt es also, in das Imperium einzudringen. Die Wikinger beobachten wahrscheinlich mit echt heidnischer Toleranz diese asketischen Gottesmänner, die den Indios Bescheidenheit, Sanftheit und Unterordnung beibringen und ihnen von einem Erlöser sprechen, der gewisser Gemeinsamkeiten mit dem Gott Baldur der germanischen Mythologie nicht entbehrt. Die Eingeborenen ihrerseits lächeln über Männer, »die so viel reden«. Jedenfalls anfangs. Die Missionare durchziehen das Land, wobei sie gelegentlich im Freien übernachten »mit nichts weiter als ihrer langen Tunika, ihrem Umhang und ihrem Buch«. Indessen kommt es bald zu einigen Zwischenfällen. Sanft und verständnisvoll, wie der Thul Gnupa und seine Gefährten sich zwecks besserer Einführung geben, können sie plötzlich auch eine Intoleranz und Härte zeigen, die ihnen die Gewißheit verleiht, im Besitz der einzigen Wahrheit zu sein. Sie beginnen, die *huaca,* die bescheidenen Bethäuschen am Straßenrand, zu zerstören. Sie drohen den Eingeborenen mit der Hölle im Namen einer Moral, die die Indios auch nicht besser verstehen als die Europäer, nur daß diese sie zwar anerkennen, aber nicht befolgen. Sie unterbrechen dörfliche Feste und Sonnen-Zeremonien. Die Reaktionen darauf sind manchmal gewalttätig. In Cacha versuchen die Indios, die Störenfriede zu steinigen, in Yamquisupa und auch in Pucara werden sie mit roher Gewalt vertrieben, in Sicasica wird die Hütte in Brand gesteckt, in der der Pater Gnupa schläft. Trotz alldem finden sie auch Anhänger und werden ganz allgemein respektiert, wenn auch mit einer gewissen Furcht, die ihr aufopferungsvolles Leben und die ihnen zugeschriebenen Wunder einflößen. Hat Thunupa nicht das Dorf Yamquisupa in einen See verwandelt? Ließ er nicht über die Ungläubigen das Feuer vom Himmel niedergehen »so heftig, daß die verbrannten Steine leicht wie Korken wurden«?

Für unsere Kaplane ist jedoch ihr Feldzug mit dem Wort Gottes nur ein erster Versuch. Sie setzen sich, wenn auch nicht ohne Schwierigkeiten, dort durch, wo sie den Wikin-

gern nicht allzu lästig werden können. Sie schaffen sich so den verdienten Ruf von heiligen Gottesmännern. Selbst noch die Übeltaten, die ihnen zur Last gelegt werden, erweisen sich als nützlich für sie, denn das rassische Zusammengehörigkeitsgefühl wirkt sich zu ihren Gunsten aus. Auf die Dauer gelingt es ihnen, in Tiahuanacu einzudringen. In der Hauptstadt haben sie schon längst Gläubige, die Handwerker des Tempels, die, vielleicht ohne es zu wollen, das Gelände vorbereitet haben, um das Christentum in der Form erscheinen zu lassen, die ihm der römische Sinn für Rangordnung und das Verständnis für Helden und Heldenverehrung der Germanen und Gallier im Abendland während langer Jahrhunderte des Aufeinanderangewiesenseins gegeben haben.
Der Thul Gnupa wirbt um Ansehen und Anhänger. Dafür gibt es außer den von den Chronisten zusammengetragenen Zeugnissen materielle Beweise, deren Auslegung wir Hector Greslebin verdanken. Da ist in erster Linie die Statue, die in Bolivien niemand anders nennt als »Der Mönch«. Es ist ein Monolith von zwei Meter Höhe, der eine Menschengestalt mit Tunika und Hosen darstellt. In der rechten Hand hält die Gestalt einen zylindrischen Gegenstand, dessen Formen durch die Verwitterung undeutlich geworden sind, in der linken ein mittelalterliches Meßbuch oder Brevier, dessen metallischer Verschluß mit seinen Scharnieren so deutlich wie möglich wiedergegeben ist. Dies alles wäre schon kennzeichnend genug, wenn »Der Mönch« nicht tatsächlich die Kopie einer Apostel-Statue (wahrscheinlich Petrus) wäre, die links (beim Her-

auskommen) vom Hauptportal der Kathedrale von Amiens steht. Der Stil ist verschieden, aber die dargestellte Person unverkennbar die gleiche einschließlich der Gegenstände, die sie symbolisch in den Händen hält. Ja, man kann sogar eine echte Ähnlichkeit der Gesichtszüge und eine völlige Übereinstimmung der Proportionen des quadratischen Gesichtes und seiner gewölbten Stirn feststellen.

Nicht weniger kennzeichnend ist das aus einem einzigen Steinblock gehauene Tor, das als Sonnentor bekannt ist, und das umgestürzt und zerbrochen im Innern des Kalasasaya gefunden wurde. Erläutern wir, daß es sich nicht um eine Art Triumphbogen handelt, sondern um ein richtiges Tor im vollen Sinn des Wortes. Man sieht die Vertiefungen, in denen die Türangeln angebracht waren, und d'Orbigny konnte noch Anfang des vergangenen Jahrhunderts die grünen Spuren feststellen, die die bronzenen Angeln auf dem Stein zurückgelassen hatten. Geometrische Vertiefungen auf der Rückseite zeigen außerdem, daß es Bestandteil einer Wand gewesen sein muß, und die Tatsache, daß die obere Seite nicht poliert ist, deutet darauf hin, daß auf ihr ein Tragbalken ruhte. Über der Öffnung des Tores befindet sich ein Fries in Gestalt eines Flachreliefs, der neben einer zentralen Gestalt vier horizontale Reihen steinerner Figuren zeigt. Es ist – im ganz besonderen Tiahuanacu-Stil – eine Darstellung der »Anbetung des Lammes« aus dem 5. Kapitel der Apokalypse, wie wir sie im Giebelfeld gotischer Kathedralen aus dem 13. Jahrhundert und ganz besonders über dem Hauptportal derjenigen von Amiens finden. Die Hauptfigur ist eine sitzende Menschengestalt, die bis in die geringsten Einzelheiten der apokalyptischen Beschreibung des Lamms entspricht, mit dem Buch der sieben Siegel, den sieben Augen, den Tieren und Ältesten, die zu seinen Füßen niedergefallen sind. Das talarartige Gewand der Hauptperson ist so, wie es im 39. Kapitel des 2. Buches Mosis (Exodus) beschrieben wird: die beiden Schulterstücke, der Gurt, der Brustschild »viereckig und zweifach«, von vier Reihen Edelsteinen umrahmt, seine goldenen Ketten und Ringe, die beiden Fassungen der Schulterstücke zwischen den beiden Ketten und das Stirnblatt. Die 48 Figuren der drei oberen Reihen des Frieses – die gleiche Zahl wie in Amiens und Chartres – stellen die zwölf Apostel, die zwölf kleinen Propheten und die 24 goldgekrönten Ältesten mit ihren Harfen und goldenen Räucherschalen dar. Unten blasen zwei Engel Posaune, ein Instrument, das es im vorkolumbianischen Amerika nie gegeben hat. Das Profil der dargestellten Gesichter ist ausgesprochen indoeuropäisch.

Der Kalasasaya war also eine nicht fertiggestellte christliche Kirche. Der Architekt Greslebin konnte sogar dank einer ergänzenden Entdeckung ein komplettes Modell des Gebäudes anfertigen. Weniger als einen Kilometer entfernt befindet sich nämlich eine gewaltige Anhäufung von Steinblöcken, die im Stil des »Sonnentores« bearbeitet sind, einschließlich eines Tragbalkens und verschiedener weiterer monolithischer Tore. Nun finden sich aber in Puma Punku, wie die Eingeborenen den Ort nennen, keinerlei Spuren von Gebäuden oder Fundamenten. Es handelt sich nämlich um die Werkstatt unter freiem Himmel, wo die Steinmetze und Bildhauer die für die Kirche bestimmten Felsblöcke bearbeiteten. Die Bauelemente, die sich dort befinden, haben die nötigen Ausmaße und Formen, um diejenigen zu ergänzen, die bereits verwendet wurden und die die aufeinander folgenden Zerstörungen überstanden haben: Fundamente, Pilaster, Freitreppe und Portal. Das Modell des Kalasasaya, so wie er nach endgültiger Fertigstellung ausgesehen hätte, zeigt ein Gebäude in reinstem romanischen Stil. »Der Mönch« und der Fries, ja schon die Statue allein genügten, um die Ankunft des Pater Gnupa zeitlich zu bestimmen. Denn die Kathedrale von Amiens (welche Stadt sich übrigens nur 100 km Luftlinie von Dieppe, ihrem natürlichen Hafen, entfernt befindet) wurde zwischen den Jahren 1220 und 1288 und ihr Hauptportal von 1225–1236 gebaut.

Was die Kaplane des Tempels außer ihrem architektonischen Beitrag nach Tiahuanacu bringen, sind nicht nur ein Gott und neue Riten, die die Heiden ohne größere Schwierigkeiten übernehmen, sondern vor allem eine Anschauung von Welt und Leben, die dem allgöttlichen Polytheismus, der Moral und den Sitten sowohl der Wikinger als auch der Indios diametral entgegenstehen und die im Reich für beide errichtete Ordnung in Frage stellen. Es ist eine auf das Prinzip der Rangordnung gegründete Ordnung, das sich aus der Ungleichheit der Rassen, vor allem aber auch der Familien und Einzelmenschen ergibt. Der Pater Gnupa proklamiert die Gleichheit aller Menschen vor Gott und – in eigener theokratischer Ausweitung des Gedankens – aller Religionen, aber besonders der katholischen, vor ihren Vertretern auf Erden, den Priestern. In Europa ist es zu einem prekären Gleichgewicht zwischen geistlicher und weltlicher Macht gekommen. Aber in einem heidnischen Land, wo die Kirche keine Macht hat, ist der Staat nicht nur ein Rivale, mit dem man in Wettbewerb treten kann, sondern ein Feind, den es zu vernichten gilt. Die Kaplane des Tempels verfügen in Amerika über keinerlei Streitkräfte. Sie greifen zur Subversion. In Tiahuanacu wiederholt sich die Geschichte Roms.

In dieser gewaltigen Hauptstadt, deren Eingeborenenviertel sich im Umkreis von etwa fünf Kilometern um das Verwaltungszentrum ausdehnen, ist das Feudalregime, dessen solide Strukturen in den Berg-Provinzen befriedigende Beziehungen zwischen Wikingern und Indios aufrechterhalten, schon längst ebenso verschwunden wie das System von Bündnissen, das in den Grenzmarken der Ebene die Ordnung garantiert. Ein riesiges Eingeborenen-Proletariat, bestehend aus Handwerkern, Landarbeitern, Fischern, Berufssoldaten und auch Dienstboten der Weißen, nimmt für ein leicht erträgliches Leben ganz natürlich die Unterordnung in Kauf. Aber da erscheinen nun Geistliche, die sich nicht nur weigern, die Privilegien ihrer Rassegenossen in Anspruch zu nehmen, sondern die diesen auch Ungerechtigkeit vorwerfen. Einige asketische Priester, die mit den Indios zusammenleben, reden in einer neuen Sprache zu ihnen: »Selig sind, die da geistlich arm sind; denn das Himmelreich ist ihr ... Selig sind die Sanftmütigen; denn sie werden das Erdreich besitzen. Selig sind, die da hungert und dürstet nach der Gerechtigkeit; denn sie sollen satt werden ... Selig sind die Friedfertigen; denn sie werden Gottes Kinder heißen ...«

Das ist die Erhebung der Untergeordneten, denen Himmel und Erde versprochen werden. Das ist auch die Verurteilung der Herren, deren Überlegenheit auf militärischer Stärke und Kultur beruht. Hat nicht der Gott der Christen, wie es im Magnifikat heißt, »die Mächtigen von ihrem Thron gestoßen«? Hat er nicht »die Einfachen erhöht«? Auf einmal werden sich die Indios der Stadt bewußt, daß sie unzufrieden sind. Der Neid beginnt, an ihren Seelen zu nagen. Die Versprechungen der Bergpredigt, die sie wörtlich nehmen, machen sie zu Akten der Subversion bereit. Die neuen Moralvorschriften belästigen sie nicht weiter, da es die Polygamie praktisch schon nicht mehr gibt, weil sie in der schon längst befriedeten Zone von Tiahuanacu ihre Daseinsberechtigung verloren hat. Immer mehr Eingeborene werden bekehrt.

Deswegen lassen aber die christlichen Priester die weiße Aristokratie nicht beiseite. Es ist ein altes politisches Gesetz, daß die Subversion nur dann Aussicht auf Erfolg hat, wenn die führende Minorität bereits aufgeweicht ist. Der »Hofadel« der Hauptstadt und die kleinen Beamten, die der Frieden zu wenig ehrenvollen Verwaltungsaufgaben verurteilt hat, stellen einen günstigen Nährboden dar. Dem Christentum gelingen Bekehrungen auch in diesen Kreisen, da sich die Kirche von Tiahuanacu bereits im Bau befindet. Für die Grundsätze des Evangeliums empfänglicher als die Männer, fühlen sich auch die Frauen – und wahrscheinlich vor allem sie – von dem neuen Glauben angezogen. Wir werden ein Beispiel dafür kennenlernen. Der Pöbel wird unruhig, während ein Teil der führenden Minderheit an der Berechtigung seiner Macht zu zweifeln beginnt. Aber die Hauptstadt, die sich fest in der Hand der ausschließlich aus Wikingern bestehenden Garde befindet, bietet nicht die unerläßlichen Voraussetzungen für einen Aufstand. Deswegen lassen die Templer auch die Provinzen nicht außer acht, die sie rastlos bereisen. Da fehlen – wir sagten es schon – Gründe zur Unzufriedenheit nicht, vor allem die Zwangsarbeit, die der Bau und die Instandhaltung der Straßen erfordern, und der Dienst in den Bergwerken. Da gibt es auch die alten Stammesrivalitäten, die sich ausnützen lassen. Konservativ wie alle Landbewohner und von Natur aus passiv, zeigen sich die Indios in den Lehensgebieten, wo das Ansehen der Herren intakt geblieben ist, dem neuen Glauben gegenüber zurückhaltender als die in den Städten. Sie nehmen auch an dem Fanatismus Anstoß, mit dem die Missionare ihre Heiligtümer zerstören. Aber auch sie sind zu gewalttätigen Handlungen fähig, wenn ein unvorhergesehenes Ereignis als Zünder der Volkswut wirkt.

Die Jahre gehen dahin, und die subversive Propaganda beginnt, ihre Früchte zu zeitigen. Einige Eingeborenenaufstände finden in verschiedenen Gegenden statt, die Makuri, der regierende Souverän, rücksichtslos niederschlägt. Er zögert jedoch, sich mit den Geistlichen anzulegen, deren Einfluß schon zu groß ist, als daß eine Maßnahme wie Ausweisung nicht gefährlichen Wirbel verursachen würde. Er entschließt sich dazu erst, als seine Tochter

Karahuara (oder Karavara, vom nordischen *kárr* = lockig und *vari* = Krieger, also: gelockte Kriegerin), von einem der Schüler des Pater Gnupa, in den sie sich verliebt hat, bekehrt, in Gegenwart einer großen Menge von Indianern öffentlich taufen läßt. Der Vater läßt den Kaplan verhaften, auf ein Floß schaffen, an diesem festbinden und in den See stoßen, aus dem es, von der Strömung erfaßt, nie wieder zurückkehrt. Einem der Priester nach dem andern widerfährt ein ähnliches Schicksal. Neue Erhebungen ereignen sich als Folge dieser verspäteten Maßnahmen. Makuri reagiert mit Gewalt und – einstweilen – Erfolg.
In Coquimbo, im Süden der chilenischen Provinzen, nützt ein örtlicher Führer, Kari, die Unruhe, erhebt sich und marschiert auf Tiahuanacu. Handelt es sich um einen Araukaner, wie die Überlieferung annimmt, auf die auch wir uns stützten, oder um einen Aymara vom Stamm der Lupaca, der, wie es scheint, in jenem Gebiet ansässig ist? Eine Untersuchung der Lage spricht für die zweite Annahme. Einerseits nämlich kann der Rebell über eine Entfernung von 1500 km Luftlinie, in die auch die wegen Mangels an Lebensmitteln und Trinkwasser äußerst schwierig zu durchquerende Atacama-Wüste eingeschlossen ist, nur eine zahlenmäßig minimale Truppe mitführen. Andererseits erhält er, kaum nach Collasuyu gelangt, sofort die Unterstützung der örtlichen Stämme, die er unter seinem Befehl zusammenfaßt. Heißt er wirklich Kari, oder legte man ihm später den Namen eines bösen Geistes bei? Kari ist nämlich in der germanischen Mythologie der böse Geist des Sturmes, der »Leichenfresser«.

Wie auch der Name und die Herkunft des Rebellen seien, er bringt beachtliche Kräfte zusammen, greift Tiahuanacu an und bemächtigt sich seiner. Die überlebenden Wikinger flüchten auf die Sonneninsel im Titicacasee. Er folgt ihnen auch dorthin und schlägt sie. Die männlichen Weißen werden erbarmungslos niedergemacht. Die Revolte dehnt sich über das ganze Gebiet des Imperiums aus. Die Militärstützpunkte, deren Bewohner zum großen Teil »Inkas«, d. h. »Nachkommen«, sind, werden nicht angegriffen und können sich ohne größere Schwierigkeiten behaupten. Die Feudalherren dagegen sind den sie in großer Überzahl umgebenden Eingeborenen von dem Augenblick an ausgeliefert, da sie nicht mehr die Unterstützung einer starken Zentralgewalt haben. Einige, deren Untergebene treu bleiben, können ihre Autorität wahren. Aber viele, wahrscheinlich der größte Teil, werden getötet. Wenn die 300000 Wikinger, unter ihnen 75000 im waffenfähigen Alter, die es damals nach unserer Schätzungsmethode in Südamerika geben muß (aber vielleicht sollte diese Zahl infolge der verminderten Fruchtbarkeit und der erhöhten Sterblichkeit der Weißen im Flachland etwas niedriger angesetzt werden), in Tiahuanacu und Cuzco konzentriert gewesen wären, hätten die Ereignisse einen anderen Verlauf genommen. Aber sie waren über ein unermeßlich weites Gebiet verstreut, das – wie wir gesehen haben – nicht nur die heutigen Staatsgebiete von Peru und Bolivien, die Hälfte von Chile und ein Viertel von Argentinien umfaßt, sondern auch Kolumbien und Brasilien. Unter diesen Umständen ist, von wenigen lokalen Ausnahmefällen abgesehen, jeder Widerstand unmöglich. Aber es handelt sich damals schon nur noch um das nackte Überleben. Sieger Kari richtet seine Hauptsadt in Hatunkolla am Nordufer des Titicacasees ein und legt sich den Titel Sapakhta zu. Er und seine Nachfolger machen aus dem Collasuyu ein mehr oder weniger organisiertes unabhängiges Königreich. Im Norden folgen die Chincha und Chanca dem Beispiel. In allen anderen Provinzen herrscht Anarchie. Eine derartige Anarchie, daß der Tempel darauf verzichten muß, Vorteil aus seinem Werk zu ziehen. Nach der Auflösung des Ordens im Jahr 1307 ziehen es die Brüder vor, in Mexiko Zuflucht zu suchen. Von ihrer Anwesenheit in Südamerika bleiben nur einige in den Sonnenkult aufgenommene christliche Spuren.

V.

DAS NEUE REICH

In den Bergen von Apurimac, 25 km südöstlich von Cuzco, steht an der Straße, die nach Contisuyu, d. h. in die Küstenprovinzen führt, der erste *tampu,* wie die Eingeborenen die von den Wikingern errichteten Rasthäuser nennen. Er wird später unter dem Namen Paccari Tampu (Herberge zur Morgenröte) auftauchen, aber zu Zeiten Makuris heißt er noch Paucar Tampu (Ausflugsherberge), wahrscheinlich weil er für die Bewohner der Stadt ein beliebtes Ausflugsziel war. Er ist der Mittelpunkt einer kleinen Lehensherrschaft, deren Aufgabe es ist, hier die Sicherheit der Straße zu gewährleisten. Von ihrem Herrn Apu Tampu wüßten wir nicht viel, hätte ihn nicht der Pater Gnupa besucht. Wie gewöhnlich hatte dieser ein Fest, das die Eingeborenen feierten, mit seinen christlichen Vorwürfen gestört, was die Indios mit Handgreiflichkeiten beantworteten. Nur das Eingreifen des weißen Anführers, der den Gottesmann, nachdem er die Eingeborenen beruhigt hatte, in sein Haus aufnahm, hatte diesen heil davonkommen lassen. Als dankbare Anerkennung hatte der Thul ihm beim Abschied seinen Pilgerstab vermacht.
Wer ist dieser Apu Tampu, den die Quichua in ihrer Sprache als »Herbergen-General« lediglich mit seiner Berufsbezeichnung als Verwaltungsoffizier nennen? Die ihn betreffenden Überlieferungen sind widersprüchlich.

Das ist nicht verwunderlich, da sie in enger Verbindung mit dem Mythus stehen, in den sich im Lauf der Zeit die Geschichte der Gründung des Neuen Reiches verwandeln sollte. Abu Tampu ist nämlich der Vater des Gründers Manco Capac. Aber ist dieser nicht ein Sohn der Sonne? Sein Vater wird daher als einfacher *curaca* (Eingeborenenhäuptling) dargestellt, der ihn aufgezogen und ihm, als er zehn Jahre alt wurde, unter dem Einfluß zweier alter Priester seine wunderbare Herkunft offenbart habe. Andererseits möchte man aber auch die neue Dynastie mit der alten in Verbindung bringen, so daß sich Apu Tampu in den Sohn Makuris, des letzten Souveräns von Tiahuanacu, verwandelt. Man sollte von diesen Legenden nicht allzu viel halten, zumal es andere Überlieferungen gibt, die die Zusammenhänge wesentlich befriedigender erklären.

In der Zeit der Zerstörung des Alten Imperiums lebte in der Hauptstadt, sehr wahrscheinlich als Schüler einer jener Anstalten, die den Söhnen der Wikinger vorbehalten waren, ein Jüngling zwischen zehn und zwanzig Jahren – »teenager« würde man heute sagen –, der Sohn des Herrn von Paucar Tampu. Als die Truppen Karis die Stadt einnahmen, muß es ihm gelungen sein, zu fliehen und sich mit seinen Angehörigen auf dem Familiengut zu vereinen, wo die Ordnung erhalten geblieben war. Zahlreiche andere Flüchtlinge stellten sich bald ein, Priester, Gelehrte und Offiziere, aber auch treue Eingeborene. So wurde Apu Tampu, obwohl er der königlichen Familie nicht angehörte, aufgrund seiner Rasse und seiner Stellung zu einem kleinen Souverän. Zehn *ayllu* (landwirtschaftliche und militärische Gemeinschaften von Eingeborenen) unterstellten sich seiner Hoheit. Im Schutz unzugänglicher Gebirge wurde das kleine Herrschaftsgebiet bald so stark, daß sein Anführer an eine Rückeroberung denken konnte. Sie mußte vorbereitet werden. Die Priester halfen dabei, was sich als entscheidend erweisen sollte.

Die Niederlage der Atumaruna hatte grundsätzlich eine religiöse Ursache gehabt. Der vereinfachenden Idee von der Gleichheit vor Gott, die alle Ressentiments der Eingeborenen wirksam gemacht und zusammengeführt hatte und gegen die sich selbst die Waffen als machtlos erwiesen hatten, mußte das entgegengesetzt werden, was wir heute einen Mythus nennen würden: eine dynamische Gesamtheit von Vorstellungen, mit deren Hilfe sich – fern jeder verstandesmäßigen Überlegung – die Anlässe, die Durchführung und die Ziele eines Vorgangs zur Wiederherstellung der natürlichen Rangordnung begreiflich machen lassen würden und die gleichzeitig den nötigen Anreiz böte, um diesen Prozeß in Gang zu setzen. Das mußte natürlich ein religiöser Mythus sein. Aber vor allem galt es, die Erinnnerung an die beschämende Vergangenheit auszulöschen. In Paucar Tampu wurden alle vorhandenen schriftlichen Dokumente und Inschriften vernichtet. Es wird sogar berichtet, daß einige Jahre später ein Gelehrter *(amauta)*, der eine neue Schrift erfunden hatte, zum Tode verurteilt wurde. In Zukunft sollte nur noch die Knotenschrift verwendet werden, die nur leicht zu kontrollierende Fachleute entziffern konnten. Das alles muß in Paccari Tampu, in der

Herberge zur Morgenröte, begonnen haben, jenem Dorf, in dem die Sonne aufgehen wird.
Die Jahre vergehen, und in ihrem Verlauf beginnt sich Peru, nach der verlorenen Ordnung zurückzusehnen. Die Bewohner der einzelnen Täler bekriegen sich wegen nichts und wieder nichts. Die *curaca* (Häuptlinge) können tun und lassen, was sie wollen, und beuten die Eingeborenen mehr aus als das die schlimmsten Wikinger-Herren je getan haben. Räuberbanden durchziehen das Land, ohne daß ihnen irgend jemand den geringsten wirksamen Widerstand leisten kann. Der Augenblick ist gekommen, den in allen Einzelheiten ausgearbeiteten Plan in die Tat umzusetzen. Die Priester durchziehen die Gebirge und verkünden die frohe Botschaft: die Sonne erbarmt sich des Quichua-Volkes und wird ihm ihre Söhne schicken, um ihm das Glück und den Frieden zurückzugeben. Dann werden die Indios am Fuß eines Berges zusammengerufen, wo das Wunder geschehen soll. Im Morgengrauen des vorgesehenen Tages wirft die Sonne ihre ersten Strahlen auf drei Öffnungen der Tampu Toccu (Zuflucht der Herberge) genannten Höhle, die das Tal beherrscht. Aus der mittleren, die später Capac Toccu (Zuflucht des Kämpfers) heißen wird, treten die Gestalten von vier Jünglingen. Der größte von ihnen – es ist der Sohn des Apu Tampu – ist in eine von Muscheln übersäte silberne Tunika gekleidet. Auf der Brust trägt er einen goldenen Schild, auf der Stirn eine Medaille aus dem gleichen Metall. Vielfarbige Federn schmücken sein Gewand. Der Jüngling strahlt in der Sonne wie ein Götterbild. Er begibt sich zu den Indios, die sich

Der erste Inka-Kaiser Manco-Capac. Man beachte die einem Mischling bereits sehr ähnlichen Gesichtszüge. Zeichnung Guaman Poma de Ayala.

auf die Erde geworfen haben. Sein Sonnenvater, verkündet er, habe ihn geschickt, sie zu regieren. Unter Androhung schwerster Strafen müßten alle ihm gehorchen.

Die Überlieferung läßt diese Jünglinge Brüder sein und legt ihnen den Titel *ayar* bei, der in der Sprache der Quichua nichts bedeutet, sehr viel aber, wie der Chronist Garcilosa bemerkt, »in der Privatsprache der Inka«. Wenn wir die betonende Vorsilbe *a* der Quichua-Sprache weglassen, ergibt sich das nordische Wort *jarl.* Den vier Jünglingen stellt die Überlieferung vier Jungfrauen zur Seite. Alle sollen Brüder und Schwestern sein, was nicht bedeuten muß, daß sie die gleichen Eltern haben, sondern ganz einfach, daß sie der gleichen Rasse angehören. Der Älteste – von bereits 18 Jahren – heiratet eine seiner »Schwestern«, Mama Occlo. Unter Führung der Weißen ziehen die zehn treu gebliebenen *ayllu* auf Cuzco. Erobern sie die befestigte Stadt mit ihrer ansehnlichen Bevölkerung ohne Widerstand, oder müssen sie um ihren Besitz kämpfen, um danach die benachbarten Stämme zu unterwerfen und das ganze Gebiet unter ihre Kontrolle zu bekommen? Darüber gibt es in den Chroniken voneinander abweichende Versionen. Jedenfalls läßt sich Manco Capac – diesen Namen »Menschen-König Kämpfer« gebraucht er von jetzt an – in dem von der Festung Sacsahuaman gut beschützten Ort nieder, der die Hauptstadt des Neuen Reiches sein wird. Es beginnt das »vierte Zeitalter«, dasjenige des *Incap runa* vom Volk der Inka.

Wir müssen hier eine längere Einfügung machen, damit die folgenden Seiten verständlich werden. Wenn uns die Anga-

Die Frau des Manco Capac, Mama Huaco oder Mama Occlo.
Zeichnung Guaman Poma de Ayala.

ben über das Alte Imperium durch eine mündliche Überlieferung bekannt geworden sind, die wir als geheim bezeichnen können, so stammen diejenigen über die eigentlichen Inka, also von Manco Capac bis zur spanischen Konquista, aus zwei Quellen. Einerseits kennen wir die offizielle Geschichte, wie sie in den Schulen gelehrt wurde. Andererseits haben wir unzählige Berichte, die den Chronisten – Spaniern, Mestizen und mehr oder weniger hispanisierten Indios – von alten Inka gegeben wurden, die die Vergangenheit ihrer Rasse nicht vergessen hatten und die sich nicht mehr an die seinerzeit gebotene Geheimhaltungspflicht gebunden fühlten. Auf diesen beiden Wegen sind häufig widerspruchsvolle Informationen zu uns gelangt. Der Grund dafür ist, daß die Herrscher von Cuzco, und besonders einer von ihnen, Pachacutec, die Geschichte absichtlich fälschten, um sie in ein Instrument der Macht zu verwandeln.

Alles habe mit Manco Capac begonnen. Vorher habe eine große Naturkatastrophe – Versinnbildlichung des Sieges von Kari – alles auf der Erde verwüstet. Die wenigen überlebenden Menschen, so berichtete dem Garcilaso sein Onkel mütterlicherseits, ein Inka aus der königlichen Familie, lebten »wie die wilden Tiere, ohne Religion und ohne Polizei, ohne Dorf und Haus, ohne den Acker zu bestellen und zu säen, ohne ihre Blöße zu bedecken, da sie weder Baumwolle noch Wolle zu Kleidung zu verarbeiten wußten. Sie lebten zu zweit und zu dritt, wie sie sich gerade in den Höhlen und Felsspalten der Erde zusammenfanden«. Aber die vier *ayar* beschlossen in ihrer Ratsver-

sammlung: »Wir sind stark und weise geboren und mächtig mit Hilfe unserer Völker. Laßt uns zur Suche nach fruchtbareren Ländern als die unseren aufbrechen und, wenn wir dorthin gelangen, ihre Bewohner unterwerfen und jedermann bekämpfen, der uns nicht als die Herren empfängt.«
Wir sollten uns nicht zu sehr darüber wundern, gibt es doch heute noch Franzosen, die glauben, unter dem *ancien régime,* also vor 200 Jahren – weniger, als das Inka-Reich dauerte – hätten die Landleute mit den Fingernägeln die Erde aufkratzen müssen, um Wurzeln, ihre einzige Nahrung, herauszukratzen, und daß erst 1789 dank den »großen Vorfahren« und ihren »unsterblichen Grundsätzen« das Zeitalter der Glückseligkeit begonnen habe.
Das Alte Imperium verschwindet aus der offiziellen Geschichte. Sein Gründer Viracocha wird in die fernste Vergangenheit verbannt. Man macht ihn einfach zum Gott, Schöpfer des Himmels und der Erde. Aber infolge einer Sintflut leben die Menschen wie die Tiere. Da erbarmt sich die Sonne ihrer und schickt ihnen einen Sohn und eine Tochter, die, aus Tiahuanacu kommend, in Tampu Toccu mit dem Auftrag erscheinen, sie die wahre Religion und die Sitten der Zivilisierten zu lehren und sie sodann »mit Güte, Barmherzigkeit und Sanftmut wie ein Vater« zu regieren. Der Sohn des Kleinen Herrn von Paccari Tampu, der keinerlei Erbanspruch auf die Krone hat, verwandelt sich so in den Erlöser der Menschheit. Durch seinen wunderbaren Ursprung besitzt er eine unanfechtbare Macht, an der seine Nachkommen, die Inka-Kaiser, teilhaben. Mit Ausnahme von Mama Occlo, Mancos Frau, geraten die ande-

ren *ayar,* seine »Brüder« und »Schwestern«, in Vergessenheit. Es gibt nur noch die Söhne der Sonne. Die Souveräne der Inka folgen einander bis zu dem Tag, an dem einer von ihnen, Pachacutec, knapp 70 Jahre vor der Ankunft der Spanier beschließt, die Geschichte noch weiter zu vereinfachen, indem er das ganze Werk der Dynastie in der Regierung seiner unmittelbaren Vorgänger zusammenfaßt, womit von allen anderen nicht mehr als die Namen übrig bleiben. Er versammelt einen Rat der Ältesten und Weisen. Sie lassen Bilder auf Holz malen, die der Chronist Christóbal de Molina noch im Sonnentempel von Poquen Cancha sehen konnte. Sie stellen »das Leben jedes einzelnen der Inka und die von ihnen eroberten Länder mit ihrem Abbild« dar. Dieses »Geschichtsbuch« wurde natürlich von den Konquistadoren zerstört. Der Chronist Sarmiento de Gamboa ließ sie auf Leinwand nachmalen und schickte sie nach Spanien, wo sie verlorengingen. Es ist wahrscheinlich, daß Antonio de Herrera, der Chefchronist Seiner Majestät, sie zu sehen bekam und ihnen die Darstellung der Inka-Souveräne entnahm, mit denen er das Titelblatt seiner *Décadas* (Jahrzehnte) illustrierte.

Trotz aller Anstrengungen indes gelang es den Nachfolgern von Manco Capac und selbst von Pachacutec nicht, die Erinnerung an die vergangenen Jahrhunderte völlig auszulöschen. Die mündliche Überlieferung erhielt sich, vor allem in den Provinzen. Die Mitglieder der weißen Aristokratie kannten als Komplizen dieser »Gehirnwäsche« die Wahrheit sehr wohl, die vom Vater auf den Sohn weitergegeben wurde. So kam es, daß einige Chronisten aus der

Zeit der Konquista viele Angaben über das Alte Imperium, über die Jahre der Anarchie und der ersten Regierungen der neuen Dynastie zusammentragen konnten. Der merkwürdigste Fall ist der des Garcilaso, Sohn eines spanischen Hauptmanns und einer Inka-Prinzessin, Enkelin des Kaisers Tupac Yupanqui und Nichte seines Nachfolgers Huayana Capac. Sie war eine *palla,* wie die verheirateten Frauen der peruanischen Aristokratie genannt wurden, ein Wort, das vom nordischen *ballr* = kühn kommen kann oder auch vom altnordischen *félaga* = Gattin, nachdem sich das in Quichua nicht vorhandene *f* in *p* und das lange, offene *e* in *a* verwandelt hatte.

Bis zum Alter von 20 Jahren war Garcilaso bei seiner mütterlichen Familie in Cuzco aufgewachsen und hatte die den *auqui* (vom nordischen auki = Sprößling), den Kindern der Inka, vorbehaltene Erziehung genossen, und das in einer Zeit, da sich die Zungen bereits gelöst hatten. Später in Spanien lebend, unterhielt er enge briefliche Verbindung mit seinen Jugendfreunden, zum größten Teil Mestizen wie er, die in Peru geblieben waren. So konnte er seine *Comentarios Reales* (Königliche Kommentare) schreiben, das vollständigste Werk, das wir über das Imperium der Inka besitzen. Sehr häufig ist die Genauigkeit seines Berichts bezweifelt worden, und es steht fest, daß Garcilaso die Geschichte seiner Vorfahren idealisiert hat. Er gibt die »Fabeln« über die Entstehung des Neuen Reiches wieder, ohne sie in Frage zu stellen oder sich von ihnen beirren zu lassen, und bezieht sich nicht im geringsten auf das Alte Imperium. Aber er weist die »konzentrierte« Geschichtsauffassung des Pachacutec, ohne diesen zu erwähnen, zurück und mit noch mehr Berechtigung diejenige einiger Chronisten, die aufgrund von bruchstückhaften Informationen die Herrscher-Liste der Inka auf die vier oder fünf letzten der Dynastie beschränken. In diesem Punkt hat er jedenfalls recht. Der Zeitablauf beweist es. Wir haben im vorhergehenden Kapitel gesehen, daß der Pater Gnupa erst nach der Fertigstellung des Hauptportals der Kathedrale von Amiens im Jahr 1236 nach Amerika gekommen sein kann, daß er in Guayrá und Paraguay lange genug Station machte, um in den Überlieferungen der Eingeborenen die Erinnerung an seinen Besuch und einige Spuren seiner Lehre zurückzulassen, und daß er später so viele Jahre lang in Peru evangelisierte, um sich Anhänger zu schaffen und mit der Errichtung einer christlichen Kirche beginnen zu können, die sich schon in fortgeschrittenem Bauzustand befand, als Kari Tiahuanacu einnahm. Nun hatte sich seine Begegnung mit dem Vater des Manco Capac im Verlauf seiner Missionsreisen abgespielt. Sie muß also in der zweiten Hälfte des 13. Jahrhunderts stattgefunden haben. Anderseits geben uns Garcilaso und viele andere Chronisten eine Herrscherliste von Inka, die von Manco Capac bis zu dem 1525 gestorbenen Huayana Capac ein Dutzend Namen umfaßt. Damals entsprach eine Generation ungefähr 20 Lebensjahren. So kam es, daß in Frankreich in der gleichen Zeit und unter sehr ähnlichen Lebensverhältnissen von dem 1270 auf den Thron gelangten Philipp III. bis zu dem 1515 gestorbenen Ludwig XII. zwölf Könige einander folgten.

Mit einem Spielraum von ganz wenigen Jahren hat also die Rückeroberung von Cuzco um 1285 und die Einnahme Tiahuanacus durch Kari acht Jahre zuvor, also um 1277 stattgefunden. Wäre die Zahl der Herrscher wesentlich geringer gewesen, hätte sich der Thul Gnupa nicht mit Apu Tampu begegnen können. Beide Zeitangaben bestätigen sich also wechselseitig. Es braucht kaum hinzugefügt zu werden, daß die unmöglichen Angaben einiger Chronisten über eine durchschnittliche Regierungsdauer von 36 Jahren (bei Garcilaso) bis zu 95 Jahren (bei Sarmiento de Gamboa) ausschließlich der Notwendigkeit entsprechen, mit nur einem Dutzend von Namen einen von ihnen auf 400 bzw. 900 Jahre geschätzten Zeitraum ausfüllen zu müssen, der nicht nur das Neue, sondern auch das Alte Reich umfaßt, dessen Vorhandensein ihnen nicht unbekannt war, wenn sie das auch nicht zugeben wollten oder konnten, weil ihnen die notwendigen Angaben darüber fehlten.

Schließen wir damit unsere eingefügten Erläuterungen ab und kehren wir zu Manco Capac zurück. Kaum daß sich der Jarl in Cuzco eingerichtet hat, beginnt er das Gebiet zu organisieren, das die Propaganda der Priester und einige militärische Unternehmungen seiner Autorität unterstellt haben (von diesen letzteren sind uns zwei bekannt, diejenigen gegen die örtlichen Anführer Pinahua oder Pinava und Tocay, die wahrscheinlich von Wikingern abstammen, da ihre Namen von den nordischen Worten *binda* = binden und *vá* = Gefahr, also: »der die Gefahr bannt«, bzw. von *Thokka* = urteilen, also: »der das Urteil fällt«, herrühren). Er führt die zerstreute Bevölkerung in etwa hundert Dörfern zusammen, die um die vier Achsen der bereits vorhandenen Königlichen Wege errichtet werden. Anfangs handelt es sich nur um Weiler von 25 bis 100 Häusern. Aber bald schon lockt der Wohlstand, der in diesem kleinen Fürstentum herrscht – seine Grenze verläuft an ihrem entlegensten Punkt nicht mehr als etwa 50 km von der Hauptstadt entfernt –, die Indios der benachbarten Gebiete an, und die Dörfer erhöhen ihre Einwohnerschaft auf 300 bis 1000. Der Inka, der »Nachkomme« im wahrsten Sinne des Wortes, wie sich Manco nennt und wie auch seine Nachfolger genannt werden, ist weise genug, sich darauf zu beschränken. Statt neue Gebiete zu erobern, widmet er sich der Aufgabe, in den errungenen Ordnung und Wohlstand wiederherzustellen.

Die Macht des Sohnes der Sonne hängt gewiß von der Kraft seiner Waffen ab, aber ebenso und vor allem vom göttlichen Charakter seiner Person. Die Religion ist daher von der Politik untrennbar, der sie als Stütze dient. So läßt Manco die Götterbilder der Stämme rücksichtslos vernichten und verbietet die ihnen dargebrachten Opfer. Er läßt in Cuzco den Sonnentempel errichten, während die Priester in den Dörfern den rechten Glauben verbreiten. Aber er ist sich bewußt, daß die Eingeborenen den Glauben an ihn nur bewahren werden, wenn sich ihre Lebensbedingungen verändern. Er fördert daher die Landwirtschaft. Er verteilt das vorhandene Land unter den *ayllu* und läßt das herrenlose Vieh zusammentreiben. Die Bewässerungskanäle werden wiederhergestellt. Es werden Lagerhäuser errichtet, um die Ernten unterzubringen und nach den Notwendigkeiten unter die Familien zu verteilen. Gleichzeitig werden die Männer von alten Handwerkern in der Baukunst und den vergessenen Techniken der Metallbearbeitung, der Töpferei und Sattlerei unterrichtet, während »die Königin Mama Occlo« den Frauen das Spinnen und Weben wieder beibringt.

Als das materielle Wohlbefinden wiederhergestellt ist, bereitet es keine Schwierigkeiten mehr, den Indios neue Lebensregeln zu geben. Der Inka setzt einige ganz einfache Gesetze in Kraft, die er mit äußerster Strenge beachten läßt. Ehebruch, Mord und Raub werden mit dem Tode bestraft. Jeder Mann muß sich mit 25 Jahren in seinem *ayllu* verheiraten, und zwar nur mit einer einzigen Frau. Die verschiedenen Eingeborenen-Völker sind in ihrer äußeren Erscheinung verschieden, aber sie bekommen nach Maßgabe ihrer geleisteten Dienste das Recht, die Inka nachzuahmen. Die Männer tragen wie sie das Haupthaar bürstenartig geschnitten, wenn auch mehr oder weniger lang, sie ziehen sich wie diese, aber nicht ganz so sehr, die Ohren in die Länge, wobei die *ringrim* (Mehrzahl des nordischen *ring* = Ring) aus Gold oder Edelstein, die sich die Inka in die Ohrläppchen einklemmen, durch Holzstücke ersetzt werden. Ja, Manco Capac erhebt sogar kurz vor seinem Tod die *curacas* (Häuptlinge) in den Adelsstand, sofern sie sich treu erwiesen haben, und verleiht ihnen den Titel »Inka durch Vorrecht«. Manch einer hat sich verwundert, daß dieser erste Souverän so viel in nicht mehr als 20 Jahren getan hat und daß er ohne jede Erfahrung von vornherein die nötigen Maßnahmen für das ergriffen hat, was später das Reich der Inka sein wird, aber damals doch nur, wie wir wissen, ein winziges Fürstentum war. Das heißt vergessen, daß er nichts anderes tat, als die alte Ordnung wiederherstellen, deren Zerstörung erst wenige Jahre zurücklag (doch das wußte man bisher nicht). Andererseits vermerkt Garcilaso selbst, in dem Bemühen, das Werk des Gründers der Dynastie zu verherrlichen, daß man gar nicht wissen könne, in welchem Umfang die inkaische Gesetzgebung von diesem oder von seinen Nachfolgern stamme.

Das Grundgesetz des werdenden Neuen Reiches geht – wie so viele andere – auf das Alte zurück. Es ist das Gesetz des Blutes, das eine scharfe Trennung zwischen dem »Blut der Sonne« und dem »Blut der Menschen«, zwischen Weißen und Indios vornimmt. Als Träger der göttlichen Autorität sind die Inka ihrer Rasse wegen die Herren. Sämtliche Führungsstellen auf allen Gebieten stehen ihnen rechtmäßig zu. Nur sie dürfen später die Posten als Hoher Priester und Bischof (dies Wort benutzten die spanischen Chronisten), als Vizekönig, General und Feldmeister (Oberst) bekleiden. Daraus ergibt sich ein erbarmungsloses Kastensystem. Auf der einen Seite die Inka von königlichem Geblüt, die angeblich alle von Manco Capac und seiner Schwester abstammen, auf der anderen die Indios, welchen Ranges auch immer. Die in den Adelsstand erhobenen Indios nehmen vom Gesichtspunkt des Ansehens und bis zu einem gewissen Grad auch der Funktion eine Mittelstellung ein, aber zwischen ihnen und den Weißen liegt ein unüberbrückbarer Abgrund. Der Mestize, selbst wenn es

sich um einen Sohn des Souveräns handeln sollte, bleibt aus der Aristokratie ausgeschlossen.
Um die Reinheit des Blutes zu sichern, gelangt die regierende Familie, wie berichtet wird, zu einer ungewöhnlichen Maßnahme: der Thronfolger verheiratet sich mit seiner ältesten Schwester und, wenn diese ohne Kinder bleibt, mit der nächstjüngeren usw., da nur der legitime Sohn von Vater und Mutter aus königlichem Geschlecht den Inka-Thron besteigen darf. Aber dasselbe ist bei allen Mitgliedern der weißen Minderheit der Fall, und die Wörter »Bruder« und »Schwester« scheinen in Peru einen viel weiteren Sinn gehabt zu haben, als wir ihn ihnen geben. So sagt auch der Gott Viracocha, als er dem Fürsten erscheint, der später seinen Namen annimmt: »Ich bin der Sohn der Sonne und Bruder des Inka Manco Capac ... wodurch ich Bruder von deinem Vater und euch allen bin.« Das Wort »Bruder« bedeutet also lediglich »gleichen Blutes«, so daß die blutschänderische Ehe des Souveräns vielleicht nur durch die falsche Auslegung einiger spanischer Chronisten zustandegekommen ist, obwohl sie nicht unvorstellbar ist, wie das historische Beispiel der Ptolemäer in Ägypten zeigt. Jedenfalls können nur die männlichen Nachkommen des Kaisers und der *coya* (vom nordischen *gydhja* = Priesterin, abgeleitet von godho = gut) auf den Thron gelangen. Minderberechtigt sind die Kinder, die seine unzähligen Konkubinen zur Welt bringen, die weißen sowohl als auch die Töchter von *curaca,* die dazu auserwählt wurden, um diesen besonders zu ehren. All diese Kinder sind illegitim, aber die weißen unter ihnen gehören zur Füh-

rungskaste mit allen ihnen daraus zustehenden Vorrechten, während die anderen einfache Menschen mit dem Ansehen bleiben, das sie ihrer Abstammung verdanken. Darum geben die Herrscher ihre Mestizentöchter, aber nur diese, gern einem verdienten *curaca* zur Ehefrau. Mit anderen Worten: Das Blut der Weißen darf dasjenige der Indios verbessern, aber der umgekehrte Vorgang wird durch den damit verbundenen Verlust der Vorrechte verhindert. Die Wirksamkeit dieser Trennung rührt von der Tatsache her, daß sie sich nicht nur auf die genetische und kulturelle Ungleichheit und auf die soziale Rangordnung, sondern auch auf eine natürliche Verschiedenheit religiöser Art gründet: zwischen den Söhnen der Sonne und den menschlichen Wesen erhebt sich eine Schranke, die niederzureißen niemand ein Recht hat.

Über die Zugehörigkeit der Inka zur weißen Rasse gibt es zahlreiche Zeugnisse. Das des Konquistadors Pedro Pizarro faßt sie alle zusammen: »Die Leute dieses Königreichs Peru waren ... von kupferfarbener Tönung, während die Herren und Damen unter ihnen weißer als die Spanier waren. Ich sah in diesem Land eine indianische Frau und ein Kind, die sich in nichts von denen unterschieden, die weiß und blond sind. Von den letzteren sagt dies Volk, daß sie die Kinder der Götter im Himmel seien.« Garcilaso, der im Jahr 1560 die von dem Landvogt von Cuzco, Polo de Ondegardo, wiedergefundenen Mumien von drei Königen und zwei Königinnen sehen konnte, hebt hervor, daß die männlichen weißes Haar hatten, was bei Indios nie der Fall ist. Einer von ihnen, Viracocha, den

Guaman Poma als Träger eines kurzen Bartes sowie Schnurrbartes vorstellt, hatte »das Haupt so weiß wie Schnee«. Seine Frau sei Mama Runtu (Mutter Ei) genannt worden, weil sie «so weiß wie ein Ei« war. Die Malereien in der Sta. Ana-Kirche von Cuzco zeigen uns Inka, deren Haut viel heller ist als die ihrer Untertanen. Die Bildnisse der zwölf Souveräne, mit denen Herrera seine Chronik illustrierte, sind diejenigen von Europäern, weswegen ihre Authentizität von einigen bezweifelt wurde, während es sich doch genau umgekehrt verhält. Wenn sich der fragliche Historiker (oder irgendein anderer Spanier) die Illustrationen zu seinem Buch selbst ausgedacht hätte, wäre es ja doch mehr als einfältig gewesen, seinen Indianern ohne jeden Grund das Aussehen von Weißen zu geben. Und wenn es sich um Kopien von Darstellungen aus der Inka-Zeit handelte, dann hätte der eingeborene Künstler keine Europäer darstellen können, ohne jemals zuvor weiße Menschen gesehen zu haben.

Bedeutet dies nun, daß wir die Gewißheit haben, die Inka seien reine Nordländer gewesen? Keineswegs. Schon im Alten Imperium muß eine gewisse Vermischung stattgefunden haben, wie das immer geschieht, wenn zwei Rassen harmonisch zusammenleben, auch wenn die eine der anderen untergeordnet ist. Wenn dem so war, dann beschränkte die Einführung des Kasten-Systems wenigstens die Auswirkungen der Bastardierung durch Ausscheidung ihrer Produkte aus der Aristokratie. Niemand weiß indes, ob diese Regel während der Jahre der Anarchie nach dem Fall Tiahuanacus wirklich streng eingehalten wurde, und noch weniger während der Rückeroberung, die – wie wir noch sehen werden – 200 Jahre dauerte. Es ist höchst wahrscheinlich, daß Manco Capac und seine Nachfolger in dem vordringlichen Bemühen, eine möglichst große Zahl von »Nachfahren« zusammenzubekommen und sich die Unterstützung der örtlichen Häuptlinge zu sichern, es mit dem Abstammungsnachweis nicht allzu genau nahmen, der in jedem Fall schwer nachprüfbar war. Vielleicht hätten sie sogar nicht einmal den eigenen besonders gründlich untersuchen dürfen, um da keine Enttäuschung zu erleben, denn wir kennen die Vergangenheit ihres Geschlechtes nicht, von dem Guaman Poma mit Geringschätzung spricht. Anzeichen solcher Laschheit begegnen wir in den Chroniken. Einige der in dem erwähnten Geschichtswerk abgebildeten Inka beispielsweise tragen eindeutig die Züge von Eingeborenen. Hätte sich keinerlei Rassenmischung ergeben, müßten ja alle Inka so blond wie die Frau und das Kind gewesen sein, die Pedro Pizarros Aufmerksamkeit erregten. Sicher ist, daß zur Zeit der Konquista gerade eben der größte Teil der Aristokratie – wie wir sehen werden – ermordet worden war, und zwar durch den Thronräuber und Mestizen Atahualpa, der aus Minderwertigkeitsgefühl heraus seine Wut vor allem an Menschen nordischen Typs ausließ.

Jedenfalls waren die Inka weiß, »weißer als die Spanier«. Gäbe es über ihre Herkunft noch irgendwelche Zweifel, so müßten diese durch die »Privatsprache« ausgeräumt werden, die sie – nach Garcilaso – unter sich gebrauchten, und die zu erlernen den Indios verboten war. Der Chronist

vermerkt, daß die Titel und einige der Namen führender Persönlichkeiten des Imperiums in der Landessprache (Quichua) keinen Sinn haben, den man daher wohl in der Sprache der weißen Aristokratie suchen muß. Und fürwahr: all diese Begriffe, von denen wir einige schon angeführt haben *(inca, ayar, capac, coya, palla, auqui, Manco)*, sind nordisch. 1871 veröffentlichte der argentinische Historiker Vicente Fidel López in Paris ein erstaunliches Buch unter dem Titel *Les Races aryennes du Pérou* (Die arischen Rassen Perus). Er untersuchte die Quichua-Sprache vom philologischen Gesichtspunkt aus und entdeckte, daß sie rund 1300 Wörter enthält, deren Wurzeln aus dem Sanskrit stammen, was ihn zu dem (etwas voreiligen) Schluß veranlaßte, das Volk, das diese Sprache benutzte, sei arischer Rasse. Er unterlag zwei für jene Zeit charakteristischen Irrtümern. Damals glaubte man nämlich noch, das Sanskrit sei der Ursprung aller indoeuropäischen Sprachen, während wir heute wissen, daß es nur eine derselben ist.
Der andere Irrtum war, Sprache und Rasse miteinander zu verwechseln. Die Quichua-Indianer sind nicht Arier, sondern Mongoloide, und ihre agglutinierende Sprache hat mit der unseren keine andere Beziehung als die von López entdeckten Wurzeln, die manchmal etwas an den Haaren herbeigezogen, häufig aber unbestreitbar sind. Sie können also nur aus dem engen Kontakt mit einem Volk indoeuropäischer, ja – wie aus seiner Untersuchung hervorgeht – germanischer Sprache stammen. Beschränken wir uns darauf, hier als Beweis einige Beispiele anzuführen: *kolli* = Heim, Asche vom nordischen *kol* = Kohle; *huasi* = Haus

vom nordischen *hus; chupe* = Suppe vom nordischen *suppe; hatun* = groß vom nordischen *iötun* = Riese; *marca* = Grenzmark vom nordischen *marka;* und der Freuden- oder Jubelruf *hailli,* der genau dem deutschen Heil entspricht. Diese Durchdringung kann nicht in der Zeit von Tiahuanacu stattgefunden haben, da die indianische Hauptsprache im Collasuyu Aymara war. Die aus dem Chinchasuyu, der Provinz im Norden, stammende Quichua-Sprache wurde erst in der Zeit des Neuen Reiches als allgemeine Sprache angenommen und als solche zur Staatssprache gemacht. Die Inka sprachen also eine germanische Sprache. Durch die Titel, die sie trugen, wissen wir, daß es ein nordischer Dialekt war. Die sprachliche Verbindung zwischen den Männern von Tiahuanacu und ihnen bestätigt die historischen Daten, die wir aus Überlieferung und Ikonographie beziehen.

Als Manco Capac »von unserem Sonnen-Vater abberufen wird«, wie die fromme Formel lautet, hinterläßt er seinem Sohn ein kleines Reich, in dem die traditionelle Ordnung zumindest im wesentlichen wiederhergestellt ist. Die theokratische Gewalt ist fest gegründet. Die landwirtschaftlichen und militärischen Gemeinschaften *(ayllu)* mit ihren eingeborenen Anführern *(curaca)* dienen der gesamten Bevölkerung als Rahmen. Die weiße Minderheit »königlichen Blutes« besetzt alle Befehlsstellen auf allen Gebieten. Der Thronfolger heißt Sinchi Roca (*(Roca* ist eine Verbildung des skandinavischen Vornamens *Hródgar,* der in der französischen Sprache zu Roger und in der deutschen zu Rüdiger geworden ist; *sinchi* bedeutet als

Eigenschaftswort »tapfer«, kann aber auch als Hauptwort im Sinn von »General« gebraucht werden; das Wort kommt vom nordischen *sýna* = anweisen, befehlen, davon abgeleitet *sýni* = Vorbild).

Der General Rüdiger ist also in der Lage, mit der Rückeroberung der verlorenen Gebiete zu beginnen. Im Verlauf seines ersten Feldzuges dringt er in den Collasuyu ein. Offenbar möchte er Tiahuanacu zurückgewinnen, was ihm jedoch nicht gelingt. Er kommt nur etwa 100 km nach Süden voran und befestigt die neue Grenze. Dann wendet er sich nach Osten und erreicht den Fluß Callavaya. Sein Sohn Lloque Yupanqui (*lloque* bedeutet in Quichua »linkshändig«, und Yupanqui, ein Name, der in der Inka-Dynastie wiederholt vorkommt, scheint eine Zusammenziehung von *yupa* = Gerechtigkeit und *anca* = ausgezeichnet zu sein, könnte aber auch vom nordischen *banga* = schlagen in Verbindung mit der verstärkenden Vorsilbe *su* abgeleitet sein) nimmt mit 8 oder 9000 Mann den Marsch nach Süden wieder auf und kann sich nach einer fürchterlichen Schlacht der Stadt Ayavire und danach auch Hatunkollas, der Hauptstadt des Aymara-Königreiches, bemächtigen. Von dort aus gestattet ihm ein zweiter Feldzug, ohne größere Anstrengungen bis zur Ostgrenze der Kordillere vorzudringen.

Tiahuanacu wird von dem vierten Inka, Mayta Capac, zurückerobert (Mayta kommt vom nordischen *meidha* = verwunden, schädigen), dessen Truppen, von den bereits befriedeten Gebieten im Westen des Titicacasees ausgehend, den Desaguadero-Fluß im Süden des Sees auf einer

Floß-Brücke überschreiten. Nach blutigen Schlachten wird das ganze Gebiet besetzt. Dann wendet sich das Heer nach Westen, erreicht die Pazifik-Küste, um von dort aus bis in die Täler vorzustoßen, die in den östlichen Urwald führen. Dort treten Mayta Capac nicht zivilisierte Stämme wie im Collasuyu gegenüber, sondern Wilde. Die Treueschwüre ihrer Häuptlinge scheinen wenig zuverlässig. Der Inka siedelt daher Quichua in diesem Gebiet an, womit er die Politik der Militärkolonien der Atumaruna wieder aufnimmt. Dann dringt er im Westen Cuzcos in den Contisuyu ein. Sein Sohn Capac Yupanqui vollendet sein Werk in diesem Abschnitt, marschiert nach Süden und verbindet so das Küstengebiet mit den schon befriedeten Provinzen des Collasuyu. Im Süden von Cuzco bleiben, wenn man von den Tälern von Charcas absieht, nur noch die Gebiete im Osten außer Kontrolle, in die sich die Könige von Hatunkolla zurückgezogen haben, deren Nachkommen sich gegenseitig bekämpfen. Einer von ihnen trägt den Titel Spakhta, der andere den Namen seines Vorfahren Kari. Beide wenden sich an den Inka. Schlichtet der Kaiser wirklich, oder spielt er den einen gegen den anderen aus? Die Chroniken sind in dieser Hinsicht widersprüchlich. Jedenfalls bringt Capac Yupanqui beide unter seine Botmäßigkeit.

Der sechste Herrscher, Inca Roca, führte schon als Kronprinz einen Feldzug im Chinchasuyu, der ihm die Kontrolle über den Apurimac bis zur Küste eintrug. Kaum an der Macht, nimmt er den Feldzug wieder auf und fällt in das Gebiet der Chanca ein, besonders kriegerische Quichua-

Indianer, die er – nach Garcilaso – nur durch gute Worte und die (nicht sehr überzeugende) Zurschaustellung seiner Stärke unterwirft. Dann trägt er seinem Sohn Yahuar Huacac (verschiedene widersprüchliche Legenden versuchen diesen merkwürdigen Namen – »Der blutige Tränen Weinende« – zu erklären) auf, den Antisuyu im Osten des Flusses Paucartampu zu erobern, der seit Manco Capac die Ostgrenze der Cuzco unterworfenen Gebiete darstellt. Dieser führt wenige Jahre später ein Heer von 30000 Mann nach den Tälern von Charcas in den östlichen Anden und nimmt sie kampflos ein.
Diese langsam fortschreitende Eroberung, die zumindest uns Heutige reichlich langweilt, wird von Ereignissen unterbrochen, die sich während der Regierung von Yahuar Huacac abspielen. Dieser ist sehr wenig kriegerisch und beschränkt sich auf militärischem Gebiet darauf, seinen Bruder Apu Mayta damit zu beauftragen, einige noch nicht bewältigte Kessel auszuheben. Er hat ein schweres persönliches Problem: sein ältester Sohn, dessen Name nicht überliefert ist, erweist sich als unerziehbar, so daß er keinen anderen Ausweg sieht, als ihn ins Gebirge zu verbannen. Drei Jahre später kehrt der Prinz trotz Verbot zurück, stellt sich vor den Kaiser und berichtet ihm eine merkwürdige Geschichte. Ein Mann mit langem Bart und bis auf die Füße reichender Tunika sei ihm während des Nachmittagsschlafes erschienen. Es war der Viracocha, der ihm auftrug, den Inka über die Rebellion der Chanca zu unterrichten. Mit seinem Sohn immer noch überworfen, glaubt Yahuar Huacac, ihm nicht vertrauen zu dürfen, und

wirft ihn hinaus. Er will seine Onkel und Brüder nicht hören, die bezweifeln, daß der Prinz gelogen und damit schwere Schuld auf sich geladen habe. Drei Monate später trifft in Cuzco die Nachricht ein, daß die Chanca mit 40000 Kriegern auf Cuzco marschieren. Der Inka flieht nach Collasuyu.

Als der Thronfolger, den man von nun an Viracocha Inca nennt, davon erfährt, eilt er seinem Vater nach und erreicht ihn. Er wirft ihm seine Feigheit vor und wendet sich aufmunternd an die anderen Flüchtlinge. 4000 Inka von königlichem Geblüt unterstellen sich seinem Befehl. Mit ihnen marschiert er sofort nach Cuzco zurück, vertreibt die Indios aus der Stadt und ruft die Landbewohner des Gebietes auf. Über die Hauptstadt hinaus marschiert er den Königlichen Weg des Chinchasuyu voran, auf dem sich der Feind nähert. Weitere 4000 Inkas schließen sich ihm an, während ihm aus dem Contisuyu 20000 Krieger zu Hilfe eilen. Die Schlacht dauert einen ganzen Tag. 5000 Quichuas, die man in den Engpässen der Gebirge in Reserve gehalten hat, geben den Ausschlag für den Sieg, als sie den Chanca in den Rücken fallen. 30000 Leichen, so wird berichtet, häufen sich auf dem Schlachtfeld zu Bergen. Die Legende nimmt sich des heldenhaften Geschehens an: auf der Seite der Inka habe Viracocha mit seinen bärtigen Kriegern gekämpft. Der Prinz verfolgt die Flüchtenden, erobert seine Gebiete zurück und richtet auf ihnen feste Garnisonen ein. Dann kehrt er zu Fuß wie einer seiner Soldaten, von diesen umgeben, nach Cuzco zurück. Sein Vater dankt zu seinen Gunsten ab.

Einige alte Inka werden später berichten, daß Viracocha Inca nicht der leibliche Sohn von Yahuar Huacac war, was erklären würde, warum er viel europäischere Züge als die Nachkommen von Manco Capac hatte. Stammte er aus einem reineren Geschlecht? Das ist nicht bloß ein Gerücht, das seinen Ursprung vielleicht nur in einer physischen Erscheinung hat, die die Mendelschen Gesetze hinreichend erklären würden, wenn die Inka, was wahrscheinlich ist, etwas indianisches Blut in ihren Adern hätten. Vermerken wir in dieser Hinsicht, daß die Zahl von 8000 Inka königlichen Blutes, die an der Schlacht teilnehmen, deutlich beweist, daß im Gegensatz zur Legende nicht alle Söhne der Sonne von den vier *ayar* und ihren Schwestern abstammen. Denn diese acht ursprünglichen Erzeuger hätten in 150 Jahren nicht viel mehr als 250 Männer und Frauen hervorbringen können. Offensichtlich hatten viele überlebende Wikinger des Alten Imperiums in Paccari Tampu und Cuzco Zuflucht gefunden, ohne von denen zu sprechen, die in den Provinzen überlebten, wie das Apu Tampu getan hatte.
Unter Viracocha gliedert sich Tucumán, d.h. der ganze Nordwesten des heutigen Argentiniens bis Córdoba im Süden, der Inka-Herrschaft ein, offenbar von dieser dazu aufgefordert. Danach gehen die Eroberungen weiter. Sein Sohn Titu Manco Capac, der nach einem versuchten Staatsstreich seines Bastard-Halbbruders Urco, dem Liebling seines Vaters, unter dem Namen Yupanqui Pachacutec (Yupanqui, der Reformator der Welt) regiert, besetzt das Gebiet der Chanca an der Küste und rückt später nach

Norden vor, ins Chinchasuyu, das bald völlig unterworfen wird. Schließlich wendet man sich gegen das Königreich Chimor, dessen Souverän, gleichfalls ein Nachkomme von Wikingern, sich nach harten Kämpfen unterwirft. Der gute Inca Yupanqui, der zehnte Kaiser von Cuzco, hat weiterreichende Absichten. Das Gebirge befindet sich in seiner Gewalt, aber die Ebene ist noch nicht zurückerobert worden. Er bereitet einen Feldzug vor, um auch sie zu unterwerfen. Er weiß ganz genau, wohin er sich wendet, erklärt uns Garcilaso, »wegen gewisser Verbindungen, die seine Vorfahren und er gehabt hatten, daß es dort weit und breit viele Ländereien gäbe, die von ihnen besiedelt wurden, obwohl sie für sie selbst unbewohnbar waren«.
An den Ufern des Marañón (des oberen Amazonas) läßt Yupanqui in der außerordentlich leichten Holzbauweise der Gegend Flöße konstruieren, die 30 bis 50 Mann mit Gepäck und Verpflegung – auf einer leicht erhöhten Plattform – transportieren können. Die »Flotte« mit einer Besatzung von 10000 Mann fährt den Fluß auf der Suche nach dem Paytití herunter. Sie hat auf der ganzen Fahrt die Angriffe der wilden Chunchu-Indianer zu ertragen und erreicht schließlich das Gebiet, das die Überlieferung den Musu zuschreibt. Von den 10000 Mann ist nur noch der zehnte Teil übrig geblieben, und da sie den Weg nicht fortsetzen können, lassen sie sich an Ort und Stelle in gutem Einvernehmen mit den Ortsansässigen nieder, die ihre Kinder mit den ihren vermählen. Es interessiert uns hier nicht, daß es sich nicht um den eigentlichen Herrschaftsbereich der Musu handelt, der sich viel weiter nörd-

Der Inka-Kaiser Viracocha. Man beachte den Bartansatz am Kinn, der seine europäische Herkunft andeutet. Zeichnung Guaman Poma de Ayala.

lich befindet. Tatsache ist, daß sich der Weg nach Osten auf dem Amazonas als ungangbar erwiesen hat. Es bleibt der *Peaviru,* der Landweg im Süden. Sein einziger Zugang besteht im Osten der bereits unterworfenen Charca, über die steilen Berge und die Sümpfe, die die Chiriguanao, ein wilder Guaraní-Stamm, bewohnen und so den Zugang zu den Ebenen von Santa Cruz blockieren. Auch hier scheitert Yupanqui. Die Inka werden niemals an den Atlantik gelangen.

So wendet sich der Kaiser nach Chile. Seine Zugänge sind nicht einfach. Von Tucumán aus sind Pässe von 4000 m Höhe und mehr zu überwinden. In der Atacama, einer 600 km Luftlinie langen Wüste, gibt es auf halbem Weg nur eine einzige Oase, Copiapó. Aus uns unbekannten Gründen wird dieser zweite Weg gewählt. 28000 Mann überwinden in drei Wellen das Hindernis. Sie können es nur dank der mitgeführten Lamas, die Lebensmittel und Trinkwasser schleppen und geschlachtet werden, wenn die Lasten verzehrt sind. Ständig kämpfend erreicht das Heer im Süden der heutigen Stadt Valparaiso den Fluß Maulli (heute Maule), der zur südlichen Front des Neuen Reiches wird. Wahrscheinlich hatte er die gleiche Funktion schon im Alten, da auf seiner Höhe der Königliche Weg endet, der über Tucumán und Mendoza (im heutigen Argentinien) die Anden überquert.

Der elfte Herrscher, Tupac Inca Yupanqui (Tupac bedeutet in Quichua »der Glänzende«), versucht, die Amazonas-Route wiederaufzunehmen, hat dabei aber auch nicht mehr Erfolg als sein Vater. Ohne größere Schwierigkeiten

Der Inka-Kaiser Pachacuti Yupanqui.
Zeichnung Guaman Poma de Ayala.

schlägt er die Huacrachucu und dringt in die Provinz der Chachapoya ein, wo Takuilla im Alten Imperium eindrucksvolle Befestigungen angelegt hatte, die die Einheimischen jetzt gegen seine Erben benutzen. Mit Müh und Not kann er die Provinz unterwerfen, ist aber klug genug, nicht weiter vorzudringen. Es scheint ihm einfacher – und auch darin hat er recht –, das Königreich Quito seinem Besitz einzuverleiben, dessen Dynastie gleichfalls von Wikingern abstammt, sich aber weitgehend mit Eingeborenen vermischt hat. Der Kronprinz Huayna Capac (Huayna bedeutet in Quichua Jüngling) übernimmt den Oberbefehl und unterwirft mit einem Feldzug von drei Jahren Dauer das Land. Später verliebt er sich in die Tochter des letzten Königs, nimmt sie als Geliebte und zeugt mit ihr einen Sohn, von dem man noch hören wird.

Während dieser kriegerischen Ereignisse im Norden unternimmt Tupac Yupanqui seinen großen Zug übers Meer, der ihn – »auf den Spuren des Viracocha«, wie wir im nächsten Kapitel sehen werden – nach Polynesien führen soll. Er läßt 400 Flöße bauen und sticht mit 20000 Mann in See. Nach einer Zwischenlandung auf den Galápagos-Inseln erreicht er die Inseln Aguachumbi und Ninachumbi, von wo er außer Gegenständen aus Gold und Silber Gefangene schwarzer Rasse zurückbringt. Er war auf den Gambier- oder Mangareva-Inseln (heute Französisch-Polynesien) im Pazifischen Ozean. Dort erinnert man sich an einen Führer namens Tupa, der mit einer Flotte von Flößen aus dem Osten kam.

Unter Huayna Capac erreicht das Imperium einen Höhe-

Kaiser Yupanqui und Gattin in der Sänfte.
Zeichnung Guaman Poma de Ayala.

punkt. Im Gebirge ist es ausgedehnter als das von Tiahuanacu, da es sich zwar nicht Kondanemarka, aber die beiden unabhängigen und verbündeten Königreiche Chimor und Quito einverleiben konnte. Der Kaiser rundet sein Gebiet ab, indem er einige ans Meer führende Täler im Norden erobert, die die *scyri* nie unterwerfen konnten. Acht Jahre vor seinem Tod, d. h. im Jahr 1517, bringen ihm die *chasqui,* die Meldeläufer, eine Nachricht, die ihn schaudern läßt: ein riesiges Schiff, mit »merkwürdigen und hier nie gesehenen Menschen« bemannt, hat die Küsten Ekuadors angelaufen. Es ist Vasco Nuñez de Balboa. Das weiß Huayna Capac natürlich nicht, aber er ahnt etwas. Es scheint nämlich, daß die Normannen, die schon seit 1250 nach Amerika kamen, um hier Brasil-Holz zu laden, die Verbindung mit dem Altiplano nach der Gründung des Neuen Reiches wieder aufgenommen haben, diesmal direkt. Sie besaßen eine von den Wikingern stammende außerordentlich genaue Karte des Halbkontinents, auf der sogar die Magellanstraße, wie wir sie heute nennen, verzeichnet war. Ihre Schiffe waren im 14. und 15. Jahrhundert denjenigen nicht unterlegen, die die Spanier bei ihrer »Entdeckung« Amerikas und der späteren Konquista verwendeten. Für die laufende Verbindung zwischen der Normandie und Tiahuanacu sprechen unbestreitbar europäische Gestalten auf einem Webstück und einem *keru* aus vorkolumbianischer Zeit. Diese *kern* sind hölzerne Trinkgefäße, deren oberer Rand in besonders kunstvoller Schnitztechnik bunte Ornamente und Figuren zeigt. Eine von diesen trägt einen »Südwester«, die typische Kopfbe-

Kaiser Huayana Capac in seinem »Befehlswagen«.
Zeichnung Guaman Poma de Ayala.

deckung der europäischen Seeleute jener Zeit. Ein anderer *keru* zeigt inkaische Waffen auf einem französischen Wappenschild aus der Zeit nach dem 13. Jahrhundert.

Durch die Normannen war Huayna Capac über die Vorgänge in Europa auf dem laufenden. Auf seinem Totenbett sagte er zu den zusammengerufenen Söhnen, Verwandten, Hauptleuten und *curaca:* »Vor langen Jahren schon hat uns unser Sonnen-Vater offenbart, daß, wenn zwölf unserer Könige von ihren Söhnen abgelöst worden sind, neue und hier bisher unbekannte Leute kommen und alle unsere Königreiche und viele andere dazu gewinnen und ihrer Herrschaft unterwerfen werden; ich vermute, daß es diejenigen sind, von denen wir wissen, daß sie an der Küste unseres Meeres aufgetaucht sind; es werden tapfere Leute sein, die euch in jeder Weise Vorteil bringen werden. Ich versichere euch, daß wenige Jahre, nachdem ich von euch gegangen bin, diese neuen Leute kommen werden, und sich so erfüllt, was uns unser Sonnen-Vater gesagt hat, und sie werden unser Reich gewinnen und unsere Herren sein. Ich befehle euch, daß ihr ihnen Gehorsam leistet und ihnen wie solchen Menschen dient, die euch in jeder Weise Vorteil bringen; ihre Gesetze werden besser sein als die unseren, wie auch ihre Waffen mächtig und unbesiegbar.« Es ist möglich, daß die Spanier, denen wir die Aufzeichnung der letzten Worte des letzten Inka verdanken, diese ihren politischen Zielen angeglichen haben. Aber das ändert nichts an der durch das Verhalten der Inka und ihrer Indios gegenüber Pizarro und seinen Leuten erwiesenen

Tatsache, daß jene die Rückkehr Viracochas und seiner Getreuen erwarteten.

Die Geschichte des Neuen Reiches ist nicht entfernt auf die äußerst zusammengefaßte Darstellung der Rückeroberung des Alten beschränkt, wie wir sie im Vorstehenden gegeben haben. Sie umfaßt auch und vor allem die Wiederherstellung der 1277 zerstörten Gesellschaftsordnung. Indem er sich als Sohn der Sonne erklärt, nimmt Manco von vornherein die Stellung von Viracocha ein: nicht die eines *konr,* der mit Müh und Not das Land kolonisiert, sondern die eines Gottes, als welchen ihn die Eingeborenen verdinglicht haben. Gewiß ist er nicht dessen Reinkarnation, aber als göttliche Erscheinung übernimmt er seine Repräsentation. Die Machtvollkommenheiten, die er sich zuschreibt, werden so ebenso unbestreitbar wie seine Legitimität. Der Sohn des Kleinen Herrn von Paccari Tampu, in dessen Adern ein gut Teil Indianerblut fließt und der daher selbstverständlich von der Erbfolge der Herrscher von Tiahuanacu ausgeschlossen gewesen wäre, von denen er allerdings abstammt, wäre bestenfalls ein Thronräuber geworden. Der Sohn der Sonne geht auf die Ursprünge des Geschlechts zurück, so wie sie sich im Lauf der Jahrhunderte gestaltet haben. Die Priester, die diese Geschichte zustande brachten, verstanden ihr Geschäft.

Als Stellvertreter Gottes, an dessen Natur er teilhat, ist der Inka absoluter Souverän. Seine Entscheidungen bestimmt sein Sonnen-Vater, und wer sich ihnen widersetzt, begeht ein Sakrileg. Dies theokratische Prinzip jedoch steht einerseits im Widerspruch zu der konkreten Wirklichkeit und andererseits zu den ererbten gesellschaftlichen Regeln der Wikinger. Das Reich ist weder ein Kloster noch eine Kaserne, wo die Gleichmäßigkeit herrscht, sondern ein Mosaik von Völkern, die so verschieden wie nur möglich sind, jedes mit seiner Glaubensauffassung, seinen Sitten, seiner Lebensart und seinen eigenen Behörden. Man kann den Chimú-Fischern der Küste, deren hohe Kultur älter als die der Wikinger ist, den Aymara-Hirten, die ihre Lamaherden in den eisigen Einöden der *Puna* in einer Höhe von 4000 und mehr Meter weiden, den Quichua-Ackerbauern der Bergwelt und den wilden Jägern der östlichen Anden-Täler nicht die gleiche Struktur und schon gar nicht die gleiche Vorschrift geben. Die Einheit bekommt ihren Sinn nur über die Verschiedenheit, die sich nach Überwindung der Gegensätze in einen Faktor der Ordnung und Reichhaltigkeit verwandelt.

Deswegen respektiert der Inka Besonderheiten, die er übrigens auch gar nicht unterdrücken könnte. Überall bestätigt er die Macht der *curaca,* deren Autorität keineswegs verringert, sondern im Gegenteil bestärkt wird. Als Gegenleistung jedoch schwört der örtliche Führer dem Souverän Treue. Das ist, wie wir schon in bezug auf das Alte Imperium gesehen haben, eine reine Umschreibung des europäischen Feudalismus. Es gibt nur eine einzige, aber höchst bedeutsame Ausnahme: die *mitmac* oder *mitimaes*-Kolonien, Gemeinwesen, die über das gesamte Gebiet verstreut sind und die, da nicht ganz zuverlässig, von sicheren Gebieten umgeben werden, oder die im Gegensatz, da aus besonders treuen Indios unter der Füh-

Bilder der Inka-Kaiser, wie sie der Chronist Herrera wahrscheinlich aus den präkolumbianischen Kunstwerken von Poquen Cancha übernahm.

rung von Weißen bestehend, in den Grenzprovinzen oder inmitten von unruhigen Völkerschaften angesiedelt worden sind.

Die Herrscher von Cuzco beschränken sich also darauf, die von ihren Vorfahren von Tiahuanacu geschaffenen Strukturen wiederherzustellen. Aber mit einem Unterschied: Viracocha war unter den Wikingern nur *primus inter pares*. Seine Nachfolger haben ohne Zweifel ebenso wie seine skandinavischen Vettern seine Autorität bestärkt. Manco braucht die seine nicht den Weißen aufzuzwingen, die sich um ihn scharen. Für sie, die offensichtlich auf die Mystifizierung nicht hereinfallen, ist er der Führer, nicht weil er von der Sonne abstammt, sondern weil er die Voraussetzungen für die Wiedergeburt geschaffen hat. Die Indios werden natürlich nicht nach ihrer Meinung gefragt, denn das Gesetz des Blutes ist die Grundlage, auf der der Staat organisiert wird, und an den natürlichen Strukturen der Bevölkerung wird nicht gerüttelt. Der leitende Grundsatz der wiedergefundenen Ordnung ist die Sicherung der Freiheiten der Eingeborenen durch die absolute Autorität der Inka. Der weiße Staat fügt sich den Gemeinschaften an, ohne diese in ihrem Wesentlichen anzutasten oder gar von ihnen abhängig zu werden. Der Kaiser ist von seinen nächsten Verwandten umgeben, die die wichtigsten Posten in Regierung und Armee bekleiden. Vier Inka-Vizekönige repräsentieren ihn in den Provinzen. Alle hohen Beamten sind Weiße, denen die Behörden der Eingeborenen untergeordnet sind. Die Lehen sind in Händen der Inka oder *curaca,* doch sie alle sind den Inka-Repräsentanten der

Zentralgewalt unterstellt. Einerseits also die gewohnte und unveränderte Struktur, andererseits ein politischer Überbau, den das Monopol der Führungskaste darstellt.
Das Feudalsystem bietet jedoch nicht nur Vorteile. Die örtliche Autonomie erlaubt nämlich, viele Dinge zu verschleiern, ganz besonders Verstöße gegen die Gesetze. Deswegen schaffen die Inka eine übergeordnete, ergänzende, streng zentral gelenkte Organisation. Die indianischen Familienväter im arbeitsfähigen Alter (von 25 bis 50 Jahren) werden unter Führung eines der ihren in Zehnerschaften zusammengefaßt. Fünf Zehnerschaften bilden eine halbe Hundertschaft, zwei halbe eine ganze Hundertschaft, fünf Hundertschaften eine Kompanie, zwei Kompanien ein Dorf und zehn Dörfer einen Stamm, dessen Anführer dem Provinz-Gouverneur direkt unterstellt ist, der seinerseits nur noch einen der Vizekönige über sich hat. Die Anführer eines Dorfes oder Stammes sind fast immer Angehörige der weißen Aristokratie. Bei diesem Schema fällt zweierlei auf: einmal die Benutzung des Dezimalsystems, das im ganzen sonstigen Amerika (wo die Rechnungseinheit 20 gebraucht wird) unbekannt ist und das auch in Westeuropa im Hochmittelalter durch das Duodezimalsystem ersetzt worden ist, zum anderen die pyramidenförmige Ordnung, die als Auflage des Kolonialstaates den örtlichen Strukturen der Gemeinschaft hinzugefügt wird. Diese beiden Besonderheiten gab es im 10. Jahrhundert im nordischen Raum, genauer zwischen den Friesischen Inseln und der Insel Oeland, also in Dänemark und Südschweden. Es handelt sich somit um eine skandina-

vische Erbschaft, und wir wissen, daß sie schon vom Alten Imperium angetreten wurde.

In Friedenszeiten hat die Zehnerschaft eine zweifache Aufgabe. Einmal kümmert sie sich um die Bedürfnisse der ihr angehörenden Familien und vertritt sie gegenüber den Behörden, die für deren Befriedigung zu sorgen haben. Zum anderen bringt sie von ihren Mitgliedern eventuell begangene Straftaten je nach ihrer Schwere bei einem mit dem Richteramt betrauten Vorgesetzten zur Anzeige. Dieser muß innerhalb von fünf Tagen einen Freispruch oder ein Urteil fällen, ohne daß er dabei das Gesetz auslegen darf. Berufungsgerichte gibt es nicht, aber die gewöhnlichen Richter erstatten ihrem nächsthöheren Vorgesetzten jeden Monat einen (in Knotenschrift abgefaßten) Bericht über die von ihnen gefällten Urteile, der unter sorgfältiger Prüfung von Ebene zu Ebene bis zum Vizekönig gelangt, der ihn, wenn er das für richtig hält, sogar dem Obersten Rat des Inka in dessen Eigenschaft als höchstrichterliche Instanz vorlegt. Wenn es zu einem Rechtsstreit zwischen Provinzen kommt, begibt sich ein Richter von königlichem Geblüt an Ort und Stelle, hört die Parteien an und fällt das Urteil, falls die Angelegenheit nicht so schwerwiegend ist, daß sie dem Kaiser persönlich zur Entscheidung überlassen werden muß.

Die Gesetze sind einfach und nicht sehr zahlreich. Außerhalb des Strafrechts betreffen sie fast nur die Regeln für das Familien- und Wirtschaftsleben. In allen anderen Bereichen wird das örtliche Gewohnheitsrecht angewandt. In Kriegszeiten verwandeln sich die Zehnerschaften in militä-

Sonnen-Fest zur Inka-Zeit. Man beachte: der Sonnengott hat noch einen Bart, der Inka keinen mehr. Zeichnung Guaman Poma de Ayala.

rische Einheiten und ihre Anführer bis zum Kompaniechef in Unteroffiziere und Offiziere, die ihre Männer zum Mobilisierungszentrum bringen, wo der örtliche Lehnsherr oder sein *curaca* befiehlt. Die verschiedenen militärischen Einheiten werden unter den Befehl von Obersten oder Generalen gestellt, sämtlich königlichen Geblüts. In Cuzco und anderen strategisch wichtigen Punkten scheinen ausschließlich aus Weißen bestehende Elite-Verbände in Garnison gestanden zu haben.

Diese doppelte Rangordnung finden wir auch auf religiösem Gebiet. In Glaubensdingen zeigen die Inka eine außerordentliche Toleranz, und das strenge Vorgehen Manco Capacs, der in seinem kleinen Herrschaftsbereich die eingeborenen Götterbilder stürzen mußte, um seinen Sonnenkult durchzusetzen, soll sich nicht wiederholen. Wo Menschenopfer stattfinden, werden sie verboten. Aber im Pantheon von Cuzco stellen die Bilder von 78 Göttern die vielfältigen Glaubensbekenntnisse der im Reich vereinten Völkerschaften dar. Einer dieser örtlichen Götter genießt sogar eine bevorzugte Stellung.

Der Kaiser selbst verschmäht es nicht, ihm in seinem großen Tempel an der Küste gelegentlich rituelle Opfer darzubringen. Es ist Pachacamac, der Gott des Feuers der Chimú, »der die Erde beseelt« und ihr als Schöpfer innewohnt und dessen Wirken bis heute unter den Kolla Boliviens von Pachamama, der Urmutter Erde, personifiziert wird. Pachacamac ist der ordnende Geist, durch den das Chaos Gestalt und Dauer erhält. Denn *pacha* ist gleichzeitig Erde und Zeit. Anfänglich über ihm und später mit ihm verschmolzen steht Viracocha. Als unsichtbarer und allmächtiger Gott braucht er nichts und niemand. Deswegen ist ihm weder ein besonderer Kult noch ein eigener Tempel geweiht. Er ist der Schöpfer der Sonne, in der er seinen materiellen Ausdruck findet. Aber er ist auch ihr Sohn, der Fleisch wird, um den Menschen Offenbarung und Erlösung zu bringen. In dieser Eigenschaft ist er verwundbar, und die Kräfte der Natur schlagen ihn. Viracocha läßt unausweichlich an den Gott der Christen denken, den Schöpfer und Erlöser, Vater und Sohn in einem, unkörperlich und fleischgeworden, allmächtig und von den Söhnen des Teufels ans Kreuz geschlagen.

Das fromme Wirken des Pater Gnupa hat auch sonst noch manche Spuren hinterlassen: das Abendmahl in beiderlei Gestalt zum Fest des Intip Raymi, der südlichen Wintersonnenwende, und nur in der Gestalt von Brot zum Uma Raymi, dem Fest der Frühlings-Tagundnachtgleiche im September; die Ohrenbeichte; und sogar die Taufe, obwohl es keine andere Bezugnahme darauf gibt als die des späteren Kaisers Inca Roca, dem sein Vater Capac Yupanqui das Sakrament mit Wasser aus dem Titicacasee verabreicht, das »Thunupa« gesegnet hat. Vermerken wir noch, daß am Tag von Intip Raymi, dem ersten Wintertag auf der südlichen Erdhälfte, eine Feier zur Geburt des neuen Feuers sinnlos ist. Die katholische Kirche Südamerikas begeht mit ihrer Oster-Mitternachts-Messe den gleichen Irrtum. Die Auferstehung des Menschensohnes wie des Sonnengottes zu feiern, ist im Frühjahr berechtigt, wenn die Natur erwacht und einen neuen Lebenszyklus einleitet, auch noch zum Sommeranfang, aber nicht im Herbst und zum Winteranfang, wenn die Nacht den Tag verdrängt und die Erde in Schlaf verfällt. Womit bewiesen ist, daß es sich bei Intip Raymí und Ostern um aus Europa importierte Feste handelt.

Der den Inka eigene Sonnenkult – zu den ihm geweihten Tempeln haben die Indios keinen Zutritt –, ein zwar christlich beeinflußter, aber ursprünglich heidnischer Pantheismus skandinavischer Art, setzt sich langsam gegen die »wilden« Reste der eingeborenen Götzenanbetung durch, was den Herrschern zugute kommt, die schließlich – wie in Rom – schon bei Lebzeiten in den Rang von Göttern erhoben werden. Der anfänglich unabhängige Klerus wird bald in den Staat eingebaut, d. h. dem Souverän unterworfen. In dieser Beziehung – wie in jeder anderen – sorgen die Inka für Ordnung. Die Kirche bekommt eine nach strenger Rangordnung gegliederte Struktur. An ihrer Spitze steht ein Hoher Priester, der Villac Uma, ursprünglich von einer Priesterversammlung gewählt, aber bald schon vom Monarchen ernannt. Ihm unterstehen zehn Bischöfe mit Sitz in den wichtigsten Städten des Reiches. Diese wiederum gebieten Priestern zweierlei Art, den Sonnen-Priestern, die ebenso wie die Bischöfe sämtlich Inka sein müssen, und denjenigen der lokalen Götter, die Eingeborene sind. Diese wie jene betreiben Wahrsagerei aus den Eingeweiden geopferter Lamas, wobei sie an ihre Prophezeiungen selbst gewiß auch nicht mehr glauben als die Haruspizes des alten Rom, die sich zu diesem Zweck der Eingeweide eines Hahnes bedienten. Einmal im Jahr heilt der Kaiser alle Krankheiten, wie das der König von Frankreich an seinem Krönungstag mit der Skrofulose zu tun pflegte.

Diese Kirchenstruktur wird durch Nonnenklöster vervollständigt, in denen die Sonnenjungfrauen eingeschlossen sind. Ihnen obliegt es, das zum Fest Intip Raymi entzündete heilige Feuer zu hüten, das Brot für das Abendmahl zu bereiten und die Gewänder des Inka zu weben. Jedem dieser Klöster steht eine Äbtissin vor. Hier macht sich der christliche Einfluß unverkennbar geltend, denn nichts konnte den Wikingern ferner liegen als eine organisierte Jungfräulichkeit, zumal sie in Peru als weiße Aristokratie das größte Interesse daran haben mußten, die Zahl ihrer Nachkommen zu vermehren. Nun sind in Cuzco sämtliche Nonnen, die mystischen Bräute der Sonne, legitime Töchter der Inka, also von reiner Rasse. In den Provinzen dagegen werden auch Bastarde und Töchter von *curaca,* ja sogar Plebejerinnen (wenn sie nur hübsch genug sind) aufgenommen. Sie sind nicht so sehr der Sonne als deren jeweiligem Sohn auf Erden, dem Souverän, geweiht, der sie bei seinen Reisen durchs Imperium gerne aufsucht und gelegentlich wohl auch eine von ihnen diesem oder jenem Eingeborenen-Häuptling zur Frau gibt, wenn er ihn besonders ehren will. Auch das gehört zum Regieren.

Auch die Grundlage der wirtschaftlichen Ordnung ist das Gesetz des Blutes. Die Inka sind von jeder körperlichen Arbeit befreit. Alle dienen dem Staat und bekleiden, wie wir gesehen haben, hohe politische, militärische und kirchliche Posten. Die einzigen Erzeuger sind die Indios. Sie sind daher an die Scholle gebunden. In jedem Gebiet wird der bestellbare Boden in drei Teile geteilt, und zwar in einem möglicherweise wechselnden, jedenfalls aber unbekannten Verhältnis. Ein Teil gehört der Sonne, also der Kirche, ein anderer dem Inka, also dem Staat, und der dritte dem *ayllu,* der ihn jedes Jahr unter seinen Mitgliedern nach der Zahl ihrer Familienangehörigen verteilt. Die Landleute bearbeiten zuerst die Ländereien der Sonne, danach die der Alten, der Witwen, der Kranken und der im Feld stehenden Soldaten. Dann kommen ihre eigenen Äcker an die Reihe, aber die gegenseitige Hilfe ist Gesetz, und praktisch werden Feldbestellung, Aussaat und Ernte in Gemeinschaftsarbeit erledigt. Als letzte werden die Äcker der Inka bestellt. Jede Familie kann über die Erzeugnisse des ihr zugeteilten Bodens frei verfügen. Märkte gestatten einen gewissen Austausch.

Die von den Ländereien der Sonne und des Inka eingebrachten Ernten dienen zum Teil der Lebenssicherung des Klerus, des Hofes und der Beamten. Aber ihr wesentlicher Teil wird in Lagerhäusern untergebracht, die sich in allen Dörfern und allen *tampu* befinden, um unvorhergesehene Bedürfnisse der Bevölkerung befriedigen zu können, denn keinem Bewohner des Reiches soll das Unerläßliche fehlen, und auch Ausländer und Reisende werden kostenlos in den *corpahuasi* untergebracht. Mit ihren Ernteanteilen unterhalten Kirche und Staat auch ihre unzähligen Bediensteten und die Handwerker, die mit dem Bau von Tempeln und Palästen beauftragt oder bei öffentlichen Bauvorhaben und in der Bearbeitung von Metallen beschäftigt sind. Die Eingeborenenfrauen spinnen und weben das ganze Jahr die Wolle und Baumwolle, die ihnen die jeweiligen *ayllu* liefern. Aber sie bekommen ihr Rohmaterial auch von Kirche und Staat, um es in Kleidungsstücke für diese zu verwandeln. Zwei Monate des Jahres verwenden sie auf diese Arbeit.

Gleichfalls zwei von zwölf Monaten müssen die Handwerker, die Gegenstände aus Metall oder der Töpferei herstellen, der Kirche und dem Staat widmen.

Zwei Monate jährlich dienen die jungen Leute, die dazu eingezogen werden, im Bergwerk. Kupfer wird für die Herstellung von Gegenständen des täglichen Bedarfs und Waffen benötigt. Gold und Silber haben keinerlei Handelswert, weil es im ganzen Reich keinerlei Handel gibt. Diese Edelmetalle, zu denen man auch noch das damals in Europa unbekannte Platin hinzuzählen muß, dienen nur der Ausschmückung von Tempeln und Palästen wie auch – nach genau festgelegten Regeln der Rangordnung – der persönlichen Zierde. Der »Arbeitsdienst« der Frauen, Handwerker und Bergarbeiter bedeutet also keinerlei wirtschaftliche Ausbeutung. Es ist eine Art Steuer, die in Form von Arbeitsleistung von den *ayllu* entrichtet wird und der Gegenleistungen von Kirche und Staat in Gestalt von Lebensmitteln, Bekleidung und Gebrauchsgegenständen für Arbeiter und Bedürftige gegenüberstehen. Man konnte also mit Recht von Sozialismus sprechen, wobei dieses Wort seinen eigentlichen Sinn bekommt, der jeden Etatismus ausschließt, nämlich jede kapitalistische Anhäufung von Reichtümern durch die führende Minderheit. Die

Steuern werden tatsächlich nur zur Bezahlung der Beamten und öffentlicher Dienstleistungen verwendet. Diese sind beträchtlich, selbst wenn man diejenigen des Kultes und des Krieges unberücksichtigt läßt. Die soziale Hilfe ist die bedeutendste. An zweiter Stelle stehen die öffentlichen Bauten einschließlich der Bewässerungskanäle. Der Unterricht nimmt einen beachtlichen Teil des Haushalts in Anspruch.

Alle Kinder der Inka und der *curuca* gehen zur Schule, zunächst nur in der Hauptstadt seit dem Inca Roca und später auf Befehl von Pachacutec in allen Provinzen. Die Schüler lernen den Katechismus, Astronomie, Naturwissenschaften, Knotenschrift und natürlich die Moral und die Kunst des Krieges. Die Lehrer sind *amauta,* Angehörige eines Korps von »Philosophen und Gelehrten«, das der Staat unterhält. Über ihre Kenntnisse wissen wir sehr wenig, ganz einfach weil die Spanier aus Mangel an eigener Kultur die fremde nicht beschreiben konnten. Die inkaische Medizin beispielsweise war der europäischen des Mittelalters weit überlegen. Wir wissen das, weil man an Skeletten Spuren von erfolgreich durchgeführten Gehirnoperationen gefunden hat, ganz zu schweigen von chirurgischen Instrumenten aus Bronze, die bis heute erhalten sind. Einige Dichtungen, darunter ein Drama, sind vor der Vernichtung bewahrt geblieben, die ein beachtliches literarisches Niveau besitzen. Die wenigen Sonnen-Observatorien, die die spanischen Mönche nicht zerstören ließen, sind der Beweis für eine ständige Forschung auf dem Gebiet der Astronomie. Die *amauta* wissen die Sonnenwenden und Tagundnachtgleichen richtig zu berechnen. Das Sonnenjahr von 365 Tagen und 6 Stunden, eingeteilt in zwölf Monate, von denen sieben 31 Tage, vier 30 Tage und einer 28 Tage (und alle vier Jahre einen zusätzlichen 29.) zählen, hat das Mondjahr von 348 Tagen zu zwölf Monaten von je 29 Tagen abgelöst. Es gibt keinen Zweifel, daß dieser Wechsel auf die Wikinger zurückzuführen war, weil der (vom Sonnenjahr untrennbare) inkaische Tierkreis nicht nur demjenigen fast gleich ist, der im Mittelalter in Europa gebräuchlich war – von seinen zehn bekannten Zeichen sind sieben identisch, eines gleichwertig und zwei haben dieselbe Bedeutung, wenn auch ein verschiedenes Symbol –, sondern auch dem nördlichen Himmel entspricht, wie wir bei Erwähnung der Feier des neuen Feuers bereits festgestellt haben.

Zur Zeit der Tagundnachtgleiche im September, die auf der südlichen Erdhälfte den Frühlingsbeginn anzeigt, wird in Peru zusammen mit dem Uma Raymi das Fest des *Huaraca* gefeiert, das etwa der Zeremonie entspricht, in deren Verlauf die jungen Römer die Toga als Zeichen ihrer Männlichkeit erhielten. Nach Beendigung ihrer Studien legen die Jünglinge einschließlich des Thronfolgers ihre Prüfungen in Wissenschaften, Grammatik, Turnen und Taktik ab. Die von königlichem Blut sind, müssen sich außerdem verschiedenen Proben, von dreitägigem Fasten bis zum Zweikampf mit nicht geschärften Waffen, unterziehen, in deren Verlauf sie Tapferkeit, Selbstbeherrschung und Widerstandswillen zu beweisen haben. Dann schlägt sie der Inka persönlich zum Ritter – genau diesen Ausdruck gebraucht Garcilaso – mit einem Zeremoniell, das bis in die kleinsten Einzelheiten an den mittelalterlichen Ritterschlag erinnert. Das ist fraglos dem Pater Gnupa zu verdanken und also ein Erbteil des Alten Imperiums.

Kann sich eine derartig hohe Kultur allein auf mündlichem Weg fortsetzen? Wohl kaum, besonders wenn man an die astronomischen Kenntnisse denkt, die komplizierte Berechnungen erfordern. Man kann andererseits mit Recht daran zweifeln, daß recht komplexe mündliche Botschaften von Läufer zu Läufer über Tausende von Kilometern richtig übermittelt worden sein sollen. Gewiß, es gibt die Knotenschrift, aber das ist nur eine Gedächtnisstütze, die Zahlen selbstverständlich richtig wiedergibt, nicht aber Ansichten oder historische Tatsachen. Trotzdem glaubte man lange, daß das Neue Reich bis zum Schluß das Verbot befolgt habe, die in Paccari Tampu verwendete Schrift zu benutzen. Aber das stimmt nicht. Einerseits werden die Missionare der Konquista, um den Indios den Katechismus und die Gebete beizubringen, ein bereits vorhandenes Bilderschrift-System verwenden, in welchem sie die *quellca rezapaliche* (»die religiösen Texte auf Pergament«) verfassen, die bis heute noch nicht völlig außer Gebrauch geraten sind. Anderseits zeigen uns die Zeichnungen des Guaman Poma de Ayala auf der Tunika der Inka-Herrscher und auf ihrem Gürtel alphabetische Zeichen, von denen einige Runen zu sein scheinen, andere lateinische Buchstaben und arabische Ziffern. Ist das nur eine dekorative Erinnerung an die Schriftsysteme, die zur Zeit des Alten Imperiums von den Wikingern oder dem Pater Gnupa einge-

Der Inka-Kaiser Huascar als Gefangener seines Halbbruders Atahuallpa. Zeichnung Guaman Poma de Ayala.

führt wurden? Wir nahmen das jedenfalls im ersten Augenblick an. Anscheinend haben wir uns getäuscht. Neueste Forschungen scheinen darauf hinzuweisen, daß es sich – seien wir vorsichtig – um eine Art Übertragung der mündlichen Redeweise handelte. Aber noch ist es zu früh, das mit Sicherheit zu behaupten.

So offensichtlich auch das Bemühen des Verfassers der *Comentarios Reales* ist, alles zu verherrlichen und im besten Licht zu zeigen, was mit seinen Vorfahren mütterlicherseits in Verbindung steht, so muß er deren Unterlegenheit auf technischem Gebiet doch zugeben. Verwundert verzeichnet er die Ärmlichkeit der Werkzeuge, die den Handwerkern zur Verfügung standen. Sie hatten weder Hammer noch Amboß, weder Feile noch Stichel, weder Sägen noch Hobel. Die Schmelzer arbeiteten ohne Blasebalg, die Zimmerleute ohne Nägel, die Steinmetze ohne Meißel. Die Inka kannten das Eisen, aber sie benutzten es nicht. Werkzeuge, chirurgische Instrumente und metallene Waffen sind aus Kupfer. Die aus jener Zeit erhaltenen Goldschmiedearbeiten sind jedoch unvergleichlich, wie auch die von beiden Seiten gleichmäßigen Gewebe Motive von außerordentlicher Feinheit zeigen, obwohl es sich bei dieser letzteren Kunst um eine absterbende handelt, die bald nach dem Eintreffen der Spanier völlig in Vergessenheit gerät.

Auf allen Gebieten beschränken sich die Inka darauf, das Werk ihrer Vorfahren – häufig auf technisch geringerem Niveau – fortzuführen oder nachzumachen. Das Netz der Königlichen Wege ist schon vorhanden. Sie halten es

Thronräuber Atahuallpa bei seiner ersten Begegnung mit den Spaniern. Zeichnung Guaman Poma de Ayala.

instand und erweitern es. Sie nehmen die verstopften oder aufgegebenen Bewässerungskanäle wieder in Betrieb. Sie bringen die zerfallenen Ackerbau-Terrassen in Ordnung. Aber als sie Tempel und Paläste bauen wollen, zeigt es sich, daß sie unfähig sind, es den Meistern, deren Werke sie ständig vor Augen haben, gleichzutun. Ihre Bauten, die häufig auf Fundamenten aus der Tiahuanacu-Zeit errichtet wurden, sind im allgemeinen aus primitiven Luftziegeln oder bestenfalls aus Steinen, die kaum größer als ein gewöhnlicher Pflasterstein sind. Das letzte Wort hat wieder einmal Garcilaso. Er nennt die Männer des Neuen Reiches »an sich wenig einfallsreich«. Sie seien im Gegenteil »große Nachahmer«. Trotzdem bleiben auch ihre Nachahmungen noch großartig genug. Aber bald wird dies alles zusammenbrechen.

Auf Huayna Capac folgt sein legitimer Sohn Inti Cusi Huallpa mit dem Beinamen Huascar, was Kette bedeutet und daran erinnert, daß bei seiner Geburt für ihn eine goldene Kette geschmiedet wurde, die 200 Meter lang und so schwer war, daß 200 Mann sie tragen mußten. Sein Halbbruder, der Mestize Atahuallpa, Enkel mütterlicherseits des letzten *scyri,* erhielt von seinem Vater das Königreich Quito zum Geschenk. Von dort aus fällt er in das Reich ein, greift den Inka an, besiegt ihn und nimmt ihn gefangen. Dann verkündet er, er wolle dem legitimen Souverän den Thron zurückgeben, was bei einem feierlichen Staatsakt erfolgen soll, zu dem er alle Inka königlichen Geblütes einlädt. Als diese in Cuzco versammelt sind, läßt er sie alle, Männer, Frauen und Kinder, umbringen.

Nur ganz wenige entgehen der Metzelei. Niemand kann dem Mestizen mehr den Thron streitig machen, den ihm das Gesetz des Blutes verwehrt. Und doch traut sich Atahuallpa nicht, den Inka hinrichten zu lassen. Er befürchtet eine Volkserhebung. Im Augenblick begnügt er sich damit, ihn in den Kerker zu werfen.

Wenn Pizarros 128 Spanier in Peru nur auf einen kaum nennenswerten Widerstand stoßen, so ist das nicht bloß auf ihre Ähnlichkeit mit den Atumaruna zurückzuführen, auch nicht auf ihre Pferde und Kanonen, sondern vor allem darauf, daß ihnen kein anderer als Atahuallpa gegenüber steht. Dem Konquistador ist seine Grausamkeit und vor allem die Art vorgeworfen worden, wie er sich seines Gegners bemächtigte. Der ehemalige Schweinehirt war gewiß nicht sehr zartfühlend und hätte wahrscheinlich ebenso gehandelt, wenn er es mit Huascar zu tun gehabt hätte. Aber das Volk Perus sah in ihm den Sohn der Sonne, der gekommen war, um den vom Bastard Atahuallpa geschändeten legitimen Souverän zu rächen und wiedereinzusetzen. Das war natürlich ein Irrtum. Ehe er selbst umgebracht wurde, hatte Atahuallpa Gelegenheit, seinen Halbbruder ermorden zu lassen.

Die Spanier dachten nur an Vergewaltigung und Plünderung. In wenigen Jahren zerstörten sie eine der höchsten Kulturen in der Geschichte der Welt. Die *palla* und *ñusta,* die jungen Mädchen aus der weißen Aristokratie, die dem Massenmord hatten entgehen, aber nicht fliehen können, wurden willig oder mit Gewalt die Geliebten der Eroberer. Die wenigen überlebenden Inka-Söhne mußten sich, da

Frauen ihrer eigenen Rasse fehlten, mit Indianerinnen verheiraten. Vom Blut der Wikinger blieb in Peru bald nicht viel mehr übrig als bei diesen oder jenen Nachkommen von Konquistadoren oder auch Eingeborenen unangebrachte weiße Haut, blonde Haare oder blaue Augen. Vielleicht ist es müßig zu fragen, was aus dem Neuen Reich geworden wäre, hätte es keine Konquista gegeben. Die Annahme ist berechtigt, daß es, seiner Führungs-Elite beraubt, schnell wieder in Anarchie verfallen wäre. Das soll keine Entschuldigung sein, aber es weist alles darauf hin, daß die Spanier nichts anderes taten, als ein Todesurteil zu vollstrecken, das die Geschichte bereits gefällt hatte.

VI.

DIE ÜBERLEBENDEN

Blenden wir bis zu dem Augenblick zurück, als es dem jungen Manco gelingt, aus Tiahuanacu zu fliehen. Viele Wikinger, die den Männern Karis in die Hände fallen, werden erbarmungslos umgebracht. Aber viele andere entgehen der Metzelei. Einige von ihnen finden, wie wir gesehen haben, in Paccari Tampu Zuflucht. Andere, die die Überlieferung unter dem Namen Viracocha zusammenfaßt – noch heut ist wie zur Zeit des Neuen Reiches für die Indios jeder Weiße ein Viracocha –, finden sich an der Küste wieder zusammen und ziehen auf dem Königlichen Weg am Pazifik entlang nach Norden. Sie kommen durch Provinzen, deren Bewohner von anderer Rasse als auf dem Altiplano und ihnen nicht feindlich gesinnt sind. Nach mehreren Monaten gelangen sie in die Gegend des heutigen Manta (Ekuador), wo ihre Vorfahren im Jahr 1000 an Land gegangen waren. In Puerto Viejo bauen sie oder lassen sie eine Flottille von Flößen bauen, mit der sie in See stechen. Ihr Ziel: Polynesien, dessen Vorhandensein ihnen ebenso bekannt sein muß wie später dem Tupac Yupanqui. Lassen wir dies Problem, das nichts mit dieser Untersuchung zu tun hat, beiseite. Erinnern wir uns nur daran, daß die europäischen »Entdecker« überrascht waren, auf den östlichen Inseln Ozeaniens zwei völlig entgegengesetzte Rassen anzutreffen. Die eine war von kleinem Wuchs, kurzköpfig, dunkelhäutig und von ausgesprochen mongoloiden Gesichtszügen, die andere hochgewachsen, langschädlig, von weißer Haut und europäischem Aussehen, einige sogar blond oder rothaarig und blauäugig. Diese letzteren nannten die Eingeborenen *arii* oder *ariki* (vom nordischen *harja* = Volk, Nation im ethnisch-kulturellen Sinn des letztgenannten Begriffes). Sie hatten auf der Osterinsel nach zahlreichen bildlichen Überlieferungen künstlich in die Länge gezogene Ohren wie die Männer von Tiahuanacu. Alle beteten zu einem Tiki oder Titi genannten Gott, von dem zahlreiche Darstellungen erhalten sind. Thor Heyerdal bewies, daß diese Weißen aus Südamerika kamen, und wußte auch, daß es sich um die Männer vom Titicacasee, die Überlebenden der Schlacht auf der Sonneninsel handelte. Aber die Volkszugehörigkeit dieser Flüchtlinge vermochte er nicht festzustellen, ja er schloß sogar in wenigen Zeilen ausdrücklich die Möglichkeit aus, daß es sich um Wikinger gehandelt haben könnte. Er stützte sich dabei auf eine irrtümliche Zeitberechnung aufgrund genealogischer Daten der Osterinsel. Sie ließ ihn die Ankunft der »Langohren« im Jahr 500 annehmen. Sehr wahrscheinlich hat er die Eingeborenen ganz einfach falsch verstanden. Denn Francis Mazière, dessen tahitianische Frau polynesisch spricht, gelangte aufgrund der gleichen Eingeborenen-Überlieferungen zu einem ganz anderen, dem richtigen Ergebnis, d.h. zu dem Datum des tatsächlichen Eintreffens der Weißen auf der Osterinsel, freilich ohne daraus die sich aufdrängende Schlußfolgerung zu ziehen.

Die Gruppe, die das vernichtete Tiahuanacu verläßt, besteht nicht nur aus Männern, da sich ihre Rasse auf den polynesischen Inseln zumindest über einige Generationen hinweg unvermischt erhält. Aber zahlreiche Frauen, deren Gatten, Väter oder Brüder getötet wurden oder sich fern der Heimat befinden, sind schutzlos geblieben. Einige werden wahrscheinlich zur Beute der Sieger. Andere jedoch können fliehen. Sie finden sich zusammen und ziehen sich – mit ihren Waffen – auf Chungara im Norden des Collasuyu zurück, der Provinz, die im Osten an die Ostkette der Anden grenzt. Sie müssen zahlreich sein, denn Cieza de León spricht von verschiedenen befestigten Dörfern, in denen sie «ohne ihre Männer, fast so wie die Amazonen lebten«. Kari verfolgt sie bis in ihre Schlupfwinkel. Sie setzen ihm heldenhaften Widerstand entgegen, werden aber schließlich gefangen genommen oder getötet. Was das letztere betrifft, bestehen gewisse Zweifel. Sicher ist nur, daß sie aus den Bergen verschwinden, daß »ihr Name ausgelöscht wird«, wie Cieza de León hinzufügt, und daß in dieser Gegend von ihnen keine andere Spur als die von ihnen angelegten Befestigungen bleibt. Aber wir begegnen ihnen in der Ebene wieder. Ob es sich dabei um dieselben oder um eine andere Gruppe gleichen Ursprungs handelt, bleibe dahingestellt.

Im Urubamba-Gebirge, 300 km nördlich von Cuzco, entspringen zwei Nebenflüsse des Amazonas, der Purús und der Juruá. Diese beiden Flüsse umgrenzen ein riesiges Urwaldgebiet, das heute noch fast unerforscht ist. Es heißt das »Land der Amazonen«, wie die von Spaniern festgehaltenen Eingeborenen-Überlieferungen berichten, und wie auch La Condamine festgestellt hat, der im 18. Jahrhundert als erster Wissenschaftler in das fragliche Gebiet eindringen konnte. Er berichtet, daß nach den Bekundungen der Eingeborenen die *cougnantainsequima* (französische Schreibweise des Guaraní-Wortes, das sich heute in Brasilien *cunhantensequima* schreibt), die »Frauen ohne Mann«, den Cayamé-Fluß entlang fuhren, der zwischen Tefé und Coarí in den Amazonas mündet, und daß sie die Mündung des Cuchivara, des heutigen Purús, erreichten. Dort überquerten sie den Amazonas und zogen dem Rio Negro entgegen, der sich in Manaos mit dem Amazonas vereint. Möglicherweise war der Purús, der auf Dreivierteln seines Laufes schiffbar ist, ein wichtiger Wasserweg für die Wikinger. Das ist schon daraus zu schließen, daß wir in diesem Gebiet noch heute Guaraní-Stämme antreffen. Die aus Tiahuanacu geflüchteten Frauen wissen also, daß sie dort eine sichere Zuflucht finden werden, wo sie nicht weiter verfolgt werden können. Aber der äquatoriale Urwald mit seinem heißen und feuchten Klima ist für Weiße fraglos nicht die angenehmste Umgebung. Deswegen setzen die »Amazonen« ihre Reise fort. Im Nordosten der Stelle, an der sie den Rio Negro überschritten haben, erhebt sich das Tumuc-Humac-Gebirge, das das Amazonas-Becken vom heutigen Guayana trennt. Hier lassen sie sich nieder, im Westen der großen Wassermassen des Oyapoc, im Westen der Quelle des Iripó oder Airjó, der ein wenig südlich des Araguary in den Amazonas mündet, am oberen Nhamundá und in der Nähe der Quelle des Cachivero, eines Nebenflusses des Orinoco. Die Achse ihres Siedlungsgebietes ist der Nhamundá, der ein wenig oberhalb der Insel der Tupinambá (heute Santa Rita) in den Amazonas mündet. Die Nachrichten, die die Spanier im 16. und 17. Jahrhundert über die »Frauen ohne Männer« bekommen, sind unzählig und übereinstimmend. Alle Indios des Urwaldes, von Paraguay bis zum Orinoco, haben von ihnen gehört. Im Gebiet des Amazonas sind einige Stämme von ihnen unterworfen, andere unterhalten ständige oder gelegentliche Verbindung mit ihnen. Die Konquistadoren jedoch begegnen ihnen nur ein einziges Mal. Im Jahr 1542 fährt Francisco de Orellana den damals noch unbekannten Amazonas herauf. Er macht auf der Insel Tupinambá Station. Da wird er von Indios angegriffen, die unter dem Befehl von zehn bis zwölf sehr weißen Frauen von hohem Wuchs stehen, die ihr Haar in Zöpfen und Knoten tragen. Sie sind ausgesprochen muskulös und »völlig nackt«, wie Pater Gaspar de Carvajal, der Kaplan der Expedition, entsetzt feststellt. Mit Pfeil und Bogen »kämpfen sie wie zehn Indios«. Nach dem Kampf vernehmen die Spanier die gemachten Gefangenen. Alles, was diese über die Amazonen berichten, wird von der Untersuchung bestätigt, die im nächsten Jahrhundert die Königliche Kammer von Quito durchführt. Viele andere Zeugnisse fügen sich diesem Material an, besonders diejenigen, die der Pater Christóbal de Acuña beiträgt, den der Vizekönig von Peru beauftragt hat, den portugiesischen Großkapitän Pedro de Teixeira und seine 47 Brigantinen auf dem Amazonas bis Grão Pará (heute Belém) zu begleiten.

Die Frauen ohne Männer, so sagen die Indios, leben in Dörfern von Häusern aus Stein, jedes mit Tür, untereinander verbunden durch gemauerte Straßen mit Wachtposten in gewissen Abständen. In der »Hauptstadt« gibt es fünf große Tempel und Häuser, die der Sonne geweiht sind, die *caranain* (welches Guaraní-Wort »Haus der Verwandten der Herren« bedeutet), die von der Erde bis zur halben Höhe mit schweren, bemalten Platten bedeckt sind, auf denen man zahlreiche Frauenbilder und Sonnenkultgegenstände aus Gold und Silber sehen kann. Das Tischgedeck der »wichtigsten und wohlgebildeten Damen« besteht ausschließlich aus Gold und Silber, während die anderen Geschirr aus Holz oder, wenn es feuerbeständig sein muß, aus Ton benutzen. Wenn sie sich anziehen, tragen sie feinste Wollkleidung, da sie zahlreiche Lamas, Alpacas und Vikunjas haben. Sie tragen eine Art Mieder, das die Brüste bedeckt und einen hinten mit Schnüren gehaltenen Umhang. Aber im täglichen Leben, und vor allem im Kampf, sind sie völlig unbekleidet. Kein einziger Mann lebt in ihren Dörfern. Einmal im Jahr jedoch empfangen sie 14 Tage lang Männerbesuch. Die Kinder, die danach geboren werden, behalten sie, wenn es Mädchen sind, und ziehen sie nach ihren Sitten auf. Aber die Knaben werden im Alter von acht oder zehn Jahren den jeweiligen Vätern übergeben, wenn sie nicht schon, wie einige behaupten, bei der Geburt getötet worden sind.
Das kann natürlich eine Übertreibung der Eingeborenen sein, die diese fremden und unheimlichen Frauen fürchten. Man wird auch manche Erinnerung aus Tiahuanacu –

Häuser aus Stein, Gefäße aus Gold und Silber – mit der Wirklichkeit verwechselt haben. Aber La Condamine hat recht, wenn er schreibt: »Alle Indios Südamerikas oder doch der größte Teil von ihnen sind lügnerisch, leichtgläubig und von Wundern zu begeistern. Aber keines dieser Völker hat jemals von den Amazonen des Diodoros von Sizilien und des Justinus gehört. Und trotzdem gab es die Frage der Amazonen unter diesen amerikanischen Indios schon vor der Ankunft der Spanier, und sie wird auch bei Völkern erwähnt, die niemals Europäer zu Gesicht bekommen haben ... Kann man glauben, daß diese Wilden in weit entlegenen Gebieten sich miteinander verständigt haben, um sich grundlos dasselbe auszudenken, und daß dann diese Fabel in Maynas, in Pará, in Cayenne und Venezuela von so vielen Völkern, die untereinander keinerlei Verbindung haben, so einheitlich akzeptiert wird?«
Die Spanier schmückten ihre Berichte gelegentlich aus, so wenn sie erwähnen, den Frauen habe die rechte Brust gefehlt, was kein Eingeborener je bemerkt hat. Doch der Pater de Carvajal ist als Augenzeuge und dazu als Sprecher seiner 57 Reisebegleiter absolut vertrauenswürdig. Jedoch sollte nach ihm und bis 1954 kein Europäer mehr diese Amazonen zu sehen bekommen. Diese hatten offenbar kein Verlangen, die Bekanntschaft mit den Feuerwaffen der Eindringlinge zu erneuern, vermieden es nach Möglichkeit, den Amazonas zu befahren und zogen sich in ihre Berge zurück, wohl behütet vom Urwald und den Wassermassen der Flüsse, auf denen sie in ihren Schlupfwinkel gelangten. Andererseits kamen auch die Spanier und Por-

tugiesen bis zum Beginn der »Kautschuk-Zeit« gegen Ende des vorigen Jahrhunderts sehr selten an den Amazonas.
Die Frauen ohne Männer sind jedoch an ihrer Zufluchtsstätte nicht ganz allein. Sie haben nicht nur örtliche Indianerstämme unterworfen, sondern arbeiten auch mit den Amicuan genannten Langohr-Indianern in enger Nachbarschaft zusammen, die ihnen entweder aus Peru gefolgt sind oder die an Ort und Stelle als Anerkennung ihrer Treue eine Auszeichnung erhalten haben, die die Atumaruna – wie später die Inka – Eingeborenen zuteil werden ließen, die ihnen gute Dienste geleistet hatten. Aber da sind auch noch andere Nachbarn, die die Amazonen, wenn auch vor allem aus biologischen Gründen, interessieren. Auf der anderen Seite des Amazonas, gegenüber der Mündung des Nhamundá, leben weiße Männer von hohem Wuchs, mit denen sie sich einmal im Jahr vereinigen werden. Es sind die Guacarí oder vielmehr Vacarí, deren Name sich vom nordischen *vaka* = Wächter ableitet. Vielleicht handelt es sich um die Reste der Garde von Tiahuanacu, die ausschließlich aus Weißen bestand. Begleiteten diese Männer die Frauen auf ihrer Flucht? Begegneten sie ihnen zufällig? Oder gehörten sie zu den am Ufer des Stroms errichteten Garnisonen?
Die erstgenannte Hypothese hat die meiste Wahrscheinlichkeit. In diesem Fall hätte der Flüchtlingszug aus Männern und Frauen der weißen Aristokratie und treuen Indios bestanden, womit die Tatsache erklärt würde, daß der schwere und gefährliche Zug durch den Urwald über 1500 km Luftlinie ohne Zwischenfälle durchgeführt wer-

den konnte. Danach jedenfalls haben sich die drei Gruppen getrennt, was in bezug auf die Indios nur normal ist, aber bei den Weißen überrascht. Wollen die Frauen ihren gefallenen oder verschwundenen Männern eine gewisse Treue bewahren? Oder haben sie lesbische Gewohnheiten angenommen oder bewahrt? Fürchten die vielleicht nicht sehr zahlreichen Männer, von ihren gelegentlichen Gefährtinnen auf die Dauer unterdrückt zu werden? Wir wissen es nicht. Was wir wissen, ist, daß das Kriegshandwerk den nordischen Frauen wohlvertraut war. In Europa begleiteten sie häufig die Männer ihres Klans in den Krieg und nahmen manchmal auch an den Schlachten teil. In den skandinavischen Sagen werden eine Menge Heldentaten der *Skjöld-Meyar,* der Schild-Jungfrauen, berichtet, die schon oft mit den Amazonen verglichen worden sind. Die Eroberung und Unterwerfung ihres riesigen Imperiums von Tiahuanacu dürfte die männlichen Tugenden der Wikinger-Frauen Amerikas nicht haben einschlafen lassen. Eines schönen Tages jedoch verschwinden die Guacarí, wir wissen nicht, wohin. Die Frauen ohne Männer halten sich jetzt an die Macuxí, einen am oberen Oyapoc lebenden Stamm sehr hellhäutiger Indianer. Diese kommen bald und gern zu Besuch, obwohl sie auf ihrer Reise das Gebiet ihrer Feinde, der Emerillon, durchqueren müssen. Dann bleiben auch sie aus. Die Amazonen müssen sich mit den Parintintin, den Baré, den Munducuru oder irgendwelchen anderen Indios zufrieden geben, die bereit sind, die ihnen zugeteilte Rolle bei einem Akt zu spielen, von dem die Fortdauer ihrer Lebensweise *sui generis* abhängt. Die

Rasse verändert sich schnell, und innerhalb weniger Generationen sind aus den *cunhantensequima* Indianerinnen geworden. Sie verlieren sogar ihre Sprache und nehmen die ihrer Nachbarn, der Guaraní, an. Indes versuchen sie, ihre Überlieferungen zu bewahren.
Eduardo Barros Prado, einer der besten Amazonas-Kenner unserer Zeit, konnte 1954 am Ufer des Sees Jacicurá (Spiegel des Mondes) am Überlauf des Nhamundá, ein Amazonen-Dorf finden und aufsuchen. Er wurde gut aufgenommen und konnte feststellen, daß die Kinder bis zu acht Jahren unter der Obhut einer Frau vom Stamm Cajabí, sogenannten »weißen Indianern«, getrennt aufgezogen wurden. Er wohnte den Zeremonien ritueller Waschungen der mannbar gewordenen Jungfrauen bei, die zum ersten Mal an den bevorstehenden Paarungsfesten teilnehmen sollten. Dabei wurden die jungen Mädchen von zwei Priesterinnen in langen Tunikas aus cremefarbener, fast weißer Baumrinde mit geometrischen Zeichen bedeckt, die manchmal an die Ornamente der Arahuac-Keramik erinnerten, aber auch und vor allem an die Motive der Gewebe und Skulpturen von Tiahuanacu. Als dann der männliche Besuch vom Stamm der Parintintín kam, zog sich Barros mit seinen Begleitern für 14 Tage diskret zurück und kehrte gerade rechtzeitig wieder, um an dem großen Abschiedsfest für die Männer teilzunehmen. Er fand dabei die weniger tragische Form der Eingeborenen-Überlieferung über das Schicksal der männlichen Amazonen-Kinder bestätigt: die Väter nahmen ihre acht Jahre alt gewordenen Söhne mit.

Die Schild-Jungfrauen, welche Bezeichnung nicht allzu wörtlich genommen werden sollte, und die Garde-Soldaten sind nicht die einzigen Wikinger, die im amazonischen Urwald Zuflucht suchen. Viele andere überschreiten einzeln oder in Gruppen die Ostkette der Anden und verschwinden in der Ebene, wo Karis Leute sie nicht weiter verfolgen können. Dort treffen sie auf andere, die die militärischen Eingeborenen-Verbände der Arahuac und Guaraní geführt haben und deren Auflösung nach dem Verlust der Verbindung mit der Hauptstadt nicht verhindern konnten. Um zu überleben, müssen sie alle die Lebensgewohnheiten der Eingeborenen annehmen. Trotzdem bewahren sie – zumindest anfänglich – die Kennzeichen ihrer Rasse. Aber bald schon beginnt die Vermischung. Sie wird dadurch begünstigt, daß – von den unberührbaren Amazonen abgesehen – nur sehr wenig weiße Frauen im Urwald gelebt haben dürften. Und die Indianerinnen sind keineswegs abstoßend, manche sogar sehr hübsch. Die Versuchung wird um so größer, je mehr sich der kulturelle Abstand verringert. Die einen mögen ihr länger als die anderen widerstanden haben. Aber auf die Dauer unterliegen sie alle. Trotz einiger Berichte fragwürdiger Beobachter ist es wenig wahrscheinlich, daß es noch heute im amazonischen Urwald Gruppen rein nordischer Menschen gibt.

Die Reisenden und Missionare, die im vergangenen Jahrhundert Guayana (im geographischen Sinn des Wortes, also das Gebiet zwischen Orinoco, Atlantik und Amazonas) durchstreiften, erwähnen das dortige Vorhandensein

»weißer Indianer«, häufig sogar bärtig. Es sind die Guainar, die Guarahibo (P. Gilii nennt sie *»Guaivi bianchi«*), die Waika (englische Schreibweise), die Guahibo und die Mariquitar. Alexander von Humboldt, der zu Beginn des 19. Jahrhunderts zusammen mit Bonpland sechs Jahre in dem Gebiet verbrachte, schreibt dazu: »Die weißen Indianer wären, so wird gesagt, Mestizen, Kinder von Indianerinnen und (nachkolumbianischen) Weißen. Ich habe Tausende von Mestizen gesehen und kann versichern, daß ein solcher Vergleich völlig unzutreffend ist.« Diese Bemerkung, die wichtiger ist als all die subjektiven und unvollständigen Beschreibungen von Autoren ohne jede Vorbildung auf dem Gebiet der Anthropologie, die im allgemeinen immer nur Einzelpersonen jedes Stammes beobachten konnten, wird noch durch einen in diesem Zusammenhang grundsätzlichen Hinweis philologischer Art bestärkt: Alle Stammesnamen dieser »weißen Indianer« (mit Ausnahme nur der Mariquita) beginnen mit *quai* (das *i* vom *a* getrennt: *quahi*) oder *quar*. In der spanischen Schreibweise indoamerikanischer Sprachen geben *qu, hu* und *v* den gleichen Laut wieder, der im Englischen unvollkommen mit *w* wiedergegeben wird. Das im Guaranĩ sehr schwach ausgesprochene *r* wird von Europäern häufig überhört, wie wir bei dem Wort Guarahibo gesehen haben, das zu Guahibo und Guaivi wurde. So finden wir ohne Schwierigkeit in den Namen der Guainar (Vahinar), der Guarahibo (Varahibo), der Guahibo (Vahibo) und der Waika (Vahica) die nordische Wurzel *vari* = Wächter, Krieger wieder.

Noch kennzeichnender ist der Fall der Waiwai im ehemaligen Britisch-Guayana. Mme. Coudreau, die französische Forscherin, die sie Ende des vorigen Jahrhunderts beobachten konnte, schreibt darüber: »Es ist die schönste Indianer-Rasse, die ich je gesehen habe ... Ihre Hautfarbe ist ein helles Gelb, das nichts mit dem Rotbraun der anderen Stämme zu tun hat. Rotblonde Typen mit blauen Augen sind unter ihnen nicht selten.« Der nordamerikanische Geologe William La Varre, der 1933 einige von ihnen antraf, spricht von Männern von 1,83 m Größe und von Frauen mit perlmutterfarbener Haut. Die Fotos, die er von ihnen machte, zeigen Individuen eindeutig vermischter Rasse unter Vorwiegen europäischer Kennzeichen. Ein Mädchen hat sogar gewelltes Haar, was bei Indios nie vorkommt. Nun ist *Waiwai* die englische Form von *Huaihuai* oder *Guaiguai,* gleichbedeutend mit *vahi-vahi* oder *vari-vari.* Vielleicht ist die gleiche Wurzel auch im Namen der Oyaricoulets in Französisch-Guayana zu finden, die Ende vorigen Jahrhunderts als Männer von hoher Statur beschrieben werden, deren bleiche Hautfarbe, helle Augen und blondes Haupt- und Barthaar »sie wie Holländer aussehen ließ, nur nicht in bezug auf die Kleidung«.

Die von Eduardo Barros Prado 1961 am oberen Acarí (Nebenfluß des Canumá, dessen einer Arm auf der Höhe des Nhamundá in den Amazonas mündet) durchgeführte Befragung ergab verschiedene zeitgenössische Bekundungen über zufällige Begegnungen von brasilianischen Indios und Weißen mit Gruppen weißer, manchmal bärtiger Individuen, die auf Art der Eingeborenen im Urwald leben und nur Guaraní sprechen. Noch 1973 stieß eine Arbeitsgruppe der FUNAI (Fundação Nacional do Indio) in Erfüllung ihres Auftrages, die Eingeborenen auf den Bau der großen Transamazonas-Straße vorzubereiten, in der Umgebung von Altamira am unteren Xingú auf eine Gruppe von »Indios« mit hellbraunem Haar und völlig weißer Haut, von denen einige blaue Augen hatten. Nun sind die FUNAI-Beamten zwar keine Anthropologen im wissenschaftlichen Sinn des Wortes, aber sie kennen die Indios, unter denen sie den größten Teil ihrer Zeit verbringen, so daß eine Falschmeldung in einem offiziellen Bericht ausgeschlossen ist.

Über die Herkunft dieser mehr oder weniger vermischten »weißen Indianer« besteht nicht der geringste Zweifel. Man kann im amazonischen Urwald auf mancherlei Art weiß sein. Lassen wir die Albinos beiseite, die im allgemeinen (obwohl nicht immer) leicht als solche zu erkennen sind, so trifft man zahlreiche Mestizen, die aus gelegentlichen Begegnungen zwischen Indios und durchreisenden Europäern hervorgingen, ja sogar reine Weiße, die aus diesem oder jenem Grund dort Zuflucht suchten und von den Indios aufgenommen wurden. Selbst kleine und isolierte Gruppen von Urwaldbewohnern konnten so einen genetischen Einfluß erfahren, der ausreicht, um gelegentlich ein mehr oder weniger blondes und blauäugiges Kind zur Welt kommen zu lassen.

Aber das ist gewiß nicht der Fall bei den Arahuac (mit welcher Bezeichnung die Zugehörigkeit zu einer Kultur, nicht einer Rasse gemeint ist), deren helle Haut und lange

Bärte Angelo Trevisano in einem Brief an Isabel die Katholische und Ferdinand von Aragon aus dem Jahr 1502 oder 1504 erwähnt. Und die gleiche Hypothese muß auch verworfen werden, wenn es sich um Stämme handelt, bei denen die europäischen Rassenmerkmale ganz allgemein in Erscheinung treten, was erkennen läßt, daß die Vermischung schon vor langer Zeit stattgefunden hat. Denn die ersten Gruppen von portugiesischen Weißen oder Mestizen gelangten erst 1877 an den Amazonas, also lange nachdem Forscher und Missionare auf »weiße Indianer« gestoßen waren. Andererseits ist es kennzeichnend, daß diese merkwürdigen Stämme, deren Namen, leicht verformt, vom nordischen *vari* abgeleitet sind, sämtlich Guaraní sprechen, d. h. die Sprache des Hilfsvolkes, das die Wikinger an den Amazonas geschickt hatten. So erklärt sich auch, daß die weißen Offiziere, die diese Eingeborenen-Truppe führten, nach der Auflösung ihrer Einheiten die freundschaftlichen Beziehungen zu ihren ehemaligen Soldaten weiter aufrechterhielten.

Im Urwald des Amazonas gab es nur wenige Wikinger-Offiziere, denn die Guaraní-Garnisonen hatten ja nur die großen Ströme zu überwachen. Weiter südlich dagegen, in Piauí, gab es eine weiße Bevölkerung von beachtlichem Umfang. Die Arbeit in den Bergwerken und Schmelzhütten erforderte Techniker; die Häfen brauchten Beamte, Handwerker und Seeleute, die Gebiete des Landesinnern, die sich nach Süden bis zum heutigen Staat Minas Gerais ausdehnen, Verwalter. Die heute Sete Cidades genannte Kultstätte wurde ständig von eigenen Priestern betreut und lockte Pilger in großer Zahl an, was bei den Indio-Stämmen des Gebietes Spuren hinterließ. Nun ist es eine Tatsache, daß die Bewohner von Piauí einen wirklich eigenartigen Typ darstellen. Es sind (abgesehen von einigen Mulatten und Europäern oder »brasilianischen Weißen«) *caboclos* von kupferfarbener Haut, deren Gesichter die bekannten Kennzeichen des *nordestino,* des Mestizen aus dem Nordosten Brasiliens, aufweisen: abgeflachter Schädel, starke Augenbrauen, niedrige Stirn, leicht hervortretende Backenknochen, kleine und häufig mandelförmige Augen. Viele von ihnen haben Haar in den Schattierungen von hellbraun bis gold- oder weißblond. Das ist bei 80% der Kinder bis zu zehn Jahren der Fall. Mit 15 Jahren sind es immer noch 50%. Auch unter den Erwachsenen, besonders den Frauen, gibt es Blonde. Hellblaue Augen sind nicht selten, und bei einigen Individuen stellt man eine ganz besondere dunkelblaue Farbe der Augen fest.

Nun hat es in diesem Gebiet niemals eine europäische, ja nicht einmal portugiesische Einwanderung gegeben. Eine allgemeine Volkszählung in der neuen Amtshauptmannschaft Piauí gibt im Jahr 1762 die Zahl der freien Einwohner (Weiße und unterworfene Indios) mit 8102 und die der Negersklaven mit 4644 an. Nach 1825 ist eine kleine Zuwanderung aus dem benachbarten Ceará (klein, weil Piauí noch ärmer ist als jener Staat) festzustellen und unmittelbar nach Abschaffung der Sklaverei das Eintreffen von ein paar tausend Negern aus Maranhão. Dieser Bevölkerungszuwachs wird bei weitem ausgeglichen durch die ständige Abwanderung zur Küste und nach dem Süden.

Wenn wir für die 1762 gezählten 13000 Bewohner die gleiche Zuwachsrate wie die der französischen Bevölkerung Kanadas (100% in 30 Jahren) annehmen, dann ergibt das bis 1920 die Zahl von 500000. Aber Piauí ist das ärmste Land Brasiliens, wo die Unterernährung noch heute endemisch ist. Die Bevölkerung ist geburtenfreudig, aber schwächlich, die Säuglingssterblichkeit ist verheerend. Wenn man diese negativen Faktoren in Rechnung stellt und nicht allzu optimistisch sein will, muß man also die errechnete Zahl von 500000 durch drei teilen. Das ergäbe 166600 Einwohner im Jahr 1920. Die Volkszählung dieses Jahres aber verzeichnet 738740 Menschen, welche Zahl – wie stets in Brasilien – weit unter der wirklichen liegt, besonders in einem Staat, wo es fast keine Nachrichtenverbindungen gibt und wo sogar die Angaben des Standesamtes mit Vorsicht zu bewerten sind.
Selbst wenn man das Ergebnis der Volkszählung als richtig gelten lassen will, ergibt sich aufgrund unserer vorhergehenden Berechnungen ein Bevölkerungsüberschuß von 572140 Menschen. Damit man 1920 738740 Einwohner zählen konnte, hätte es 1762 hier nicht 13000 sondern 57626 Menschen geben müssen. Woher kommt diese gewaltige Differenz? Offenbar von den 1762 noch wild lebenden und daher nicht zählbaren Eingeborenen. Das waren keine reinen Indios, denn die Tapuia und die Tupí dieses Gebietes hatten schwarzes, strähniges Haar. Das blonde Haar und die blauen Augen kommen ebensowenig von den (übrigens nur sehr wenigen) Portugiesen, da diese, von ganz wenigen Ausnahmen abgesehen, solche Merk-

male nicht aufzuweisen haben. Wir müssen also in diesem Gebiet vor der Konquista (die hier erst 1661 begann) das Vorhandensein einer eingeborenen Bevölkerung nordischer Rasse oder doch bereits stark vermischter Menschen nordischer Herkunft annehmen. Wir wissen, woher sie kamen.

In Piauí hat der Fall Tiahuanacus nicht die schrecklichen Folgen wie im Gebirge und im Urwald des Amazonas. Das riesige Gebiet des Nordostens kann sich selbst versorgen. Seine landwirtschaftliche Produktion ist reichlich. Die Arbeit in den Bergwerken und Schmelzhütten geht normal weiter. Die Schiffe der Templer kommen wie früher, um Silberbarren zu laden, die der Normannen, um Brasilholz zu holen. Der örtliche Wohlstand hebt sich sogar noch, da die aus Europa gelieferten Handelsgüter am Ort bleiben und zahlreicher sind, weil sich der ganze Warenaustausch jetzt Zug um Zug auf dem Weg des Tauschhandels vollzieht. Im Jahr 1307 jedoch, d. h. also 30 Jahre nach der Schlacht vom Titicacasee, wird der Templer-Orden aufgelöst, und seine Schiffe verschwinden aus brasilianischen Gewässern. Die Bergwerke werden aufgegeben. Die Tapuia, die hier arbeiteten, nehmen ihr Leben als Wilde wieder auf. Auch die Guaraní von den jetzt nicht mehr benötigten Milizen folgen nach und nach ihrem Beispiel.

Die Weißen, die im Amazonas-Delta und am Maranhão den Holzschlag leiteten, verlassen einer nach dem anderen ihren ungesunden Arbeitsplatz, auf dem sie niemand mehr von Zeit zu Zeit ablöst, wie das früher der Fall war, und kehren nach Piauí zurück. Sie treffen dort ihre Landsleute ebenso untätig an, wie sie es selbst sind, passen sich den neuen Lebensbedingungen an und sinken so auf das Niveau der Eingeborenen, mit denen sie sich weiterhin gut verstehen. Viele dieser Weißen, die nur für eine bestimmte Zeit in die Ebene geschickt worden waren, sind ohne ihre Frauen. Wie später die Spanier, verbinden sie sich mit Indianerinnen. Die Vermischung, die die Pilger von Sete Cidades und die durchreisenden Seeleute schon begonnen hatten, gewinnt schnell Boden und wird dann zur Regel. Es entsteht die jetzige Bevölkerung von Piauí, die ihre Hautfarbe und ihre mongoloiden Gesichtszüge von den Indios hat und ihr flachs- oder goldblondes Haar von den Wikingern.

Wenden wir uns wieder dem Gebirge zu. Von den landwirtschaftlichen und militärischen Kolonien mit starker weißer Bevölkerung, die Takuilla an gewissen strategisch wichtigen Punkten eingerichtet hatte, haben sich diejenigen am Ostabhang der Anden gehalten. Die gut befestigte Provinz Chachapoyas im Norden weist die Angriffe Karis ohne größere Schwierigkeiten zurück. Man braucht sich nur ihre heutigen Bewohner anzusehen, um sich darüber klar zu werden, daß die Weißen dort nicht restlos vernichtet wurden. Im Süden ist die Lage anders. Hier ist die Kolonie in den letzten Ausläufern der Kordillere in tropischen Tälern angelegt. Von der Hauptstadt abgeschnitten, von der sie in mancherlei Beziehung sehr abhängig waren, können die Wikinger nur in enger Anlehnung an die Eingeborenen überleben, von denen sie nicht so verschieden sind wie von den Quichuas der Berge.

Auch das Klima spielt seine Rolle. Als der Naturforscher Alcide d'Orbigny Anfang des 19. Jahrhunderts 30 Jahre seines Lebens in Südamerika verbrachte, gab es im Quellgebiet des Beni, eines Nebenflusses des Madeira, fünf Antisiana genannte Stämme, die, 15000 Menschen an der Zahl, im heißen und feuchten Urwald lebten. Die Hautfarbe dieser Indios war viel heller als diejenige der Eingeborenen vom Altiplano. Die Maropa und die Apolista hatten eine fast zitronenfarbene Haut. Die Yuracaré, die Moceten und die Tacana waren fast völlig weiß. Hoch gewachsen (bis zu 1,76m), waren ihre Körper gut gebaut. Die Yuracaré hatten fast europäische Gesichtszüge, wenn man von den etwas hervortretenden Backenknochen absieht. Aber ihr Haar war schwarz und strähnig. Sie alle waren Mestizen, wobei – vor allem bei den Yuracaré – das europäische Element überwog. Es kann uns daher nicht überraschen, wenn wir erfahren, daß der Stammesnahme der Letztgenannten von den Quichua-Worten *yurac* = weiß und *ccari* = Krieger kommt. Sie waren die Nachkommen der im Lauf der Zeit mit den Eingeborenen vermischten Wikinger der Kolonie.

Die Yuracaré sind wie die anderen Anti-Stämme verschwunden. Aber in der bolivianischen Provinz Santa Cruz, zwischen Beni und Paraguay, haben sich einige Reste des Stammes der Guarayo erhalten, der gleichfalls die Aufmerksamkeit d'Orbignys erregte. Seine Angehörigen hatten damals sehr helle Haut, relativ hohen Wuchs (bis zu 1,73m), ein allgemein fast europäisches Aussehen, schwarze, strähnige Haare und – das bei den Männern

Hervorstechendste – vollständigen und dichten Bartwuchs. Auch bei ihnen handelt es sich also um Mestizen. Ihr Name läßt kaum einen Zweifel über ihre weißen Vorfahren zu. Guarayo (Varayo) kommt ebenfalls vom nordischen *vari*. Weiter östlich beginnt das Land der Guaraní, der Verbündeten, die die Wikinger mit der Bewachung ihrer Verbindungswege zum Amazonas beauftragt hatten, deren Zentrum sich jedoch in Paraguay befand. Bei ihnen handelte es sich nicht um Mestizen, sondern um reinblütige Indianer. Nicht ihres Blutes wegen, sondern wegen ihrer soldatischen Tugenden erhielten also diese tüchtigen und treuen Verbündeten der Männer von Tiahuanacu ihren Namen. Denn auch der Name Guaraní, dessen eigentliche Form Guariní (Varini) ist, kommt – wie wir gesehen haben – von *vari*. Dagegen ist es ein Quichua-Name, den man den in Paraguay überlebenden »weißen Indianern«, den Guayakí gegeben hat.

Dieser Name ist sehr bezeichnend und nicht ihr eigener. Sie selbst nennen sich in ihrem ans Guaraní anklingenden Dialekt, dessen Ursprung noch nicht genau festgestellt werden konnte, Aché, ein Wort, das vom nordischen *aga* = drohen und *agi* = Furcht, Angst abgeleitet ist. Die Bezeichnung Guayakí stammt von den Quichua-Worten huailla = Ebene und cquellu = weißlich (das doppelte *l* wird wie *y* ausgesprochen, *e* und *i* sind der gleiche Vokal). Sie heißen also: Die Weißlinge der Ebene.

Im Jahr 1275 ist Paraguay für die Wikinger von Tiahuanacu ein Betätigungsgebiet von besonderer Bedeutung. Hier verlaufen die Straßen, die, wie wir wissen, das Gebirge mit dem Atlantik und mit den großen Flüssen Paraguay und Paraná verbinden, die zum Rio de la Plata führen. Über den nördlichen *Peaviru* gelangt das Mineral aus den Silbertälern zu der Schmelzhütte vom Cerre Corá, die durch eine gewaltige Festung, den Itaguambypé, gesichert wird. Entlang diesen Straßen muß es wie in Peru Herbergen geben. Sie sind wahrscheinlich aus Holz, so daß das einzige, was uns im Gebirge von Yvytyruzú von einer solchen erhalten geblieben ist, eine mit Runen-Inschriften bedeckte Orientierungstafel ist, in die auch ein Lageplan eingemeißelt wurde. Paraguay stellt anderseits das Bevölkerungszentrum der Guaraní dar, wo die für die Territorial-Verbände der gesamten Ebene bestimmten Miliz-Soldaten rekrutiert und ausgebildet werden.

Es leben viele Wikinger im Land, und zwar, da das Klima gesund und angenehm ist, mit ihren Familien. Die Stadt Paragua'y, das heutige Asunción, besitzt – wie schon sein Name, »Fluß der Männer des Meeres«, andeutet – eine bedeutende weiße Bevölkerung.

Im Gegensatz zu dem, was gleichzeitig in Piauí vorgeht, betrifft der Fall Tiahuanacus das Leben in diesem Raum direkt. Die Verbindungen zum Gebirge sind unterbrochen. Es kommt kein Mineral mehr. Die Templer-Schiffe haben keine Veranlassung mehr, die Häfen von Santos und Santa Catarina anzulaufen. Damit verlieren diese Häfen überhaupt ihre Existenzberechtigung. Die Guaraní-Indios bleiben treu, kehren aber zu ihren alten Lebensgewohnheiten zurück. Andere Stämme verschiedener Rassen vor allem im Norden, die nur durch die strenge Herrschaft der

Wikinger in Frieden gehalten wurden, nehmen ihr räuberisches Unwesen wieder auf.

Die Weißen haben unter den Eingeborenen schon keine Rolle mehr zu spielen und fühlen sich wahrscheinlich sogar nicht einmal sicher. Sie suchen einen neuen Zusammenschluß. Die aus dem Süden ziehen sich auf die Kordillere von Caaguazú zurück und lassen sich an dem Ort nieder, der zu dem großen Dorf Cerro Morotí an der Kreuzung verschiedener Nebenstraßen des Peaviru wird. Die aus dem Norden, von feindlichen Indios stärker bedroht, verlassen die Festung Itaguambypé, die ohne die Guaraní-Hilfstruppen nicht mehr zu verteidigen ist, und suchen weiter im Süden Zuflucht. Das Massiv des Cerro Guazú bietet ihnen eine uneinnehmbare Stellung. Der riesige, schwer zugängliche abgeschnittene Kegel, dessen Hochfläche einen Durchmesser von durchschnittlich 70 km hat und nur über wenige Wege durch nahezu undurchdringlichen Urwald zu erreichen ist, besitzt eine Lagune und damit eigene Wasserversorgung. Sie befestigen die Stellung. Die Inschriften, die sie in den offenen Felshöhlen, den Wachtposten für die Zugänge zum Gipfel, zurückließen, sind die größte Ansammlung von Runen-Zeichen der Welt, die nicht einmal in Skandinavien ihresgleichen hat. Sie sprechen von Sicherheitsmaßnahmen, von Krieg und Sieg.

Das Leben wird im Norden wie im Süden schwierig. In Piauí gleichen sich die Nachkommen der Wikinger dank der Vermischung den Verhältnissen an und widmen sich der Landwirtschaft. Sie sind heute Landleute, die arm und von der Hand in den Mund leben und die außer ihren blonden Haaren und blauen Augen nichts mehr mit ihren nordischen Vorfahren gemein haben. In Paraguay dagegen kapseln sie sich ab. Sie übernehmen die Lebensweise der Urwald-Indianer. Gewiß pflanzen sie noch Mais, aber das Wesentliche ihrer Ernährung muß die Jagd erbringen. Ihr kulturelles Niveau sinkt von Generation zu Generation, wie ihre Töpferei zeigt. Wir wissen nicht, wie lange die im Norden den widrigen Umständen, unter denen sie leben, Widerstand leisten können. Dagegen sind wir über diejenigen im Süden besser informiert.

Ihre Inschriften zeigen uns, daß sie weiter nordisch sprechen und in der Mitte des 15. Jahrhunderts mit Runen schreiben. Es ist natürlich ein bereits sehr entstelltes Nordisch, und die Runenschrift ist derartig entartet, daß sie nichts mehr als einen Haufen symbolischer Zeichen darstellt. Noch im Jahr 1457 – die letzte Jahreszahl, die sie uns im Zuge einer nicht zu entziffernden Inschrift hinterließen – benutzen sie den vom Pater Gnupa nach Tiahuanacu gebrachten christlichen Kalender. Sie halten den *Peaviru* weiter instand, zumindest in der Umgebung des Cerro Morotí. Das beweisen die Jahreszahlen (1431 und 1433) auf der Orientierungstafel vom Yvytyruzú, die neben einer klassischen Runen-Inschrift, die übrigens sehr viel älter sein kann, in den Stein gehauen sind. Sie haben sich also noch nicht in Wilde zurückverwandelt, als die Jesuiten im Jahr 1628 in San Joaquín, etwa 20 km von ihrem Dorf entfernt, eine Missionsstation einrichten.

Die Wikinger – nennen wir sie hier zum letzten Mal so – nahmen mit den Spaniern, als diese nach Paraguay kamen, keinen Kontakt auf, weil sie es nicht wollten oder nicht konnten. Sie leben also ohne Berührung mit den Konquistadoren, die sich praktisch darauf beschränken, Asunción zu besetzen und den Paraguay-Strom zu befahren, auf dem sie zu den Silberminen Perus zu gelangen hoffen. Die Neuankömmlinge hören ihrerseits von den Weißen des Urwalds sprechen, aber die Beschreibungen, die ihnen die Indios von ihnen geben, sind so schrecklich, daß sie sie für eine Art Affen halten. Als sich die Jesuiten zu Anfang des 17. Jahrhunderts in Paraguay niederlassen, bekommen sie schnell genauere Informationen. Sie versuchen, diese merkwürdigen Urwaldbewohner ebenso zu unterwerfen wie die Guaraní. Die Gelegenheit scheint ihnen günstig, als sie sich unter dem Druck der portugiesischen *bandeirantes* aus ihren Missionsstationen in Guayrá zurückziehen müssen, wo sie über eine gut ausgebildete und stark bewaffnete Miliz verfügen. Sie lassen sich also in San Joaquín nieder. Aber so sehr das Schicksal den Nachkommen der Wikinger auch mitgespielt hat, sind sie doch keine unterwürfigen Indios. Ehe sie versklavt werden, ziehen sie es, wenn der Druck unerträglich wird, vor, ihre Siedlung in Brand zu stecken und im Urwald Zuflucht zu nehmen. Mit diesem Entschluß sind sie schon nichts mehr als die Guayakí, als die wir sie heute kennen. Um ihre Freiheit zu bewahren, müssen sie Nomaden werden. Sie verzichten darauf, ein Dach über dem Kopf und sogar Kleidung über ihrer Blöße zu haben. Unter diesen Umständen ist für Nordmenschen in dem heißen und feuchten Klima des Urwaldes das Leben unerträglich. Sie entarten. Die Männer, die einst

1,90 Meter und größer waren, messen heute nicht mehr als durchschnittlich 1,57 m. Aber sie haben den Kopf und die Geschlechtsteile ihrer Vorfahren in den gleichen Ausmaßen bewahrt. Sie sind Zwerge. Aber all ihre Merkmale nähern sie mehr dem *homo septentrionalis* als dem Guaraní, dem Quichua und dem *homo alpinus* an. Sie haben noch immer den ungewöhnlich entwickelten Brustkorb, den sie sich in der Höhe und dünnen Luft des Altiplano erwarben. Ihre Fingerabdrücke – man weiß, daß diese Einzelpersonen ebenso wie Rassen voneinander unterscheiden lassen – würden genügen, ihre skandinavische Herkunft zu beweisen. Sie haben nämlich zwischen Spange und Wirbel ein Verhältnis von 2,66 zu 1, gegenüber 2,64 bei den Norwegern, 2,23 bei den Dänen, 2,24 im europäischen Durchschnitt und 1,16 bei den Indoamerikanern.
Die biologische Degeneration bekundet sich nicht allein im Zurückgehen der Körpergröße. Bei den Guayakí sind auch andere Merkmale zu beobachten, wie Abflachung des Nasenrückens, Großköpfigkeit und ein Phänomen, dessen unmittelbare Ursache unbekannt ist: die Störung des zahlenmäßigen Gleichgewichts zwischen den Geschlechtern. Bei den Guayakí überwiegen die männlichen Geburten die weiblichen im Verhältnis 3:1. Das hat einerseits zur Vielmännerei geführt, womit das ohnehin nicht sehr stabile Familienleben weiter beeinträchtigt wird, andererseits zu Frauenraub und als Folge davon weitere Vermischung. Der größere Teil der Guayakí hat noch heute weiße Haut (milchig bei den Frauen) und europäische Gesichtszüge. Aber einige Gruppen sind schon dunkel, und selbst bei den

weißhäutigen sieht man viel hervortretende Backenknochen und Schlitzaugen.
Die blauen Augen sind verschwunden. Das Haar ist manchmal gewellt, und seine Farbe reicht bei den Erwachsenen von schwarz bis hellbraun, manchmal mit einem rötlichen Schimmer. Blondes Haar ist nur noch bei Kindern, und auch bei diesen nur ganz selten, anzutreffen. Diese Vermischung ist jüngeren Datums, wie der Schädel-Index beweist, der bei den Männern zwischen 76,7 und 86,7 und bei den Frauen zwischen 78,3 und 86,1 liegt. Das weist auf eine Vermischung zwischen zwei verschiedenrassigen Gruppen hin, einer kurzschädeligen und einer langschädeligen. Nun sind die Guaraní und andere Indianer Paraguays und seiner Umgebung stark kurzschädelig. Also muß die ursprüngliche Rasse der Guayakí ausgesprochen langschädelig gewesen sein. Die Männer haben reichlichen Haarwuchs, aber meist an der Stirn gelichtet und in der Hälfte aller Fälle mit Anzeichen von Kahlköpfigkeit besonders am Hinterkopf. Der Querschnitt des Haars ist oval wie bei den weißen Rassen und nicht rund wie bei den mongoloiden. Schließlich haben die Männer einen dichten Bartwuchs auf Kinn, Oberlippe und Wangen. Alles paßt zueinander. Und die letzten Zweifel, die noch über die Herkunft der Guayakí bestehen könnten, verschwinden, wenn man feststellt, daß diese »Wilden« noch heute Runenzeichen malen, die sie für Symbole ihrer Rasse halten, aber nicht auszulegen wissen.
Bis Ende vorigen Jahrhunderts führten die »weißen Indianer« in Paraguay ein zwar schwieriges, aber freies Leben.

Das sollte sich ändern. Zwar gab es keine Jesuiten mehr, aber die Bevölkerung vermehrte sich ständig. Die Viehhirten der Estanzias und die Holzfäller drangen Tag für Tag tiefer in den Urwald ein. Gewerbsmäßige Jäger vernichteten rücksichtslos die Fauna. Die Nomaden, die bis dahin mit dem Fleisch und Honig des Urwalds ihr Auskommen hatten, begannen jetzt im Sommer, der Regenzeit, den Hunger kennenzulernen. Er ist kein guter Ratgeber. Sie machten sich daran, Kühe und Pferde zu rauben und mit ihren Äxten aus Stein zu schlachten. Sie plünderten die Felder, die die Paraguayer bestellt hatten. Dafür hatten diese kein Verständnis. Sie stellten Strafexpeditionen zusammen, spürten die Guayakí-Banden auf, kreisten sie ein, töteten die Erwachsenen und nahmen die Kinder mit, die als eine Art Sklaven gehalten wurden.
Bei einem Konflikt dieser Art zwischen Seßhaften und Nomaden gewinnen auf die Dauer stets die Erstgenannten. Das war der Grund, warum sich eines Tages eine Gruppe von Guayakí ergab. Das paraguayische Heer stellte ihnen beim Cerro Morotí, wo sich früher ihr altes Dorf befunden hatte, ein Urwaldgebiet von 2000 Hektar, in dem sie sich frei bewegen und das sie auch verlassen können, zur Verfügung und dazu die unerläßlichen Lebensmittel. Ähnliche Kolonien entstanden später unter der Obhut von katholischen und protestantischen Missionaren. Man nimmt an, daß es heute (1981) nur noch einige wenige und kleine Gruppen von Guayakí gibt, die außerhalb des Gesetzes leben. Alle anderen haben, was sie brauchen. Sie lernen wieder, die Erde zu bearbeiten. In einer Schule am Cerro

den Kindern Lesen und Schreiben der Gua-
Moroti e beigebracht, die in Paraguay neben Spanisch
rani-Sp itssprache ist. Die Älteren werden vielleicht bis
zwei Tod tief im Herzen die Sehnsucht nach der
zuen Unabhängigkeit tragen. Die Jungen werden
r Mestizen-Bevölkerung der Umgebung anpassen,
nach Überwindung der Furcht und Abneigung als
e besonders gern in ihre Gemeinschaft aufnehmen
.

einigen Jahren werden die letzten Nachkommen der Wikinger von Tiahuanacu verschwunden sein. Dann bleiben nur noch die Spuren und die Geschichte eines Reiches, das Menschen unserer Rasse vor tausend Jahren in Amerika errichteten.

BILDTAFELN

Der Autor untersucht bei den Ausgrabungen die Fundamente
des Tempels von Tacuatí

Die Runen-Inschrift von Olif in der Höhle des Pferdes vom Cerro Guazú, das Werk eines Berufs-Steinmetzen

Runen-Inschrift in der Höhle des Pferdes am Cerro Guazú: Ginil der Gelockte

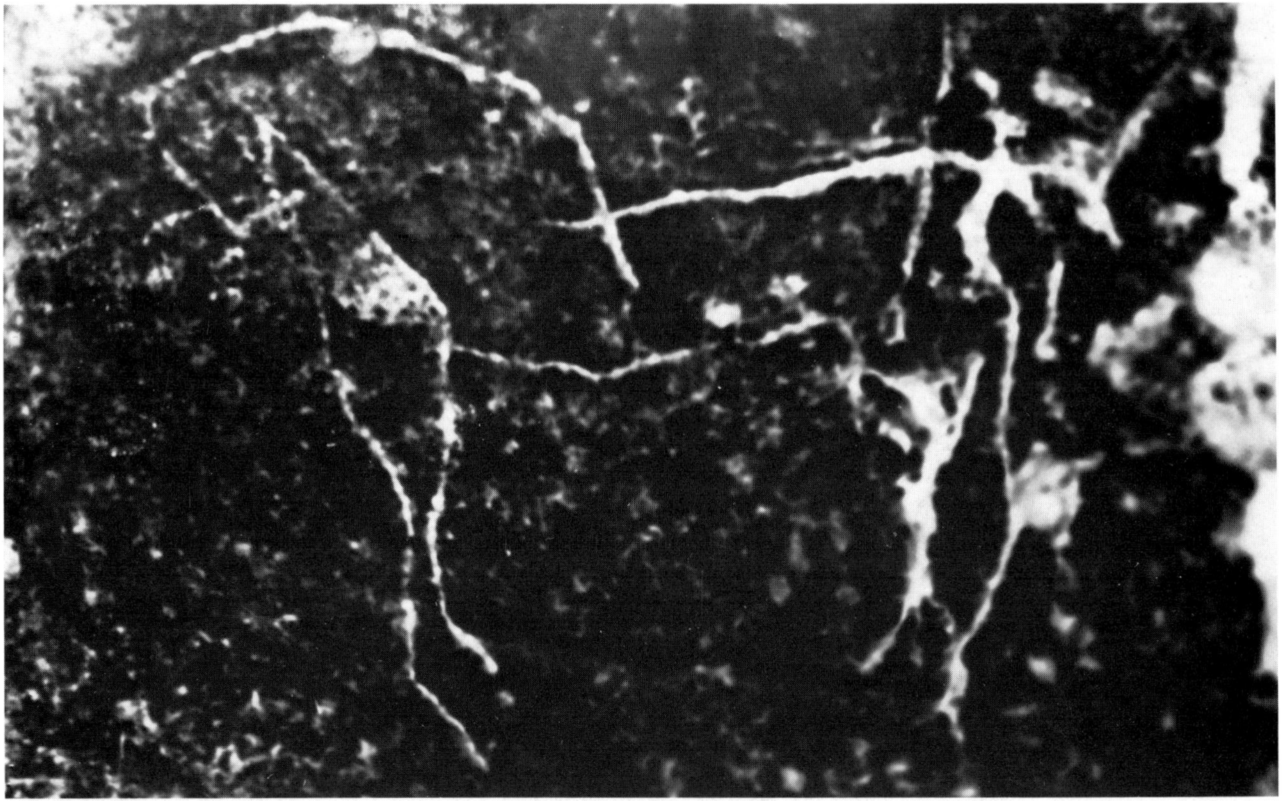

Das Wikinger-Streitroß vom Cerro Guazú

Lateinische Kreuze in Tiahuanacu

Oben: Darstellung von Thor und dem Riesen beim Versuch, die Weltschlange zu fangen, auf dem Wikingerkreuz von Gosforth (Cumberland)
Unten: Doppelruderboot, Nordküste Perus

BILDTAFELN

Morotí wird den Kindern Lesen und Schreiben der Guaraní-Sprache beigebracht, die in Paraguay neben Spanisch zweite Amtssprache ist. Die Älteren werden vielleicht bis zu ihrem Tod tief im Herzen die Sehnsucht nach der verlorenen Unabhängigkeit tragen. Die Jungen werden sich der Mestizen-Bevölkerung der Umgebung anpassen, die sie nach Überwindung der Furcht und Abneigung als Weiße besonders gern in ihre Gemeinschaft aufnehmen wird.
In einigen Jahren werden die letzten Nachkommen der Wikinger von Tiahuanacu verschwunden sein. Dann bleiben nur noch die Spuren und die Geschichte eines Reiches, das Menschen unserer Rasse vor tausend Jahren in Amerika errichteten.

Odin-Darstellung auf dem Kreuz von Cerro Polilla

Sete Cidades: die große Inschrift von »Serra Negra« (Schwarzwald)

Der Wikingerkopf von Gávea, Halbprofil.
(Foto: Eduardo B. Chaves)

Der Autor untersucht bei den Ausgrabungen die Fundamente des Tempels von Tacuatí

Die Runen-Inschrift von Olif in der Höhle des Pferdes vom Cerro Guazú, das Werk eines Berufs-Steinmetzen

Runen-Inschrift in der Höhle des Pferdes am Cerro Guazú: Ginil der Gelockte

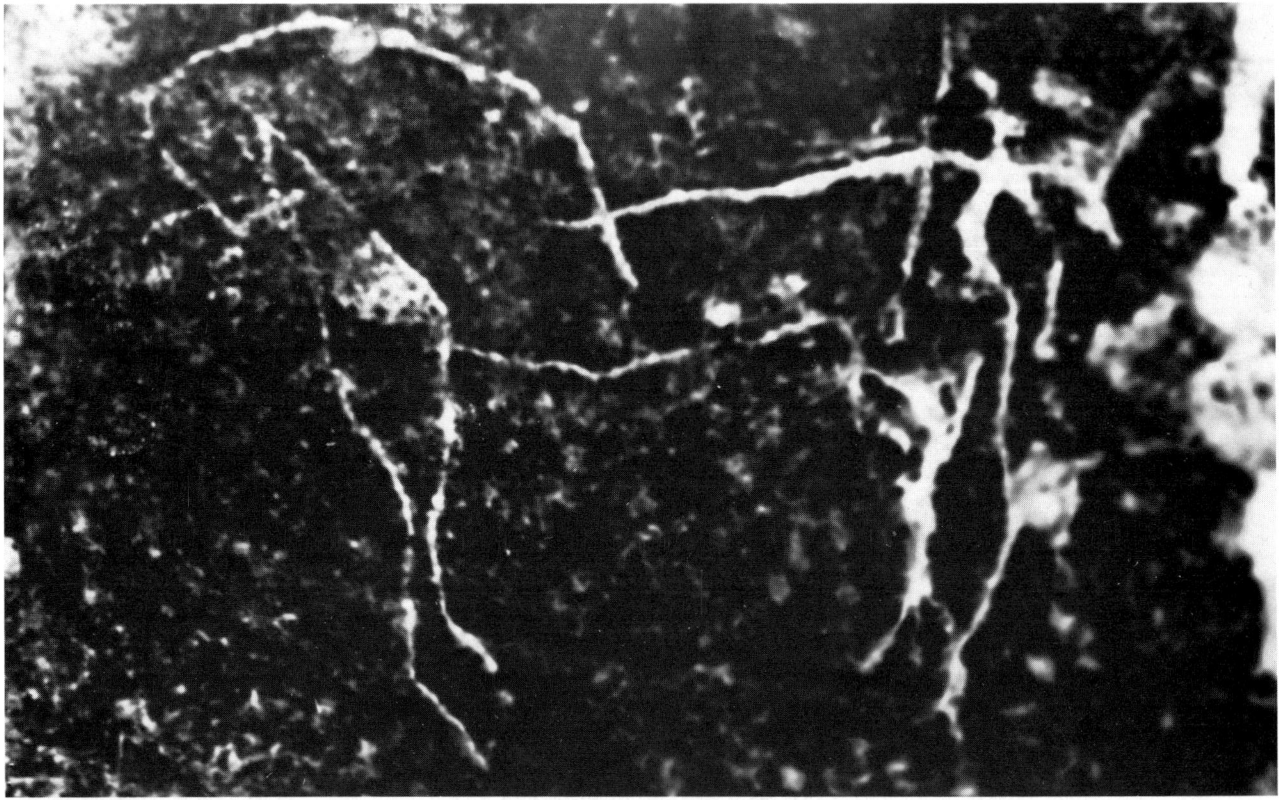

Das Wikinger-Streitroß vom Cerro Guazú

Lateinische Kreuze in Tiahuanacu

Oben: Darstellung von Thor und dem Riesen beim Versuch, die Weltschlange zu fangen, auf dem Wikingerkreuz von Gosforth (Cumberland)
Unten: Doppelruderboot, Nordküste Perus

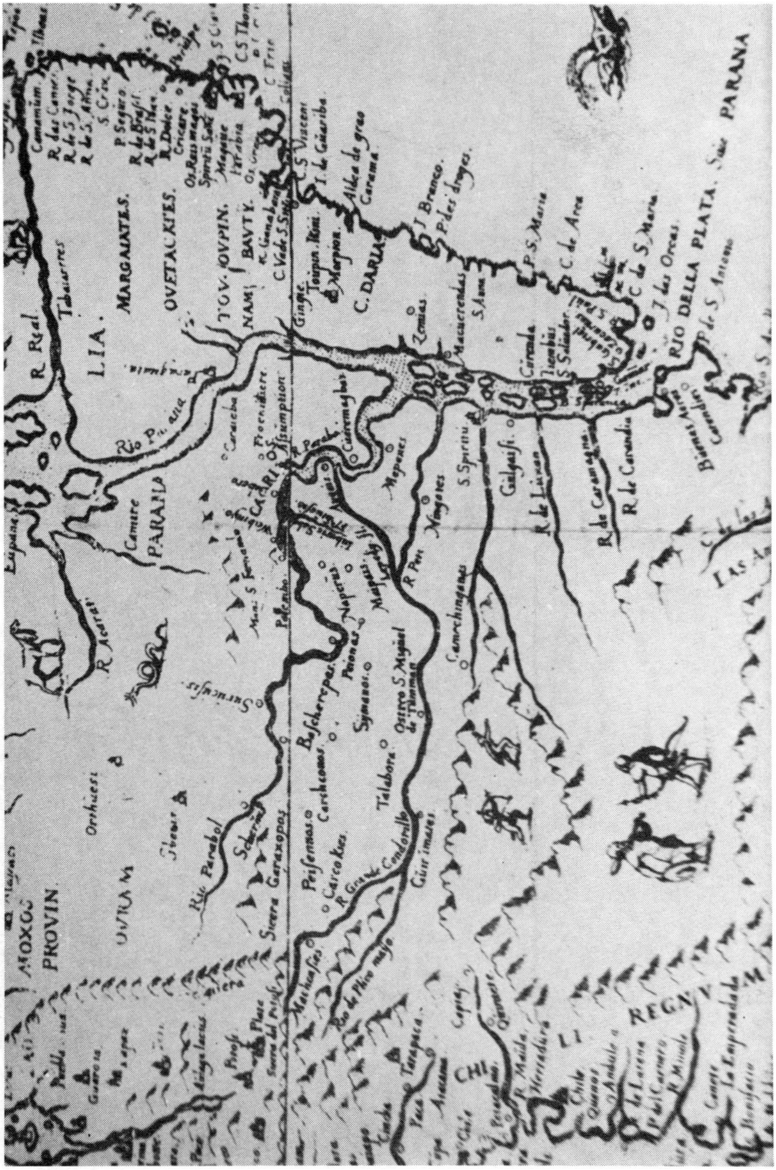

Karte von Hulsius (1599), Paraguay und Guayrá

Festung Cerro Corá: Von der Vegetation zerstörter Teil der Mauer aus behauenen Steinen

ZEITTAFEL

967 Jarl Ullman landet in Panutlán (heute: Pánuco, Mexiko)

987 Kriegszug Ullmans nach Yucatán

989 Rückkehr Ullmans nach Anáhuac. Aufbruch zu einem neuen Zug über den Golf von Mexiko

± 1000 Heimlap Konr landet in Chan-Chan (Chimor)

± 1005 Viracocha landet in Ilo und gründet in Tiahuanacu das Alte Reich

± 1150 Erste Verbindung mit Dieppe. Abkommen mit den Templern. Bald darauf Beginn des Silber-Bergbaus

± 1250 Thul Gnupa trifft in Peru ein

1277 Erhebung des Kari. Das Alte Reich wird zerstört

1285 Manco Cápac erobert Cuzco zurück. Gründung des Neuen Reiches

1532 Mit der Landung Pizarros beginnt die spanische Konquista

DIE DYNASTIEN

Im Alten Reich:	
seit etwa 1005	1. Viracocha
	2. Variruna
	3. Purunruna
seit etwa 1065	4. Aucaruna
	5. unbekannt
	6. unbekannt
	7. unbekannt
	8. Takuilla
	9. Chacha Puma
seit etwa 1185	10. unbekannt
	11. unbekannt
	12. unbekannt
seit etwa 1250	13. Makuri
seit etwa 1275	14. unbekannt, gestürzt 1277

Im neuen Reich:

1285	1.	Manco Cápac
	2.	Sinchi Roca
	3.	Lloque Yupanqui
	4.	Mayta Cápac
	5.	Cápac Yupanqui
	6.	Inca Roca
	7.	Yahuar Huácac
	8.	Viracocha
		Urco (als Thronräuber)
	9.	Yupanqui Pachacútec
	10.	Inca Yupanqui
	11.	Túpac Inca Yupanqui
	12.	Huayna Cápac
1525	13.	Huáscar
		Atahuallpa (als Thronräuber)

FREMDWÖRTER

[im Text ohne Erklärung verwendet; in Klammern Herkunft aus dem Aymara (A), Nordischen (N) oder Quichua (Q)]

ATUMURUNA oder besser ATUMARUNA (Q): so nannten die Eingeborenen die Wikinger in Südamerika

AMAUTA (Q): Gelehrter

APO (Q und A): Führer im Krieg, Kommandeur

AUQUI (N): Sohn des Fürsten, Prinz

AYAR (N): Verformung von Jarl

AYLLU (Q): Eingeborenen-Gemeinde (landwirtschaftlich und militärisch)

CAPAC (N): Verformung von Kappi (Held) im Sinne von höchster Führer

COYA (Q): Kaiserin

CURACA (Q): örtlicher Eingeborenen-Führer

INGA oder INCA (N): Nachkomme. So wurden die Wikinger in Peru ganz allgemein genannt

JARL (N): Herr unter den Wikingern

KONR (N): Edler unter den Wikingern

MALLKU (A): Herrscher

PALLA (Q): Verheiratete Frau nordischer Rasse

SPAKHTA (A) und SAPALLA (Q): Höchster Herrscher

THUL (N): Priester, Prophet, Oberer eines geistlichen Ordens

PERSONEN- UND SACHVERZEICHNIS